女子跆拳道竞技能力特征与评价研究

金 鹭◎著

九州出版社
JIUZHOUPRESS

图书在版编目（CIP）数据

女子跆拳道竞技能力特征与评价研究／金鹭著．
北京：九州出版社，2024.9. -- ISBN 978-7-5225
-3398-8

Ⅰ.G886.9

中国国家版本馆 CIP 数据核字第 2024VW7245 号

女子跆拳道竞技能力特征与评价研究

作　　者　金　鹭　著
责任编辑　赵恒丹
出版发行　九州出版社
地　　址　北京市西城区阜外大街甲 35 号（100037）
发行电话　（010）68992190/3/5/6
网　　址　www.jiuzhoupress.com
印　　刷　唐山才智印刷有限公司
开　　本　710 毫米×1000 毫米　16 开
印　　张　15.5
字　　数　246 千字
版　　次　2025 年 1 月第 1 版
印　　次　2025 年 1 月第 1 次印刷
书　　号　ISBN 978-7-5225-3398-8
定　　价　78.00 元

目　录
CONTENTS

第一章

跆拳道项目竞技能力的理论基础与发展现状

第一节 竞技能力在跆拳道项目中的重要地位

一、运动成绩的关键性

竞技体育中，运动成绩是通过特定的评定行为对参赛运动员及其对手的竞技能力在比赛过程中的发挥状况及竞赛结果的综合评定①。跆拳道作为技战能主导类格斗对抗性运动项目，同场格斗是跆拳道比赛的一大亮点②，跆拳道的比赛成绩主要受运动员自身和对手所具备的竞技水平及发挥的影响。另外，比赛是在裁判员的组织下进行的，既有电子护具感应力值又有裁判的判罚，以及边裁的手动计分，评定手段多样，裁判对运动员成绩的获得也具有一定的影响③。因此，跆拳道运动员的运动成绩是多种因素综合的叠加效应。在比赛对抗中，对手实力的强弱、裁判员的评判等因素均是运动员无法控制和预料的，运动员自身和对手在比赛中的表现主要是取决于他们在比赛中竞技能

---

① 田麦久，刘大庆. 运动训练学 [M]. 北京：人民体育出版社，2012.

② BRIDGE C A, JONES M A, DRUST B. The Activity Profile in International Taekwondo Competition is Modulated by Weight Category [J]. Int J Sports Physical Perform, 2011, 6 (3)：344−357.

③ 高平，胡亦海. 女子跆拳道项目运动竞赛结构特征研究 [J]. 中国体育科技，2013, 49 (4)：55−59.

力的发挥程度，所以运动员的竞技能力是决定比赛成绩的关键因素。

二、保证训练的科学性

跆拳道运动于 2000 年正式成为悉尼奥运会的比赛项目，我国女子跆拳道运动员陈中获得了冠军，极大地鼓舞了我国运动员的参与热情，跆拳道项目在我国逐渐发展壮大。随着项目规则的不断变化以及科技因素的渗入，运动员面临更加激烈的竞争[①]，比赛节奏加快对体能要求发生改变，击头分值增加，电子护具、护头的应用促使技战术发生新的变化，这就要求我们对跆拳道运动员竞技能力的认识要不断深化。运动员的竞技能力主要由身体形态、身体机能、身体素质、技术能力、战术能力、心理能力和智能组成，如何根据运动员竞技能力各要素的特征以及跆拳道竞赛规则对技战术发展的导向，组织科学有效的训练，以满足我国优秀跆拳道运动员的竞技需要，始终是跆拳道项目所面临并需要不断解决的问题。为此，本书对我国优秀女子跆拳道运动员的竞技能力进行了系统研究，以全面认识跆拳道项目的本质特征，进而对跆拳道的训练过程实施科学有效的控制。建立我国优秀女子跆拳道运动员竞技能力评价标准，可以科学诊断与分析运动员的竞技能力及各子能力的发展动态，寻找影响运动员竞技能力发展的薄弱环节，并进行针对性的训练，从而提高我国跆拳道运动员的整体竞技实力。

三、丰富与发展专项训练理论

近年来，跆拳道凭借其项目自身优势呈现飞速发展的态势，这项运动引起了国内外学者的广泛关注。学者们从不同视角对跆拳道运动展开研究，涌现出大量的科研成果。对中国知网进行检索，截至 2020 年 6 月，国内有关跆拳道方面的研究在期刊论文、学位论文以及会议论文的发文量已达到 4346 篇，其中期刊论文共发表 3268 篇，而核心期刊论文仅占 16.68%。进一步梳理文献发现，关于跆拳道竞技能力的相关研究多数侧重在技战术的应用、运

---

① 林大参，高志红，吴建忠 . 新规则和电子护头下跆拳道比赛击头技战术运用特征分析 [J] . 中国体育科技，2015，51（6）：103-107.

动素质以及身体形态等方面，大部分停留在简单的技术统计或描述上①，具有开创性、前瞻性的研究成果相对较少，多领域、跨学科的综合应用性研究缺乏，无法满足训练实践的现实诉求，对跆拳道项目竞技能力的研究存在着明显的不足。因此，本书试图通过建立我国优秀女子跆拳道运动员竞技能力评价标准，为评价女子跆拳道运动员竞技能力提供科学、全面、可操作的方法，进一步丰富和完善跆拳道专项训练理论体系。

第二节 竞技能力释义、构成要素与结构模型理论

一、竞技能力释义

在运动训练领域中，主要研究的核心问题之一则是竞技能力。我国学者对竞技能力进行了较为广泛的研究，而关于"竞技能力"的定义，不同学者在不同时期提出了不同的观点。

国内首次对"竞技能力"进行定义是在 1984 年，田麦久教授在《试论竞技能力决定因素之分析》一文中，将竞技能力定义为：运动员参加训练和比赛所具备的本领，是运动员技能、体能和心理能力的综合②。随后，在 1986 年，过家兴教授对"竞技能力"的定义进行了补充阐述，即运动员有效地参加训练和比赛所具备的本领，是运动员心、技、体、智四方面能力的综合③。经过运动实践以及训练理论的不断发展，田麦久教授将"竞技能力"重新定义为：运动员参加训练和比赛所具备的能力，其中包含素质、形态、机能、战术、技术、心理、智力七个方面④。此定义将"技能"分为技术和战术，并增加了智力能力。随后徐本力教授 1990 年出版了《运动训练学》一书，书中将竞技能力定义为：运动员为了在比赛中能够取得优异的运动成绩所需要

① 尚迎秋，陈立人．我国跆拳道运动科研现状综述［J］．北京体育大学学报，2002，3（5）：605-607.

② 田麦久．论竞技能力决定因素之分析［J］．体育科技，1984，6（3）：1-4.

③ 过家兴．运动训练学［M］．北京：北京体育学院出版社，1986.

④ 田麦久，武福全．运动训练科学化探索［M］．北京：人民体育出版社，1988.

具备的运动能力，并且将竞技能力主要分为"体能、技能、战术能力、智能、心理能力和思想作风能力"六种①。2000 年《运动训练学》对"竞技能力"再一次定义，即竞技能力是运动员的参赛能力。定义更加清晰、简洁，进一步解释为由具有不同表现形式的体、技、战、心、智组成，并且综合地表现于专项竞技中②。2006 年刘大庆教授在其《运动员竞技能力的结构特点与基础训练方法》一书中继续使用了田麦久教授在 1988 年提出的"竞技能力"的定义③。同时，田麦久、刘大庆在 1990 年和 2000 年两版《运动训练学》通用教材的基础上，新编了一部《运动训练学》，在书中适当地补充和丰富了"竞技能力"的定义，书中写道：竞技能力即指运动员的参赛能力，是运动员参加比赛的主观条件或自身才能，由具有不同表现形式和不同作用的体能、技能、战术能力、心理能力以及知识能力所构成，并综合地表现于专项竞技的过程之中④。此书将智能换成了知识能力，并进一步阐释了竞技能各要素个体及整体的专项性。而后在 2017 年，田麦久教授主编的普通高等学校体育专业教材《运动训练学》（第二版）中引用了竞技能力的新定义。

学者们对"竞技能力"科学释义的认识随时间的推移不断地拓展与深入，从不同的角度进行了解析，"竞技能力"的定义逐渐趋向完善，其构成要素逐渐统一，对竞技能力的认识越来越系统和完整。本书引用的是田麦久教授 1988 年在《运动训练科学化探索》中关于竞技能力的定义，即运动员参加训练和比赛所具备的能力，包含形态、机能、素质、技术、战术、心理和智力七个方面。

二、竞技能力的构成要素

国外训练学专家关于竞技能力构成要素的研究成果主要有：德国运动训练学专家曼弗里德博士从三方面对运动员竞技水平做出了阐释，指出运动员

---

① 徐本力．运动训练学 [M]．山东：山东教育出版社，1990.
② 田麦久．运动训练学：2 版 [M]．北京：人民体育出版社，2000.
③ 刘大庆，周爱国，刘刚．运动员竞技能力的结构特点与基础训练方法 [M]．北京：北京体育大学出版社，2006.
④ 田麦久，刘大庆．运动训练学 [M]．北京：人民体育出版社，2012.

运动水平的现实状态包括技术因素、素质因素和心理因素[1]。迪特里希·哈雷博士在其专著《训练学——运动训练的理论与方法学导论》中强调竞技能力和竞技准备两要素是运动员运动成绩的决定因素，并在书中进一步阐释了竞技能力的构成，认为其主要由运动员的技术熟练性、战术熟练性、身体能力、智力能力以及运动员自身知识和经验的积累等因素组成[2]。苏联普拉托诺夫认为竞技能力由六要素构成，并从竞技能力构成要素之间的相互关系出发，认为在比赛或训练中各要素都不会孤立地表现出来，强调了在训练和比赛中运动员的竞技水平是一种适应性的变化过程，组成训练水平的各个因素间是相互关联和制约的[3]。

国内学者在前人研究基础上，对竞技能力构成要素进行了深入探索，进一步拓宽了研究视野及深度，在不同时期不同背景下产生了一些具有代表性的学说。

1986年，过家兴教授在其专著中将体能、技能、智能和心理能力作为运动员竞技能力的构成要素，并从竞技能力获得途径的不同进一步将其划分为先天性和后天性竞技能力[4]，这就是"四要素说"。两年后，周西宽教授在前人研究的基础上提出了新的见解，将体能要素分为身体形态、身体机能、身体素质，并且增加了智能要素，竞技能力由四要素增加至七要素，并且认为"七要素之间既相互渗透、相互影响，同时又相互独立，不同项目及个人均以不同的形式组成个性鲜明的要素能力[5]"。徐本力教授则提出了竞技能力"六要素说"，将战术能力从技能中单列出来，以此来强调战术能力在竞技能力构成要素中占有非常重要的位置，同时增加了"思想作风"要素，即体能、战术能力、技能、心理能力、智能和思想作风能力[6]六个要素。国内部分学者对"六要素说"展开了相关论述，有学者认为，"思想作风"要素属于意识形态

① 田麦久.运动训练学讲稿［M］.北京：北京体育学院教务处，1983.
② 哈雷.训练学：运动训练的理论与方法学导论［M］.北京：人民体育出版社，1985.
③ 普拉托诺夫.运动训练的理论与方法［M］.陆绍中，张人民，译.北京：人民教育出版社，1984.
④ 过家兴.运动训练学［M］.北京：北京体育学院出版社，1986.
⑤ 周西宽.体育学［M］.成都：四川教育出版社，1988.
⑥ 徐本力.运动训练学［M］.山东：山东教育出版社，1990.

范畴，是在获取知识和运用知识的过程中逐渐形成的，不应与其他要素并列，而应划分到知识能力的范畴①；还有学者认为，"思想作风"是人的"思想"的外在表现方式，属于生活用语，不应将其归于心理学范畴②。可见，对于竞技能力"六要素说"的构成还存在一些争议。目前关于运动员竞技能力的构成要素尚未有统一的标准。我国学者田麦久教授从普适性目标出发提出了"三要素说"和"五要素说"。其中，"三要素说"主要包括体能、技能和心理能力，三要素说清晰地划分了运动员竞技能力的系统框架③。五要素由技能、战术能力、体能、心理能力和运动智能构成④。郑念军教授从多层次的视角对竞技能力进行了划分。第一层次包括：体能；第二层次包括：身体形态、身体机能、运动素质；第三层次包括：身高、体重、胸围等⑤。竞技能力的划分将各个要素具体化，使竞技能力的要素测量具有可操作性。程勇民教授将竞技能力分为竞技实力和发挥能力，竞技实力主要包括体能、技能和战术能力；发挥能力包括认识能力、调节能力和意志力，强调运动员的训练水平及比赛中的发挥能力是构成竞技能力的两个同等重要的因素⑥。田麦久教授在新版的《运动训练学》一书中，将"运动智能"改为"知识能力"，提出了竞技能力由"新五要素"，即体能、技能、战术能力、心理能力和知识能力构成⑦。

综上所述，各个专家学者在不同时期不同背景条件下提出了不同的关于竞技能力构成要素的学说。由于各个项目都有自身的专项特点，对于竞技能力的要求也不同，加之学者们所站的角度不同，很难对所有项目的竞技能力

① 王法涛，窦海波．基于文献计量的我国竞技能力理论研究进展与展望［J］．山东体育学院学报，2018，34（5）：126-130.
② 董晓冰，代中善．再论竞技能力：对若干理论误区的审思［J］．山东体育学院学报，2009，25（10）：63-67.
③ 田麦久，姚家新．运动员选材基本理论的再认识（一）［J］．山西体育科技，1995，6（2）：16-19.
④ 田麦久．运动训练学：2版［M］．北京：人民体育出版社，2000.
⑤ 郑念军，刘新民，刘兴．竞技能力新论［J］．西安体育学院学报，2001，5（1）：51-53.
⑥ 程勇民，许伟民．竞技能力、竞技能力结构及其项群划分：传统训练学理论的不足与完善［J］．山东体育学院学报，2004，20（5）：35-37.
⑦ 田麦久，刘大庆．运动训练学［M］．北京：人民体育出版社，2012.

构成要素进行全面公认的、适当的划分，与此同时也说明了竞技能力构成的复杂性。整合学者们的研究发现，从竞技能力构成三要素至七要素的内容研究导向上逐渐趋于统一，新五要素说是目前国内相对认可度较高的竞技能力构成要素学说。

三、竞技能力结构模型理论

竞技能力是运动训练领域重点研究的主要内容之一，学者们从不同视角对竞技能力、竞技能力的构成要素、竞技能力构成要素间的相互关系以及竞技能力的基本规律进行了深入研究，并提出了各种独立或者互为补充的理论观点，对运动训练的指导具有重要的理论与实践意义。

日本学者根本勇首次将经济学界的"木桶理论"（又称为短板理论）引入到运动训练领域，并提出了竞技能力"木桶模型"理论[1]。该理论用以解释运动员竞技能力的相互关系，组成桶的木板长度表示不同的竞技子能力的发展水平，木板各有长短，而桶内水位的高低则取决于最短的那块。运用在训练学领域，说明运动员竞技能力水平的高低不取决于能力最强的子能力，而是由最弱的子能力决定。该理论同时强调了竞技能力各子能力之间要协调、全面发展，及时弥补不足。有研究者指出"木桶理论"存在局限性[2]：其一，木桶结构属于二维，而人体运动能力的构成是多维的，"木桶理论"无法从根本上解释人体竞技能力结构的复杂关系；其二，围成木桶的木板发挥的作用一样，而竞技能力各要素发挥的作用却各不相同。

李凯学者从运动素质与运动能力关系的角度提出了"合金理论"。该理论突出强调了运动员竞技能力的整体性，将人的运动能力看成一个完整的、相互作用的有机系统，而不仅仅是将各项运动素质进行简单、机械的叠加，将竞技能力看作类似于合金的有机构成，各组成单质的特性间相互发生作用并形成总体性能[3]。"合金理论"的优点在于强调了竞技能力是一个有机整体，

---

① 田麦久，刘大庆.运动训练学［M］.北京：人民体育出版社，2012.

② 李凯."合金理论"初探：试论运动素质与运动能力的关系［J］.山东体育学院学报，2000，6（1）：1-4.

③ 李凯."合金理论"初探：试论运动素质与运动能力的关系［J］.山东体育学院学报，2000，6（1）：1-4.

缺点在于忽视了竞技能力的独特性。

与"木桶模型"相对应，我国学者田麦久、刘大庆等①设计了新的竞技能力模型，即"积木模型"。该模型揭示了运动员竞技能力系统中普遍存在的非衡状态，即同时存在优势要素和劣势要素，而通过主动加强对优势要素的训练，能够在一定程度上弥补弱势要素的不足。该模型强调竞技能力各因素的互补性与整体性，通过优势要素对劣势要素的弥补，从而实现整体竞技能力保持或达到较高水平的可能。

在"木桶模型"和"积木模型"的基础上，我国学者田麦久等又进一步提出了"双子模型"，两个模型分别用不同的图像说明竞技能力结构中各子能力间的关系。"积木模型"强调竞技能力的整体性，"木桶模型"强调竞技能力的独特性，"整体性"和"独立性"可以互为补充，两个模型可以通过互补的形式共同反映运动员竞技能力结构之间的动态关系②③。

李岩等学者总结上述模型的优缺点，建立了"皮球理论模型"，突出了竞技能力构成要素间的整体性、动态性和混沌性优点，很好地从系统理论和混沌理论的角度对竞技能力的结构特征做出了诠释。该模型是以具有弹性的皮球为主体，皮球由五瓣构成，分别代表体能、技能、战术能力、心理能力和智力五个子竞技能力，每一个要素在球体内部分别占有不同的空间④。

李长沙等学者提出了竞技能力"金字塔模型"。该模型由平台和塔尖构成，将运动员的心理能力和运动智能看作塔尖，表明对于高水平运动员来说，心理能力和智能是比赛胜负的决定因素；将运动员的体能、技能与战术能力看作是金字塔的平台⑤。

————————————

① 田麦久，刘大庆，熊焰. 竞技能力结构理论的发展与"双子模型"的建立 [J]. 体育科学，2007，8（7）：3-6.

② 田麦久，刘大庆，熊焰. 竞技能力结构理论的发展与"双子模型"的建立 [J]. 体育科学，2007，8（7）：3-6.

③ 陈亮. 对运动员竞技能力非衡结构补偿理论的几点思考 [J]. 山东体育学院学报，2008，7（11）：69-72.

④ 李岩，董云振，李珂. 竞技能力结构模型的分析与新议：皮球理论模型的建立 [J]. 北京体育大学学报，2010，33（2）：116-118.

⑤ 李长沙，廖金琳，林锦福. 运动员竞技能力结构动态变化模型研究 [J]. 体育研究与教育，2012，27（4）：77-80.

有学者提出了"蜂巢模型"理论①，该理论模型将竞技能力结构比作蜂巢整体。根据专项竞技能力中各要素指标权重的大小进一步分为核心竞技能力层、主导竞技能力层、次核心竞技能力层等，各层围绕核心竞技能力层进行分层次排列，形成链状立体层次结构。

还有学者以物质形态为研究视域，从实践出发，提出了第三种状态"半凝固态"假说和"胶泥模型"。模型将运动员竞技能力分为基础竞技能力和可变竞技能力，强调了竞技能力的稳态性与可变性之间不是一成不变的，二者可以相互转化，是相对稳定的且具有阶段性特征②。

综上所述，学者们对竞技能力的认识是一个由简单到复杂的探索过程，不论在理论上还是在实践上都有了更加深入的了解。学者们不仅从竞技能力整体进行分析，同时关注竞技能力的各子能力，并且平衡二者之间的动态关系。尽管目前尚未形成一个统一的竞技能力理论，但是为我们认识竞技能力的结构特征；诊断运动员竞技能力的状态；准确实施训练的控制提供了重要的理论基础。

第三节 跆拳道项目竞技能力研究综述

一、跆拳道项目竞技能力单因素相关研究

1. 跆拳道运动员身体形态特征研究

身体形态是反映人体内部和外部的形状特征，在运动员的体能中具有重要意义，在一定程度上影响运动素质的发展。身体形态测量学的指标主要由长度、宽度、围度、厚度、充实度等组成，每个运动项目都有其自身选材特征，而身体形态是其中比较基本的内容之一，具有项目特征，如篮球和排球

---

① 岳建军，阎智力，杨尚剑.个体竞技能力结构分析［J］.体育学刊，2013，20（3）：97-102.

② 李亚慰.基于物质形态视域的运动员竞技能力结构"胶泥模型"实证研究［J］.西南师范大学学报（自然科学版），2015，40（6）：140-144.

要求运动员身材高大①；武术运动员则相对小巧②；举重运动员的体型比较粗壮③等。跆拳道运动员的身体形态同样具有与项目相关的独特特点，学者们进行了大量研究。

　　跆拳道竞技比赛是按照性别、年龄、体重分组，以腿法为主，拳法为辅组织的同场对抗运动。从项目特征来看，跆拳道运动员身体形态中较长的四肢和较高的身高，以及相对轻的体重等对比赛的成功有一定影响。人体测量学的数据，如身高、肢体长度已经成为跆拳道成功的变量，据研究，较长的上肢在跆拳道比赛中可以起到很好的防守作用，而较长的下肢，由于杠杆原理，可产生更大的踢击力量④。Jeong-weon⑤对韩国优秀女子跆拳道运动员的形态进行研究发现，优秀女子运动员的身高为 168.49±5.48 厘米，这与Gabriele 等⑥的研究成果相似，表明跆拳道运动员具有较高的平均身高。跆拳道比赛是按照体重划分级别，因此运动员都希望拥有较小的体脂百分比，以及合理的 BMI 指数⑦。还有学者对女子运动员的指距、围度以及髋关节活动

①　练碧贞，高由贤. 我国青少年篮球运动员选材标准的研制［J］. 北京体育大学学报，2019，42（7）：33-42.
　　汪俊峰. 我国少年男子排球运动员身体形态与身体素质特征［J］. 武汉体育学院学报，2015，49（8）：91-95.
②　高亮，朱瑞琪，陈超. 我国优秀男子散打运动员形态特征研究［J］. 北京体育大学学报，2009，32（2）：139-141.
③　陈海春，陈慧娟，邱应龙，等. 奥运优秀后备轻量级男子举重运动员选材模型研究［J］. 北京体育大学学报，2012，35（4）：137-140.
④　KAZEMI M，WAALEN J，MORGAN C，et al. A Profile of Olympic Taekwondo Competitors［J］. Journal of the Canadian Chiropractic Association，2006，5（6）：24-28.
⑤　JEONGWEON K，SANGSEOK N. Physical Characteristics and Physical Fitness Profiles of Korean Taekwondo Athletes：A Systematic Review［J］. International Journal of Environmental Research and Public Health，2021，18（18）：96-101.
⑥　GABRIELE M，JORGE C-O，ALFREDO I，et al. Differences Between the Sexes in Athletes' Body Composition and Lower Limb Bioimpedance Values［J］. Muscles，Ligaments and Tendons Journal，2017，7（4）26-31.
⑦　JONATASF D S，HELMI C. Physical and Physiological Profiles of Taekwondo Athletes［J］. Sports Medicine（Auckland，NZ），2014，44（6）：23-29.

度进行了研究①。国内学者对跆拳道运动员身体形态也进行了大量研究,杨煜琳等②在研究中指出,我国优秀女子跆拳道运动员身高为165.64±7.76厘米,体重为59.21±9.18公斤,与国外优秀运动员相比身高偏低。有学者指出③跆拳道运动员的体型是瘦高型,在运动员选材时身体形态上应该注意:身高相同,选体重轻者;体重相同,选身高者;体重与身高相同,选择腿长者,强调了身高、体重等身体形态因素对跆拳道运动员的重要性。跆拳道项目对跆拳道运动员的灵活性要求较高,运动员脂肪过多会增加机体负担,消耗更多体能,最终影响运动能力,所以跆拳道运动员的体型应匀称,皮下脂肪少,拥有较低的体脂,较大的瘦体重,肌肉骨骼发育较好④。

综上所述,跆拳道运动员的身体形态特征主要表现为身高腿长、身材匀称、体脂含量低等。较为常见的身体形态指标主要有身高、体重、肢体长、体脂百分比、BMI指数和克托莱指数等。

2. 跆拳道运动员身体机能特征研究

身体机能是体能的重要组成部分之一,关于运动员身体机能的评价指标较多,学者们主要从以下指标进行研究:

Heller等⑤通过PWC170、最大摄氧量、最大心率对跆拳道运动员进行有氧能力评估,以及通过30秒温盖特无氧测试对跆拳道运动员进行无氧能力评估。结果表明,成功的跆拳道运动员往往表现出低脂肪水平、高无氧能力、高有氧能力。高炳宏⑥从跆拳道比赛的时间与能量代谢特点进行研究,表明跆拳道竞赛攻击次数多,攻击时间短,每一次攻击在6.9—7.19秒之间,根据

---

① KAZEMI M, PERRI G, SOAVE D. A Profile of 2008 Olympic Taekwondo Competitors [J]. Journal of the Canadian Chiropractic Association, 2010, 54 (4): 243-249.

② 杨煜琳,潘冬,周薇,等. 跆拳道运动员身体形态机能指标的研究 [J]. 成都体育学院学报,1999,4 (2): 64-66,97.

③ 李艳,刘少辉. 女子跆拳道优秀运动员主要身体形态选材初探 [J]. 西安体育学院学报,2003,3 (2): 68-69.

④ 王卫星,黄宝宏,吴星亮. 中国优秀女子跆拳道运动员体能训练中运动素质指标的构建及效果评价 [J]. 北京体育大学学报,2008,6 (4): 433-436.

⑤ HELLER J, PERIC T, DLOUHA R, et al. Physiological Profiles of Male and Temale Taek-won-do (ITF) Black Belts [J]. Journal of Sports Sciences, 1998, 16 (8): 243-249.

⑥ 高炳宏. 跆拳道比赛时间结构与能量代谢特点的研究 [J]. 北京体育大学学报,2004,16 (5): 639-641.

跆拳道比赛实际特点，研究得出跆拳道比赛要求运动员具备较好的磷酸盐供能和较强的糖酵解供能能力，而糖酵解无氧供能更重要。

Lin 等①对跆拳道男女精英运动员通过 30 秒温盖特测试和评估无氧能力，结果表明，高水平运动员的无氧能力和耐力是其取得良好成绩的重要因素，应加强下肢无氧力量和耐力的训练。2008 年黄宝宏等②在研究中提到，跆拳道比赛要求肌肉在短时间内完成爆发性用力，以磷酸盐供能为主，糖酵解供能为辅；而从血乳酸浓度来讲，男运动员在 11.4 毫摩尔/升，由此推断出无氧糖酵解供能占有重要地位。国外学者 Bouhlel 等③和 Bridge 等④通过心率、血乳酸和最大摄氧量等指标评定跆拳道运动员有氧和无氧能力，研究结果显示，国际跆拳道比赛运动员的平均最高心率达 182 次/分，表明在比赛过程中，有氧代谢能力需求较高，比赛中平均血乳酸浓度为 9.9 毫摩尔/升，第一局与第二局之间呈显著增加，第三局虽然增加较小，但也表明了跆拳道比赛中需要无氧代谢供能，尤其是糖酵解供能，证明了黄宝宏等学者的结论。不同于前人研究，Fabio 等⑤通过测量活动期间的氧消耗、运动后过量氧消耗的快速成分以及每一轮血乳酸浓度的变化指标，评估跆拳道比赛中有氧供能、无氧磷酸盐和无氧糖酵解等能量系统的贡献大小，指出有氧系统在跆拳道比赛中占主导地位，有氧供能占总能量的 66%。无氧乳酸系统和乳酸系统分别占总能量消耗的 30% 和 4%。Sant 等⑥学者认识到温盖特实验测试跆拳道运动员的无氧能力有局限性，提出了一种新的跆拳道专项的无氧评估方法，采用

① LIN W L, YEN K T, LU C Y D, et al. Anaerobic Capacity of Elite Taiwanese Taekwondo Athletes [J]. Science&Sports, 2006, 21 (5)：291-293.

② 黄宝宏，王卫星. 竞技跆拳道项目体能训练特征研究 [J]. 北京体育大学学报，2008，31 (10)：1419-1421.

③ BOUHLEL E, JOUINI A, GMADA N, et al. Heart Rate and Blood Lactate Responses During Taekwondo Training and Competition [J]. Science & Sports, 2006, 21 (5) .36-41.

④ BRIDGE C A, JONES M A, DRUST B, et al. Physiological Responses and Perceived Exertion During International Taekwondo Competition [J]. International Journal of Sports Physiology, 2009, 4 (4)：485-489.

⑤ CAMPOS F A D, BERTUZZI R, DOURADO A C, et al. Energy Demands in Taekwondo Athletes During Combat Simulation [J]. European Journal of Applied Physiology, 2012, 112 (8)：1221-1228.

⑥ SANT'ANA J, DIEFENTHAELER F, PUPO J D, et al. Anaerobic Evaluation of Taekwondo Athletes：Original Research [J]. International SportMed Journal, 2014, 15 (4)：492.

30秒连续踢击沙袋测试，通过踢腿循环次数、血乳酸浓度、疲劳指数评估运动员无氧能力，证实了跆拳道比赛中无氧糖酵解供能占有重要地位。Rocha等[1]对温盖特实验和Sant等学者提出的跆拳道运动员无氧能力测试新方法进行了比较，结果表明，两种测试方法在很多指标上存在相对的一致性。学者对跆拳道比赛中运动员有氧和无氧供能占比的研究结果不同，原因主要是，选取的样本在体重、年龄、运动员水平上存在差异，样本数量的大小不同，以及实验中采取的测试方式存在差异。

综上所述，学者关于跆拳道身体机能的研究较多，主要通过心率、血乳酸浓度、最大摄氧量以及无氧功率等指标，评估跆拳道运动员无氧能力与有氧能力。从研究结果来看，竞技跆拳道是一项有氧无氧混合供能的运动项目。跆拳道实战中，要求运动员有快速的启动能力、灵敏的步法，以及快速的下肢力量等，需要无氧磷酸盐及糖酵解快速启动供能。跆拳道比赛分为3局，每局2分钟，局间休息1分钟，同时比赛过程中存在相持、暂停的非格斗时间，需要运动员有较好的有氧供能能力。

3. 跆拳道运动员身体素质特征研究

身体素质是运动员维持活动的基本能力，主要包括力量、耐力、速度、柔韧、协调能力、灵敏能力等，国内外学者关于跆拳道身体素质研究主要从以下方面进行：

关于跆拳道运动员最大力量的评估，学者主要通过一次最大重复力量测试来评估运动员的肌肉最大力量。Markovic等[2]通过1RM卧推和1RM深蹲来分别测试跆拳道运动员上肢和下肢的最大力量。优秀女子运动员与普通女子运动员在上肢、下肢最大力量上不存在显著差异，因此说明，跆拳道运动员的最大力量虽然很重要，但在比赛中并不是决定胜负的重要因素。关于肌肉耐力的研究，常用的现场测试指标主要有俯卧撑和仰卧起坐，在时间上限定

[1]　ROCHA F, LOURO H, MATIAS R, et al. Anaerobic Fitness Assessment in Taekwondo Athletes. A New Perspective [J]. Motricidade, 2016, 12 (2)：127-139.

[2]　MARKOVIĆ G, MIŠIGOJ-DURAKOVIĆ M, TRNINIĆ S. Fitness Profile of Elite Croatian Female Taekwondo Athletes [J]. Coll Antropol, 2005, 29 (1)：3-9.

条件分为 30 秒和 60 秒两种。Markovic 等①与 Toskovic 2004 等②学者对跆拳道运动员进行了 60 秒的仰卧起坐和俯卧撑测试，并研究了躯干和髋屈肌耐力与比赛胜负的关系，结果表明奖牌获得者与非奖牌获得者存在差异，但是不具有统计学意义。Noorul 等对青少年男女运动员进行了身体素质测试，肌肉耐力指标选取了俯卧撑测试上肢力量，仰卧起坐评估腰腹力量③。Miller 指出，现有的仰卧起坐和俯卧撑测试数据对跆拳道运动员的肌肉耐力特征的了解有限，需要进一步研究跆拳道运动员的肌肉耐力特征与年龄、性别、比赛水平和体重级别的关系，以便指导不同水平运动员的训练实践④。关于爆发力的研究，Noorul 等⑤和 Rozilee 等采用半蹲跳和下蹲跳来评估下肢爆发力量。关于运动员速度素质能力的研究⑥，Cetin 等通过 30 米、20 米冲刺跑分别对男女不同水平进行位移速度评估，结果显示，女子 20 米冲刺跑奖牌获得者平均值 3.6 秒，非奖牌获得者为 3.81 秒⑦。Fuente 等通过眼手反应实验、眼足反应实验测试运动员的反应速度，结果表明，优秀运动员和普通运动员在以上指标中存在显著差异，可以将这些指标作为选材的评价指标⑧。还有少部分学

① MARKOVIĆ G, MIŠIGOJ-DURAKOVIĆ M, TRNINIĆ S. Fitness Profile of Elite Croatian Female Taekwondo Athletes [J]. Coll Antropol, 2005, 29 (1): 3-9.

② TOSKOVIC N N, BLESSING D, WILLIFORD H N. Physiologic Profile of Recreational Male and Female Novice and Experienced Tae Kwon Do practitioners [J]. J Sports Med Phys Fitness, 2004, 44 (2): 164-172.

③ NOORUL H R, WILLY P, ERIE Z Z. Physical Fitness of Recreational Adolescent Taekwondo Athletes [J]. Brazilian Journal of Biomotricity, 2008, 2 (4): 230-240.

④ MILLER T A. National Strength and Conditioning Association (NSCA)'s Guide to Tests and Assessments [M]. Champaign: Human Kinetics, 2012.

⑤ NOORUL H R, WILLY P, ERIE Z Z. Physical Fitness of Recreational Adolescent Taekwondo Athletes [J]. Brazilian Journal of Biomotricity, 2008, 2 (4): 230-240.

⑥ WAZIR M R W N, HIEL M V, MOSTAERT M, et al. Identification of Elite Performance Characteristics in a Small Sample of Taekwondo Athletes [J]. PLOS ONE, 2019, 14 (5). 231-236.

⑦ CETIN C, KEECI A D, ERDOAN A, et al. Influence of Custom-made Mouth Guards on Strength, Speed and Anaerobic Performance of Taekwondo Athletes [J]. Dental Traumatology, 2009, 25 (3): 272-276.

⑧ FUENTE A D L, GÓMEZ-LANDERO L A. Motor Differences in Cadet Taekwondo Athletes According to Competition Level [J]. Revista Internacional de Medicina y Ciencias de la Actividad Fisica y del Deporte, 2017, 19 (73): 63-75.

者，如 Kim 等①通过 5×10 米往返跑测试运动员的灵敏素质。Rozilee 等②通过坐位体前屈来评价运动员的关节活动范围。Jeong-Weon 综合了以往测量韩国跆拳道运动员身体形态和身体素质的研究，指出韩国跆拳道女子运动员的身体素质特征如下：60 秒仰卧起坐 54.2 个；坐位体前屈 21.33 厘米；立定跳远 192.07 厘米。结果表明，韩国女子跆拳道运动员的核心力量发展较好，具有较好的髋关节柔韧性以及下肢爆发力量③。

国内学者也对跆拳道运动员身体素质方面进行了研究，2006 年马波④对我国跆拳道男子运动员体能评价指标进行了筛选，确定了 20 秒提膝、横叉、800 米、立定跳远 4 项身体素质指标。随后马波、黄海在 2007 年对男子体能评价指标进一步完善，在 2006 年基础上又增加了 4×10 米往返跑、20 秒左右腿提膝⑤两项指标。黄宝宏 2010 年在其研究中主要侧重于跆拳道体能训练过程中的重要环节，指出体能训练的初始诊断和阶段效果分析应注重个性化评价和动态评价，并确定了变向跑、坐位体前屈、半蹲、高翻、快速两头起、起跳反应力量指数、12 分跑及俯撑推拉球等作为评定跆拳道运动员基本运动素质能力的指标⑥。胡卫东等采用测试法、对比分析法及数理统计等方法，对我国优秀跆拳道运动员的有氧、无氧训练和力量训练 3 个方面进行分析，在研究中强调了力量训练中要突出快速力量的核心地位，说明了在力量训练中要注意训练部位的均衡化发展，确立异侧稳定支撑力量对跆拳道运动员训练

① KIM H B, STEBBINS C L, CHAI J H, et al. Taekwondo Training and Fitness in Female Adolescents [J]. J Sports, 2011, 29 (2): 133-138.
② WAZIR M R W N, HIEL M V, MOSTAERT M, et al. Identification of Elite Performance Characteristics in a Small Sample of Taekwondo Athletes [J]. PLOS ONE, 2019, 14 (5). 231-236.
③ JEONGWEON K, SANGSEOK N. Physical Characteristics and Physical Fitness Profiles of Korean Taekwondo Athletes: A Systematic Review [J]. International Journal of Environmental Research and Public Health, 2021, 18 (18): 96-101.
④ 马波. 我国优秀男子跆拳道运动员身体素质测量指标与评价标准研究 [J]. 天津体育学院学报, 2006, 21 (1): 69-71.
⑤ 马波, 黄海. 我国优秀男子跆拳道运动员体能水平测量指标与评价方法的研究 [J]. 北京体育大学学报, 2007, (10): 1415-1417.
⑥ 黄宝宏. 我国优秀跆拳道运动员体能训练的诊断与评价 [D]. 北京: 北京体育大学, 2010.

和比赛的重要作用①。钟军对 54 名跆拳道运动员进行了实验组和对照组的实验，分别进行不同快速力量素质训练方法的干预。研究认为，传统力量训练的高级阶段是核心力量训练，随着跆拳道项目运动员运动等级的逐步提高，核心力量在快速力量训练中的比重不断增加，年轻的跆拳道运动员的快速力量训练应以传统力量素质为主②。吴飞主要通过测试等方法建立了大级别跆拳道运动员的体能评价指标，指出跆拳道大级别运动员体能水平的高低更重要的是取决于速度与力量，尤其是快速力量和下肢力量是提高整体体能水平的重要因素③。

综上所述，学者们在跆拳道身体素质、身体形态、身体机能方面进行了大量的研究。身体素质测试指标主要有半蹲跳、下蹲跳、立定跳远、1RM 卧推、俯卧撑、仰卧起坐、坐位体前屈、30 米冲刺、50 米往返跑等。身体形态指标主要集中在身高、体重、下肢长、上肢长、指间距等方面。身体机能主要通过心率、血乳酸浓度值、肺活量、最大摄氧量等指标进行评定。前人研究对本书中的指标选取提供了很大的借鉴价值。

4. 跆拳道技术、战术能力特征研究

技术和战术是跆拳道运动员竞技能力的重要组成部分，跆拳道技术按分值划分有 1 分技术、2 分技术、3 分技术、4 分技术和 5 分技术；按技术名称分为横踢、侧踢、下劈、后踢、双飞、旋风踢、后旋踢等。跆拳道战术根据战术的攻防性质分为主动进攻战术、迎击战术和防守战术。不同学者从不同角度对跆拳道技术和战术进行了研究。

学者从规则的角度对技战术进行了大量研究。首先是新规则以及电子护头下，围绕横踢、侧踢、下劈等技术的变化性技术应用特征。2010 年高志红教授以备战 2012 年伦敦奥运会跆拳道女子-49 公斤级运动员的技战术特征为前期研究的基础，并结合新规则和电子护具，研究发现，比赛中前横踢使用比例上升趋势明显，前横踢技术不仅成为主要的应用技术，同时还具有较强

① 胡卫东，徐玄冲，王卫星，等．我国优秀跆拳道运动员体能训练中的几个关键点研究 [J]．中国体育科技，2014，50（1）：136-145.

② 钟军．核心力量训练对跆拳道运动员快速力量发展影响的实证研究 [J]．武汉体育学院学报，2015，49（5）：92-95.

③ 吴飞．我国优秀跆拳道大级别运动员体能评价研究 [D]．北京：北京体育大学，2013.

的得分能力。前腿的侧踢技术运用增加，改变了技术应用比例，成为新的得分技术关注点。下劈和横踢技术主要用于踢击头部得分，且出现了变换性技术，成为击头技术新的发展趋向①。李香君在研究新规则背景下分析跆拳道技术、战术发展情况，指出跆拳道的比赛得分技术形式具有多样化特点，单次技术攻击得分分值提高，横踢技术使用率及得分率有所降低，而击头技术的得分有所提高，在新规则以及电子护具下，后踢技术、后旋踢技术以及下劈击头技术将成为跆拳道比赛中主要的得分技术②。杨志军对运动员的技术应用、得分、贴靠、交手和警告等指标进行了统计，认为新规则下技术的应用种类逐渐趋向均衡发展，反击技术和击头技术的使用次数有所增加，横踢技术依然是得分的主要手段而且是比赛中的核心技术，贴靠主要以交手后贴靠和无交手贴靠为主③。乔长泽、李来在研究中指出，电子头盔的出现和应用，以及随着规则不断地微调，技术动作也随之发生变化。变化性技术显得越来越重要，同时快速使用常规技术转化为得分技术也逐渐受到重视。在电子护具下，击头技术的攻防能力在比赛中占有越来越重要的地位④。

其次，关于变化性技术学者们进行了不同的界定。传统护具人工打分，对技术动作的规范性以及踢击力度、效果有很高的要求，而随着电子护具以及电子护头的应用，打分方式变为电子设备感应力值，对踢击力度要求降低，模糊了技术动作的规范性，从而在常规技术基础上衍生出大量"变化性"技术。马晓利⑤在其研究中将"变化性技术"定义为：单腿连击技术，指第一个动作完成攻击后，攻击脚未落地情况下再次进行连续击打的技术动作。该技术强调单腿连续攻击，是跆拳道比赛中杀伤力大、威胁力强并且得分效果

---

① 高志红，冯巨涛，任文岗，等.新规则和电子护具的使用对跆拳道技术应用的变化与影响 [J].中国体育科技，2010，46（4）：86-89，98.

② 李香君.新规则下第16届亚运会跆拳道比赛得分技术分析 [J].沈阳体育学院学报，2012，31（2）：122-123，37.

③ 杨志军.新规则下我国优秀跆拳道运动员技战术运用现状及对策研究 [J].中国体育科技，2010，46（6）：77-81.

④ 乔长泽，李来.论电子护头使用下跆拳道击头技术的攻防理论体系 [J].中国体育科技，2016，52（3）：124-131，39.

⑤ 马晓利，刘卫军.2013年世界跆拳道锦标赛女子决赛运动员技术特征分析 [J].北京体育大学学报，2015，38（2）：117-121.

好的变化性技术，也是今后跆拳道技术发展的趋势。林大参①在其研究中指出，单支撑连踢技术是比赛中踢击对手头部常用的且有效的得分技术。桥长泽将击头技术分为腾空技术和单腿支撑技术，又将单腿支撑技术进一步分为常规技术和变化性技术，将变化击头技术定义为：使用某个常规技术击头发力后，膝关节控制在一定高度情况下，对头部目标进行 2 次或多次追加攻击②。刘宏伟根据电子护具下腿法的不同应用性质，将腿法分为冲击式和控导式两类，其中控导式腿法具有更为复杂的技巧以及连贯性，攻击力相对较弱，表明控导类技术击头的应用价值更为广泛，表现在控腿情况下补充式和多次追加攻击方面③。

最后关于新规则下战术的运用特征。何芸、庞俊鹏④对韩国运动员李大勋的技战术运用情况进行研究，发现李大勋在比赛中擅长运用前侧踢和前横踢进行距离调控，主动进攻，防守破坏，将后横踢技术作为补充踢击技术，推+踢组合技术运用形式多样，得分效果好。吴建忠⑤以 Daedo 护具的应用为切入点，研究运动员比赛中新技术的使用及得分情况，通过录像观察和实验法进行研究，发现新得分技术脚内侧横踢、中位勾踢在比赛中能够达到 Daedo 护具的感应力值，并且是有效的得分手段。脚内侧横踢技术适用于近距离击打，可提高得分率。中位勾踢技术可运用于不同战术之中，由于受战况等多因素的限制，该技术与推踢技术配合使用效果更佳。Menescardi 等⑥在研究中指出，与失败方相比较，获胜方更擅长应用预期反击战术、迎击战术和防守反

① 林大参，高志红，吴建忠．新规则和电子护头下跆拳道比赛击头技战术运用特征分析［J］．中国体育科技，2015，51（6）：103-107.
② 乔长泽，李来．论电子护头使用下跆拳道击头技术的攻防理论体系［J］．中国体育科技，2016，52（3）：124-131，39.
③ 刘宏伟．跆拳道腿法技术的变化、创新与体系构建［J］．沈阳体育学院学报，2022，41（2）：129-137.
④ 何芸，庞俊鹏．新规则视角下男子跆拳道技战术发展趋势：以世界冠军李大勋为例［J］．武汉体育学院学报，2019，53（12）：82-87.
⑤ 吴建忠，王丹，吴素英．DaeDo 电子护具下跆拳道新得分技术的研究［J］．北京体育大学学报，2014，37（10）：119-124.
⑥ MENESCARDI C，LOPEZ-LOPEZ J A，FALCO C，et al. Tactical Aspects of a National University Taekwondo Championship in Relation to Round and Match Outcome［J］. Journal of Strength Conditioning Research，2015，29（2）：466-471.

击战术，而很少应用直接进攻战术和间接进攻战术。从每一局的战术应用而言，在直接进攻和预期迎击战术上，第三局比前两局应用的数量更多。Cristina 等[①]在研究中指出，参赛运动员的得分技术变得更加多样化，后腿直线技术直接进攻躯干得分和后腿直线技术间接进攻头部得分应用效果好。研究表明，规则修改后运动员的技战术应用模式发生了变化。

学者们还进行了优秀运动员的个案研究。高平等[②]对我国跆拳道女子中小级别吴静钰和侯玉琢技战术运用特征进行研究，研究指标主要有时机应对、创造时机、攻击部位、战术应用、技术应用等 6 项。研究发现我国中小级别运动员擅长运用前滑步、侧滑步、后撤步等步法，灵活移动逼迫对手，该级别运动员得分技术储备全面，多运用强攻、诱攻战术为反击和迎击战术创造得分机会；击头意识好，高位得分率高，1 分技术失分率较高，后期训练要加强躯干部位的防守能力。刘奇指出，吴静钰善于创造时机，技术储备全面，战术以进攻为主，高位技术得分率高等[③]。冯星等对我国女子大级别运动员进行了研究，指出郑姝音在技术应用上旋转技术使用较少，主要以前腿侧踢和前横踢为主，多以单腿单次踢击得分，以中位踢击为主；以迎击和进攻战术为主，比赛中使用反击战术少[④]。优秀运动员经过长期的训练和比赛，逐渐形成了自己的技战术应用特征，且不同级别在技战术应用上也存在明显的差别，对优秀运动员进行个案研究可以发现其优点和不足，通过多数个案运动员表现出来的技战术特征，能够总结当前跆拳道项目技战术发展的普遍特征与趋势，进而更好地指导运动员的训练及比赛。

学者从理论上对技术和战术进行研究，补充跆拳道的理论体系。刘宏伟对跆拳道比赛战术中的进攻战术和反击战术进行了研究，将进攻战术分为准

① MENESCARDI C, FALCO C, HERNáNDEZ-MENDO A, et al. Design, Validation, and Testing of an Observational Tool for Technical and Tactical Analysis in the Taekwondo Competition at the 2016 Olympic Games [J]. Physiology Behavior, 2020, 224 (11): 112-129.

② 高平，余银，鲁凡. 新规则下我国女子跆拳道运动员吴静钰技战术特征分析 [J]. 北京体育大学学报，2013, 36 (10): 136-139, 44.

③ 刘奇. 中国女子跆拳道奥运冠军技能特征研究 [J]. 成都体育学院学报，2015, 41 (4): 102-106.

④ 冯星，张国宝，张楠. 里约奥运会跆拳道女子67kg以上级冠军郑姝音技战术特征 [J]. 中国体育教练员，2018, 26 (2): 30-33.

备进攻、发起进攻和结束进攻三个环节，强调进攻战术的应用要考虑多方面的因素，除了从运动员自身实际出发，还要充分考虑比赛中对手技战术使用情况[①]。进攻战术的使用也要综合其他战术，如迎击、防守和反击策略，合理使用，结合比赛的战局战况。比赛中反击战术的结构依次由准备、防守、攻击和结束构成。反击战术运用是否成功，主要从比赛双方的进攻以及针对该次进攻的反击的质量对比来判定，进攻战术和反击战术是跆拳道比赛战术的主要构成因素[②]，从实践和理论上对二者进行全面分析，有助于更加清晰、深入地了解跆拳道的战术能力。

综上所述，学者们对跆拳道技战术的研究从不同角度进行了大量研究，选用的研究方法主要是视频分析法和数理统计法。指标选取各异，技术上主要是单个技术、组合技术以及得分技术的使用率和得分率，战术上主要是对进攻、防守和反击指标进行研究。还有学者将技术和战术统一研究，如横踢进攻战术应用等。随着跆拳道项目规则的调整及变化，以及电子护具和电子护头的应用，跆拳道技术和战术的应用特征也逐渐发生了一些新的变化。从以上学者的研究中我们可以发现，与以前的旧规则和传统护具相比，横踢技术的使用率和得分率相对减少，侧踢技术运用增加，前腿技术越来越多地发挥着组织、调控功能，同时得分比重有所上升；在技术应用形式上控腿多次踢击技术、推+踢技术以及技术变化应用越来越多；战术上运动员表现得更加积极主动，主动进攻和迎击战术成为比赛中主要的战术应用形式。因此，在技术和战术指标的选取中，在前人研究成果的基础上，要结合当前跆拳道项目技战术的发展趋势，符合新规则下技术和战术的应用特征，才能更好地反映运动员的技战术能力水平。

5. 跆拳道运动员心理能力特征研究

运动员的心理能力指与训练竞赛相关的个性心理特征，以及依据训练和比赛的现实需要，能够合理把握和正确调整心理过程的能力，心理能力是运

---

① 刘宏伟. 论跆拳道的进攻策略 [J]. 沈阳体育学院学报，2006，25（5）：123-125.
② 刘宏伟. 跆拳道反击战术的结构与应用策略 [J]. 成都体育学院学报，2012，38（8）：56-58，75.

动员竞技能力的重要组成部分①。高水平运动员间的较量，技战术水平相差不大，心理能力对比赛的胜负起到关键作用。跆拳道是同场格斗类项目，比赛双方直接面对面较量，加之规则不断调整及电子护具的应用，使得比赛的强度大，速度快，对抗紧张而激烈②。对于高水平比赛来讲，跆拳道比赛不仅是体能、技术、战术的竞争，更是心理能力的竞争。学者从不同角度对跆拳道运动员的心理能力进行了以下研究：

曾国庆采用《运动成就责任定向 SAR 测验手册》和《简式心境状态评定量表》两个量表，对国家队中各体院与各省队男女运动员进行研究。将运动成就控制划分为内控型、外控型和内外均衡型 3 种类型。研究发现运动员的自信心水平对执行行为有积极的影响，运动员具有较高水平的自信心，不仅能够弱化训练和比赛中的消极情绪，同时有助于在比赛中更好地发挥竞技水平③。薛新轩在研究中指出，思维的灵活性是确保运动员在比赛中充分发挥技战术水平的前提；性格果断的运动员在比赛中不仅能够抓住攻击时机，而且敢于制造战机；情绪唤醒水平对运动员生理动员和心理动员均有影响。格斗类项目运动员的气质类型主要是胆汁质、多血质、黏液质及它们的混合型④。王长生等学者自主研发了关于优秀跆拳道运动员的思维决策测试系统，对运动员进行思维研究指出，不同逻辑背景下知识表征方式直觉决策效果总体比较，表象表征比语义表征直觉思维准确性高，决策速度快⑤。

梁洪生等对跆拳道运动员赛前心理进行分析，强调个体心理特征对跆拳道运动员的重要性。新规则跆拳道比赛中，比赛更加趋向竞争性和激烈性，比赛中运动员不仅身体上承受较大压力，同时心理上也处于极度紧张状态，

① NAM J H, KIM E J, CHO E H. Sport Psychological Skill Factors and Scale Development for Taekwondo Athletes [J]. Int J Environ Res Public Health, 2022, 19 (6): 1-14.

② ERCI S. Comparison of Mental Skills of Elite and Non-Elite Athletes [J]. Journal of Education Training Studies, 2018, 6 (4a): 72-79.

③ 曾庆国. 析跆拳道运动成就心理控制与自信心关系 [J]. 广州体育学院学报, 2001, 21 (3): 46-48.

④ 薛新轩. 对跆拳道运动员"感知觉""反应和反应时"及心理特征的分析 [J]. 武汉体育学院学报, 2004, 38 (1): 146-148.

⑤ 王长生, 邓梅花, 陈立人. 不同逻辑背景下知识表征方式对跆拳道运动员直觉思维决策效果影响的实验研究 [J]. 北京体育大学学报, 2011, 34 (4): 115-119.

使运动员的体力和心理能量大大消耗，从而直接影响运动员的心理调控。心理调控在比赛中发挥着重要作用，理想比赛成绩的获得不仅要求具备较好的技术能力和战术能力，同时还离不开充分的赛前心理训练①。吴春菊等在研究中发现，当运动员在训练或是比赛中出现心理疲劳时，消极情绪也逐渐增加，常常表现出烦躁易怒的情绪。因此，我们在评价运动员竞技能力时，除了对生理生化指标进行监控，同时还要注意运动员心理方面的监控②。祝大鹏在研究中指出，人格、意志品质和心理坚韧性是格斗类项目运动员重要的心理特质，对运动员比赛中获取优异成绩具有重要作用，可以作为心理选材的指标。心理训练能够使运动员的人格得到完善，改善运动员情绪调控训练的效果，从而使其在训练或比赛中具有良好的情绪③。

李志敢等在研究中指出，比赛第二局的心理状态优于其他状态，运动素质、神经反应类型都是最好的，运动时神经反应类型与安静状态下相比较差，但第二局优于第一局和第三局；也说明第二局比赛的竞技状态最好，因而得失分也最多，竞争最激烈④。印春力等学者指出，运动员赛前所经历的竞赛压力大于赛后体验，运动员出现因比赛临场技术发挥不好，赛后焦虑，教练员应及时有效地进行心理调控。在日常训练中，应将心理训练贯彻其中，潜移默化地调节和控制运动员的焦虑水平，使其向有利于技术水平发挥的方向发展⑤。刘尚礼等学者探讨威胁启动条件下，不同状态焦虑水平跆拳道运动员的视觉加工特征，指出跆拳道的项目特征是近身格斗、直接对抗，在长期的比赛和训练中优秀运动员逐步形成了对威胁性刺激的认知反应倾向，而新手运动员由于接受训练时间短，训练和比赛经验少，很难在高焦虑状态下将注意指向竞技比赛场景中的关键信息，与已有认知模板的快速匹配较慢。因此，

---

① 梁洪生，佟胜志. 对跆拳道运动员赛前心理训练的研究 [J]. 哈尔滨体育学院学报，2008，62（2）：128-130.

② 吴春菊，吴家舵. 对跆拳道运动员赛前集训期部分心理疲劳指标的监测与分析 [J]. 军事体育进修学院学报，2008，27（2）：114-116.

③ 祝大鹏. 我国优秀女子跆拳道运动员人格、意志品质、心理坚韧性和赛前情绪的关系研究 [J]. 山东体育学院学报，2013，29（6）：73-77.

④ 李志敢，罗兴华，陈润麟，等. 跆拳道比赛各局心理特征、运动能力变化的研究 [J]. 体育学刊，2000，23（4）：114-117.

⑤ 印春力，李靖. 跆拳道运动员竞赛状态焦虑、实战比赛临场技术发挥及其相关关系的分析研究 [J]. 西安体育学院学报，2003，20（2）：107-109.

跆拳道运动员经过长期专业化的训练将会提高其专项技能的知觉分化水平①。

关于跆拳道运动员心理能力方面的研究相对少，大部分研究采用测量仪器、心理量表等方法进行定量研究，研究的内容比较集中，选择的研究对象运动水平较高，数量较少，大都没有考虑到跆拳道运动员的级别划分。跆拳道比赛是按照运动员体重划分为不同级别，不同级别运动员比赛中表现出不同的竞技状态，尤其心理能力也存在不同特征，因此在心理能力研究中应考虑跆拳道运动员的不同级别划分。

6. 跆拳道运动员智能特征研究

郑宇对跆拳道运动员的智能训练进行了研究，指出跆拳道运动员智能的高低受多方面因素的影响，既有先天存在的素质，也有后天遗传的影响，还可在教育过程中得到改善和提高。跆拳道运动员智能由五要素组成，分别是观察力、注意力、思维力、记忆力、想象力。跆拳道运动员的智能具有其专项性特征，具体表现为，在比赛中能够根据对手情况准确、巧妙地使用技战术；在人体对抗千变万化的瞬间，按照"相生相克"的原理有效地发出进攻或反击动作②。杨晓郸运用多元智能理论分别对跆拳道教学和运动员智力进行研究，指出跆拳道运动员应该拥有较高的身体运动智能、人际关系智能、空间智能、自我认知智能、数学逻辑智能③。多元智能教学手段的介入，有助于发展运动员的各项智能，尤其是身体运动智能、空间智能、交际智能和自我认识智能，同时对于提高运动员的跆拳道动作技能水平以及运动员的教学实践能力具有很大的促进作用④。祝大鹏等⑤对女子跆拳道奥运冠军吴静钰的心智指标进行测试和分析，指出吴静钰的智力特征表现对环境事物整体变化的认知、观察、比较、想象、分析和综合判断能力较强。同时也体现了优秀跆

---

① 刘尚礼，尹燕涛，陈旭．不同状态焦虑水平下跆拳道运动员的视觉搜索特征：来自 ERP 的证据［J］．天津体育学院学报，2018，33（1）：39-43.

② 郑宇．跆拳道运动员智能训练的研究［D］．武汉：武汉体育学院，2007.

③ 杨晓郸．多元智能理论在体育教育专业跆拳道教学中应用效果的实验研究［D］．西安：西安体育学院，2010.

④ 李龙飞．竞技跆拳道运动员应具有的智能条件［J］．新西部（理论版），2014，7（9）：163-164.

⑤ 祝大鹏．我国优秀女子跆拳道运动员人格、意志品质、心理坚韧性和赛前情绪的关系研究［J］．山东体育学院学报，2013，29（6）：73-77.

拳道运动员有着较强的全面系统的把握瞬息万变的环境信息，果断迅速调整策略并及时采取有效应变措施的能力，具有独立分析、综合对手特点和环境信息的智力特征。

综上所述，有关智能的研究较少，研究手段主要通过问卷以及测试仪器进行，对于智能的界定不清晰，一般智能、运动智能和专项智能没有明确的划分。同时智能和心理能力在一定程度上包含一些共同的要素，一些研究者将心理和智能混为一体进行运动员心智能力的研究，智能不仅是指人的智力水平，而是智力和各种能力因素的有机结合。在跆拳道项目中，关于运动员智能的研究以及智能的测试手段尚未见成熟的方式或方法。

二、跆拳道项目竞技能力多维度相关研究

张启华等[1]采用定性和定量相结合的方法制定了跆拳道运动员选材评价标准。对 640 名跆拳道男、女运动员进行了各项竞技能力指标的测试和调查，确定了身体素质的 5 项二级指标为：100 米跑、30 次仰卧举腿、50 次左右横踢、800 米跑和纵、横叉；身体机能指标为：肺活量/体重、心率、血色素；身体形态指标为：身高、下肢长/身高、体重/身高、皮脂厚度、小腿长/下肢长；技战术指标为：脚靶和护具技术、竞技实战；心理素质指标为：意志品质、情绪控制和判断反应力。

安槿雅[2]在其博士论文中通过对比中韩两国跆拳道国家队男运动员竞技能力，发现韩国男运动员的选材范围大，他们从小开始练习跆拳道，后备人才多，而中国运动员的选材范围相对小。中国男运动员们的比赛经验比韩国男运动员少，韩国男运动员更倾向于实战和比赛，指出了中韩男子运动员竞技能力存在差异的原因。

毛勋[3]采用定量与定性相结合的方法，主要运用观察法和访谈法对 20 名

① 张启华，邱建华. 跆拳道优秀运动员选材标准 [J]. 山东体育学院学报，2000，（1）：56-61，95.
② 安槿雅. 中韩跆拳道国家队男子选手竞技能力的比较研究 [D]. 上海：上海体育学院，2009.
③ 毛勋. 我国优秀女子跆拳道运动员主要竞技能力特征研究 [D]. 昆明：云南师范大学，2016.

优秀跆拳道女子运动员进行竞技能力研究，研究指出我国女子优秀跆拳道运动员的下肢普遍较长，指距也长于身高，而臀围、踝围较小，骨盆和髋部较窄。女子跆拳道运动员，无论是奥运冠军运动员还是国家级健将运动员，足部特征的差异不显著。体能指标通过访谈教练员确定为横叉、竖叉、5 米折返跑和负重半蹲力量。

通过查阅文献资料，关于跆拳道竞技能力的综合研究，国外未见相关文献，国内关于跆拳道竞技能力的综合研究也较少，主要运用定性和定量相结合，更多定性的方法进行研究，指标的筛选主要通过访谈法确定，科学性相对欠缺。

第四节 竞技能力评价标准研究综述

一、格斗类项目中有关评价标准的研究

国内有关格斗类项目竞技能力评价标准的相关研究较多，散打项目竞技能力的相关研究中，研究者以散打项目为主，阐述散打项目理论基础，对相关概念进行定义梳理，并结合实践测试分析散打男子运动员的核心竞技能力特征。研究中得出了散打男子运动员的核心竞技能力由 4 项一级指标、11 项二级指标及其代表性指标构成，研究者对各项指标进行了权重值确定，最后建立了优秀男子散打运动员核心竞技能力的评价标准[1]。随后，有研究者对散打竞技能力特征进行研究，在前期研究的基础上，通过测试 128 名男子运动员，建立了七要素竞技能力评价体系。确定了身体形态、身体素质、身体机能、运动技术、运动战术、运动心理以及运动智能的主要因子构成[2]，在前人研究的基础上增加了新的研究指标，更加深入地阐述了我国男子散打运动员的竞技能力特征，为我国男子散打运动员的训练和比赛提供了理论支撑。有

---

[1] 叶伟. 我国徒手格斗项目（散打）优秀男子运动员核心竞技能力评价体系的研究 ［D］. 北京：北京体育大学，2005.
[2] 高亮. 我国优秀男子武术散打运动员竞技能力特征与评价研究 ［D］. 北京：北京体育大学，2008.

研究者进一步细化评价指标，从选材角度出发研究散打项目竞技能力及选材标准。研究指出，身体机能的因子主要由无氧能力、有氧能力、心血管和内分泌等构成；身体形态包括长度、围度、宽度和体脂；力量、速度、耐力、柔韧、灵敏、专项素质因子是构成运动素质的主要因子；技术由基本技术、进攻技术、防反技术构成；战术由进攻战术、防守战术和防守反击战术构成。运动心理要素主要由认知、焦虑、人格三个因子构成①。散打项目竞技能力的研究范式基本确定，散打项目有关竞技能力的研究逐渐成熟，不仅体现在竞技能力整体特征研究上，在单因素上也有学者对散打项目进行了深入研究，吴云龙再次对体能需求理论研究进行了梳理，通过比赛录像的分析和专家筛选，确定了身体机能和身体素质是我国男子优秀散打运动员体能核心的组成要素。确定了我国男子优秀散打运动员体能核心要素包括有氧能力、速度能力、无氧能力、力量等 10 个方面。对规则修改前后的比赛视频进行对比分析，发现散打比赛在规则修改后仍以无氧供能为主，强调了优秀运动员必须具备较好的无氧耐力，并指出柔韧素质对散打运动员体能的影响相对较小②。

很多学者对其他格斗类项目进行了研究，何钢对优秀女子摔跤运动员身体素质特征及评价指标进行研究，研究的数据主要通过问卷调查法和数理统计法来获取。研究结果表明，优秀女子摔跤运动员的运动素质主要由最大力量、力量耐力、专项耐力、速度耐力和速度灵敏因子组成，研究指出优秀女子摔跤运动员的最大力量强、速度和力量突出，同时具有较好的灵敏协调性，并通过百分位数法分别制定了单项指标和综合指标的评价标准③。有研究者对摔跤运动员的体能特征与评价进行了研究，韩夫苓④和何强⑤两位学者研究发现，优秀女子摔跤运动员与一般女子摔跤运动员在体能上相比，身体形态特

① 周小青. 我国优秀男子散打运动员竞技能力特征及选材标准的研究 [D]. 北京：北京体育大学，2012.

② 吴云龙. 我国男子优秀武术散打运动员体能核心要素构成与评价标准研究 [D]. 北京：北京体育大学，2012.

③ 何钢. 我国优秀女子摔跤运动员运动素质特征和评价指标的研究 [D]. 太原：山西大学，2012.

④ 韩夫苓. 我国优秀女子自由式摔跤运动员专项体能评价与诊断研究 [D]. 上海：上海体育学院，2010.

⑤ 何强. 我国优秀女子摔跤运动员体能特征与评价体系的研究 [D]. 北京：北京体育大学，2010.

征表现为具有较长的上肢，体脂含量低，同时去脂体重较高；身体机能上表现为具有较强无氧代谢能力，有氧能力突出，尤其是机体合成代谢能力较强；运动素质上表现出各项指标发展较好，素质综合能力突出。

巴义明以优秀拳击运动员为主要研究对象进行了形态、素质、机能、心理、技战术等各项竞技能力的调查测试，建立了优秀拳击运动员科学选材指标体系，制订了优秀拳击运动员科学选材单项指标评分表及综合评价表[①]。2016 年张辉从网络科学视角出发，研究了拳击运动员竞技能力的结构特征，研究指出拳击运动员竞技能力各要素的发展不平衡，优秀拳击运动员在训练及比赛中能够协调更多的竞技要素协同参与，与普通运动员相比表现出更高的竞技水平[②]。空手道运动成为 2020 东京奥运会的正式比赛项目以来，我国空手道竞技水平也在不断提升，国内对该项目的研究逐渐增加。张楠[③]在其博士论文中分析了空手道运动员体能特征，并建立了体能评价体系，研究过程通过文献资料法、问卷调查法、德尔菲专家法和因子分析法建立评价指标体系，通过专家主观打分以及因子分析数值的客观计算确定评价指标权重，最终通过百分位数法制定评价标准并采用回代检验对评价标准进行检验。

有关跆拳道项目竞技能力评价标准的研究较少，较早的研究在 2000 年，张启华[④]等学者从身体素质、身体形态、身体机能、技术、战术和心理能力六个方面对优秀跆拳道运动员选材标准进行研究，采用定性与定量相结合方式对运动员选材制定标准，为跆拳道科研以及实践研究奠定了基础。随后，邢文华教授[⑤]主编的《奥运优秀运动员选材的研究》一书中，对跆拳道运动员的竞技能力进行了全面研究，并制定了选材标准，为跆拳道选材以及运动队的训练提供了理论与实践指导。前人对跆拳道竞技能力的研究主要侧重选材，

① 巴义名. 我国优秀男子拳击运动员竞技能力特征及选材标准的研究［D］. 北京：北京体育大学，2007.

② 张辉. 拳击运动员竞技能力网络结构特征的实证研究［D］. 北京：北京体育大学，2016.

③ 张楠. 我国优秀女子空手道组手运动员体能特征及评价体系构建的研究［D］. 北京：北京体育大学，2018.

④ 张启华，邱建华. 跆拳道优秀运动员选材标准［J］. 山东体育学院学报，2000（1）：56-61，95.

⑤ 邢文华. 奥运优秀运动员科学选材的研究［M］. 北京：北京体育大学出版社，2008.

并未对优秀跆拳道运动员的竞技能力特征进行深入研究。随着跆拳道竞技水平不断提升，规则不断调整，装备设施不断更新，跆拳道的技术和战术也随改变，跆拳道运动员的竞技能力也随之调整。

综上所述，格斗类项目竞技能力相关的评价标准研究主要集中在散打、拳击、摔跤、空手道等项目。学者们大都将竞技能力分为五要素：体能、技术、战术、心理和运动智能，体能进一步划分为身体素质、身体机能和身体形态。采用的研究方法主要是问卷调查、德尔菲专家法以及测试法，主要采用因子分析法、层次分析法进行评价标准的构建。研究的主要成果是建立相关项目运动员竞技能力整体要素或单个要素的评价指标体系，从而制定评价标准。部分学者开发了计算机应用软件，还有一些学者从选材标准的角度进行竞技能力研究，较新的研究成果是结合网络科学进行竞技能力研究。跆拳道项目关于运动员竞技能力的评价标准研究主要集中在对选材评价标准的研究。

二、非格斗类体育项目中有关评价标准的研究

关于运动员竞技能力评价标准制定在球类项目中有较多研究，较早的研究有：学者金宗强[1]对我国优秀排球运动员的专项体能的评价体系和诊断进行研究，研究中对排球专项体能的概念进行定义，确定了评价体系主要由评价指标、权重和标准构成，并在此基础上对运动员的专项体能进行了个体诊断和总体诊断。2006年邱宪祥[2]对我国羽毛球优秀运动员和普通运动员进行了测试，通过比较两岸运动员的竞技能力发展水平，进行了竞技能力特征的总结，并制定了台湾羽毛球运动员的选材标准。随着竞技能力评价标准制定的研究范式不断完善，近年来有关评价标准的研究也较为广泛。2019年殷怀刚[3]对高水平高尔夫运动员的核心竞技能力特征及评价体系进行研究，研究中

---

① 金宗强. 我国优秀排球运动员专项体能评价体系与诊断方法的研究 [D]. 北京：北京体育大学，2004.

② 邱宪祥. 中国优秀羽毛球运动员竞技能力结构特征及台湾羽毛球运动员选材标准 [D]. 北京：北京体育大学，2006.

③ 殷怀刚. 中国高水平高尔夫球运动员核心竞技能力特征及其评价体系研究 [D]. 上海：上海体育学院，2019.

确定了高尔夫运动员的核心竞技能力主要由体能、机能和心理能力构成，进一步确定了各项一级指标的典型测试指标，通过建立评价指标体系、确定指标权重，最终制定出综合的评价标准，并对评价标准进行检验，最后分析并总结出高尔夫运动员的训练特征。高国贤[①]对我国青少年篮球运动员的选材标准进行研究，通过测试法、问卷调查法以及专家论证法进行评价指标的选取，对运动员的竞技能力结构特征进行分析，在此基础上分别建立了青少年男子和女子的选材指标体系和评价标准。周星栋[②]对我国9—14岁乒乓球运动员的评价选材模型进行研究，通过德尔菲专家法经过粗选、优选、精选、再精选进行指标筛选，并对形态、机能、技术、战术、心理和知识水平的相关指标进行测试。评价标准的建立主要通过层次分析法、百分位数法完成，并通过系统内与系统外对制定的评价标准进行回代检验，最终构建了"评价-预测-再评价-再预测"循环的乒乓球9—14岁运动员阶段评价选材模型。刘畅[③]对优秀单打网球运动员三种场地的技战术水平进行评价模型构建，主要运用专家访谈法、录像分析法以及秩和检验法、熵值法、灰色关联法等方法制定草地、硬地和红土不同场地比赛时技战术的评价标准，并通过个体检验来验证制定的评价标准能够有效地对运动员进行有效的技战术水平评价。评价标准的制定在其他项目中也较多应用，学者陆国田[④]对我国7—12岁中长跑运动员的选材指标体系和评价标准进行了构建和研制。通过文献资料法和德尔菲专家法建立评价指标体系，通过因子分析法优化指标，运用百分位数法分别确定单项和综合的选材评价标准，并对选材客观评价标准进行了回代检验。2013年雷军蓉[⑤]对高桩舞狮运动员竞技能力特征及评价进行研究，确定了身体形态、机能、素质、技术能力和心理能力一级指标，研究者通过不同优秀

① 高国贤. 我国青少年篮球运动员选材标准的研制［D］. 北京：北京体育大学，2019.
② 周星栋. 乒乓球9~14岁运动员阶段评价选材模型的构建［D］. 北京：北京体育大学，2020.
③ 刘畅. 优秀男子单打网球运动员在三种场地比赛中技战术水平评价模型的构建与应用［D］. 北京：北京体育大学，2020.
④ 陆国田. 我国12—17岁中长跑运动员选材指标体系构建与评价标准研制［D］. 北京：北京体育大学，2018.
⑤ 雷军蓉. 我国高桩舞狮优秀运动员竞技能力特征及其评价研究［D］. 北京：北京体育大学，2013.

选手的不同排名进行特征分析和总结，采用离差法和百分位数法建立各项一级指标的评价标准。

综上所述，体育类项目竞技能力评价标准制定的研究较为广泛，球类项目研究较多，其他项目主要有舞狮和中长跑。学者们研究的主要目的是对项目特征进行总结分析，一些研究是结合新规则对项目发展特征进行总结，制定优秀运动员的评价标准或是青少年的选材评价标准，为竞技能力的发展提供有效的诊断工具。大部分学者采用德尔菲专家法进行评价指标筛选，评价标准的制定主要通过构建评价指标体系，确定评价指标权重，最终制定评价标准，并对评价标准进行回代检验。

第五节　竞技能力评价标准的实证设计

根据专家访谈、文献梳理，并结合当前我国跆拳道运动发展现状，以及现实可行性，确定研究选题。本书的研究路线主要为：第一部分，对研究对象进行测试及技战术的视频统计，收集数据并进行统计学分析，总结归纳不同水平、不同级别女子跆拳道运动员的竞技能力发展特征；第二部分，根据前期资料梳理，结合专家访谈建议以及问卷调查，初步构建女子跆拳道运动员竞技能力评价指标体系，并在此基础上采用德尔菲法进行两轮专家意见调查，根据调查统计结果，修正并形成最终的评价指标体系；第三部分，通过因子分析法，筛选出具有代表性的评价指标，建立我国优秀跆拳道女子运动员竞技能力结构模型；第四部分，通过层次分析法和因子分析法分别确定各级指标的权重，建立优秀女子跆拳道运动员竞技能力的评分评价标准和等级评价标准，并对制定的竞技能力评价标准进行回代检验，确定标准的有效性、准确性和可应用性。

一、文献资料法

通过在中国知网、EBSCO 数据库、Web of science 核心合集数据库、Google 学术、百度学术、researchgate 等，以"跆拳道""竞技能力""跆拳道体能"

"跆拳道技战术""跆拳道心理""跆拳道智能""评价标准"为中、英文关键词，检索国内外相关文献资料，并进行梳理、总结、归纳，筛选出有参考价值的文献。通过国家图书馆、北京体育大学图书馆，收集并阅读关于跆拳道、体育测量与评价、运动训练学、运动生理学、运动心理学等方面的书籍；通过世界跆拳道官网（www.worldtaekwondo.org）和中国跆拳道协会官网（www.taekwondo.org.cn）查询国内外跆拳道相关资料。广泛学习、吸收和利用前人已有的知识经验和研究成果，依据对已有资料的梳理和总结，确定本论文的研究方向、研究内容、研究思路及研究方法等，文献资料为本论文相关的基本理论问题的研究提供理论基础和保障；在具体的研究过程中，通过对文献资料的整理、归纳、分析、加工、概括，为本书的论证和分析提供可靠的理论依据。

二、访谈法

根据研究需要，采用半结构性访谈和非结构性访谈相结合等形式，对运动训练学、运动心理学、体能训练等领域的专家学者和资深跆拳道教练员、裁判员进行访谈，访谈内容围绕跆拳道项目特征、发展趋势、训练情况、跆拳道优秀女子运动员竞技能力评价指标的选取等问题展开。通过汇总专家提供的意见，确保研究内容全面性，以及评价指标的准确性和可操作性。

表 1-1　访谈专家信息表

序号	姓名	职称或职务	工作单位	研究/工作领域
1	张力为	教授	北京体育大学	运动心理学
2	米靖	教授	北京体育大学	运动训练学
3	徐刚	教授	北京体育大学	运动训练学
4	张莉清	教授	北京体育大学	运动训练学
5	卢秀栋	教授	北京体育大学	跆拳道教学与训练
6	樊庆敏	教授	北京体育大学	拳击教学与训练
7	吴建忠	副教授	北京体育大学	跆拳道教学与训练
8	黄鹤	副教授	北京体育大学	跆拳道教学与训练
9	张辉	副教授	北京体育大学	拳击教学与训练

序号	姓名	职称或职务	工作单位	研究/工作领域
10	陈小平	教授	北京体育大学	体能训练
11	李春雷	教授	北京体育大学	体能训练
12	高志红	教授	河北体育学院	跆拳道教学与训练
13	孔繁桃	高级教练员	国家跆拳道队	跆拳道训练与竞赛
14	吴静钰	副主席	中国跆拳道协会	跆拳道训练与竞赛
15	吴广亮	教授	中国人民大学	跆拳道体能
16	祝林芳	讲师	陆军特种作战学院	跆拳道教学与训练
17	刘宏伟	教授	沈阳体育学院	跆拳道教学与训练

注：专家访谈表顺序为随机排列

三、问卷调查法

通过问卷调查法初选出符合优秀女子跆拳道运动员竞技能力特征的指标。在查阅大量运动训练学理论、跆拳道项目、其他格斗类项目和非格斗类项目文献资料的基础上，初步构建跆拳道竞技能力各子能力的指标体系，再通过专家访谈对指标进行初步筛选，据此编写《我国女子跆拳道运动员竞技能力评价指标调查问卷》（见附录 B）。

1. 调查对象

向跆拳道教练员、裁判员以及高校相关领域专家发放问卷。问卷有效调查对象的具体情况见表 1-2：

表 1-2　调查对象信息表

	分类	人数	占比
性别	男	26	68%
	女	12	32%
职称	国家级	2	5%
	高级	21	55%
	中级	13	34%

	分类	人数	占比
职称	教授	1	3%
	副教授	1	3%
学历	硕士	17	45%
	本科	15	39%
	大专	4	11%
	中专	2	5%
从业年限	12 年以上	12	32%
	9—12 年	12	32%
	6—8 年	9	24%
	5 年以下	5	13%

2. 调查内容、时间、地点

以《我国女子跆拳道运动员竞技能力评价指标调查问卷》为调查内容，初步筛选出我国跆拳道运动员竞技能力各要素的相关测试指标。问卷发放的时间在 2020 年 10 月，发放地点在江苏无锡。

3. 问卷发放与回收

向调查对象发放《我国女子跆拳道运动员竞技能力评价指标调查问卷》。问卷发放形式以纸质问卷为主，部分专家通过问卷星形式发放。共发放问卷 42 份，有 2 份问卷未能收回，共回收问卷 40 份，回收率 95%；其中有 2 份问卷的漏答题目数量过多，视为无效问卷，有效问卷 38 份，有效率为 95%。

4. 问卷的效度检验

采用专家判断法来检验问卷的内容效度，请 10 位专家对问卷的测验题目与研究主题内容范围的符合性进行判断，专家意见如表 1-3：

表 1-3　《我国优秀女子跆拳道运动员竞技能力评价指标调查表》效度检验结果

	非常满意	满意	一般	不满意	非常不满意
专家人数	3	7	0	0	0
百分比	30%	70%	0	0	0

通过咨询 10 位专家对问卷进行检验，结果显示，非常满意占 30%，满意占 70%，表明测验的题目能够反映规定的研究内容，问卷题目具有较好的代表性，问卷的内容效度较高。

5. 问卷的信度检验

信度是指测验的可靠程度，本书采用重测信度法来检验问卷的信度。2020 年 10 月全国跆拳道锦标赛期间向参赛代表队的教练员以及裁判员进行问卷调查，两周后，从本次调查的人员中随机抽取 12 人，再次填写问卷，本次问卷的填写通过问卷星和纸质呈送的方式进行发放与回收。将前后两次调查的结果进行相关系数计算，得出问卷的重测信度系数为 0.81，说明本问卷具有良好的测试信度。

四、德尔菲法

德尔菲法是一种反馈匿名函询的专家调查法，邀请的专家要具备较高的理论水平和丰富的实践经验，在研究领域中具有一定的代表性和权威性[1][2]。本书采用德尔菲法建立我国优秀女子跆拳道运动员竞技能力的评价指标体系。在查阅文献资料、专家访谈和问卷调查的基础上，结合跆拳道运动项目特征，初步建立我国优秀女子跆拳道运动员竞技能力评价指标体系，采用匿名函询的方式请相关领域专家结合自身理论与实践经验对预选指标体系进行判断与选择，提出相关的建议与意见，再综合专家的意见与建议修改和完善指标体系，并对问卷结果进行一致性检验，最终获得专家的集体判断结果。

1. 专家的纳入标准

德尔菲法是依靠专家的实践经验与理论知识对预选指标进行判断与选择的方法，因此遴选出与调查内容领域相符的专家至关重要。本部分通过专家的评议来确定我国优秀女子跆拳道运动员竞技能力的评价指标体系，经课题组反复讨论，专家的纳入标准如下：

---

[1]　方牟，汪志刚. 大型体育赛事现场观众满意度评价指标体系的构建 [J]. 体育成人教育学刊，2017，33（4）：30-33.

[2]　HOYT K S, COYNE E A, RAMIREZ E G, et al. Nurse Practitioner Delphi Study：Competencies for Practice in Emergency Care-Science Direct [J]. Journal of Emergency Nursing，2010，36（5）：439-449.

（1）从事跆拳道教学与训练 15 年以上的高校或国家队与省队教练员。

（2）跆拳道国家级以上裁判员。

（3）运动生理学教授。

（4）运动心理学教授。

（5）体能训练领域教授。

（6）对本书感兴趣并愿意完成多轮专家问卷填写。

2. 专家的基本情况

相关研究指出，德尔菲专家调查中不同研究领域的专家数量应在 10—15 人之间，同一研究领域的专家人数在 2—10 人之间①②。本书根据研究内容并结合专家纳入标准聘请了 15 位专家进行指标筛选，通过计算最终确定较为全面科学的优秀女子跆拳道运动员竞技能力的评价指标。专家具体信息（见表 1-4）：

表 1-4 专家基本情况表

学科/研究领域	人数	职称	学历	平均工作年限
重竞技教学与训练	5	教授	本科 2 人	27
			硕士 2 人	
			博士 1 人	
运动训练学	4	教授	博士 4 人	28.75
体能训练	3	教授	博士 4 人	33.25
	1	副教授		
运动心理学	1	教授	博士 2 人	33
运动生理学	1	教授		32

3. 专家筛选轮次

第一轮专家调查：将前期通过文献资料、专家访谈和问卷调查法选出的

---

① CHEN Y, ZHU D, LI C. Applications of the Delphi Method in China [J]. Technological Forecasting and Social Change, 1990, 38 (3): 285-305.

② LATIF R A, MOHAMED R, DAHLAN A, et al. Using Delphi Technique: Making Sense of Consensus in Concept Mapping Structure and Multiple Choice Questions (MCQ) [J]. Education in Medicine Journal, 2016, 8 (3): 89-98.

指标编制成《我国跆拳道女子运动员竞技能力评价指标体系专家意见调查表（第一轮）问卷》（见附录C），采用李克特五级量表法对指标进行评价，量表等级为："5 很重要""4 比较重要""3 一般重要""2 比较不重要""1 很不重要"，请专家对筛选出的各级指标的重要程度进行判断。

第二轮专家调查：统计分析第一轮专家意见，重新调整、修改指标，并进行预测试，根据专家意见同时结合预测试反馈情况，进一步调整、完善各级指标。编制《我国跆拳道女子运动员竞技能力评价指标体系专家意见调查表（第二轮）问卷》（见附录D），请专家对各级指标再次进行筛选。

第三轮专家调查：按照第二轮专家问卷的调查结果，将各指标进一步筛选与修正，确立我国优秀女子跆拳道运动员竞技能力评价指标体系。将入选指标按照层次法要求制成表格。编制《竞技能力评价指标权重专家意见调查表》（见附录E），请专家对同级指标进行两两重要程度比较，确定评价体系中各项指标的权重系数。

4. 专家积极程度

通过计算调查问卷的回收率来计算专家对此次问卷调查参与的积极程度，问卷的回收率越高，表明专家的积极性越高。一般认为，有效回收率达70%以上[1]，则专家的参与程度比较积极。研究中，第一轮和第二轮专家问卷的回收率和有效率均为100%。第三轮专家问卷发放中，由于疫情有2位专家未能取得联系，共发放13份问卷，其中，有1位专家未填写，回收12份，回收率为92.3%；经一致性检验，有效问卷10份，有效率为83.33%。表明专家积极性非常高。

表1-5 专家问卷收发统计表

轮次	发放数量	回收数量	回收率	有效数量	有效率
第一轮	15	15	100%	15	100%
第二轮	15	15	100%	15	100%
第三轮	13	12	92.3%	10	83.33%

---

① 顾李妍. 上海市老年医疗护理机构护理质量评价体系的建立［D］. 上海：第二军医大学，2017.

5. 专家权威性

专家权威系数由专家判断依据和专家对指标的熟悉程度两个方面决定①，具体公式为：

$$C_r = (C_s + C_a) / 2 \qquad (3.1)$$

C_a 表示专家对咨询内容的判断依据，主要从实践经验、理论依据、查阅国内外文献、主观感觉 4 个方面，按照影响程度大、中、小分别赋值（见表 1-6）。

表 1-6　专家判断依据量化表②

判断依据	专家评价分值		
	大	中	小
实践经验	0.50	0.40	0.30
理论分析	0.30	0.20	0.10
参考国内外资料	0.10	0.10	0.05
主观感觉	0.10	0.10	0.05

C_s 表示专家对咨询内容的熟悉程度，分为"非常熟悉""比较熟悉""一般熟悉""不太熟悉""非常不熟悉"5 个等级，并对 5 个等级分别进行赋值（见表 1-7）。

表 1-7　专家熟悉程度赋值

熟悉程度	赋值
非常熟悉	1.0
比较熟悉	0.8
一般熟悉	0.6
不太熟悉	0.4
非常不熟悉	0.2

---

① 由文华，吴子鹏，陈晓巍，等. 高质量发展背景下我国体育场地标准实施评价研究 [J]. 西安体育学院学报，2021，38（5）：580-590.
② 顾李妍. 上海市老年医疗护理机构护理质量评价体系的建立 [D]. 上海：第二军医大学，2017.

专家权威系数越高，说明专家对指标选取提出意见的可信度越高。一般来讲，专家权威系数 C_r 大于 0.7 为可接受信度，且 C_r 越大，权威程度越高[①]。本书中专家的权威系数（见表 1-8）。

表 1-8　专家权威系数表

	判断依据	熟悉程度	权威系数
第一轮	0.829	0.837	0.833
第二轮	0.836	0.848	0.842

根据表 1-8 数据显示，本书中两轮问卷的专家权威系数分别为 0.833 和 0.842，说明此次参与调查的专家具有较高的权威性。

五、录像观察法

结合文献查询以及访谈专家，确定了技术、战术指标，主要分为两部分：第一部分，统计比赛中运动员技术、战术的运用频次和得分频次；第二部分，比赛中运动员技术、战术的运用能力。

1. 技术和战术运用频次统计

技战术相关指标的应用频次和得分频次的统计工作主要通过德国 SIMI 公司的 SIMI SCOUT 技战术分析系统来完成。将确定的技术、战术评价指标运用标注分析方法建立分析统计模型，将收集的比赛视频进行整理后，使用 SIMI 技战术分析系统对运动员技、战术应用相关指标进行统计。该软件是一款半自动的技战术统计软件，将确定的跆拳道技战术指标在 SIMI SCOUT 软件中层层输入建立树状模型，数据采集者通过看视频，对视频中出现的相应指标进行手动点击，最后将数据导出、整理并分析。

2. 技术和战术应用能力统计

比赛中运动员技术和战术应用上存在应用时机、应用距离、应用效果等不同的差异，体现了不同运动员之间技术、战术应用能力的不同。对运动员技术、战术应用能力的指标无法量化，为了更能反映跆拳道女子运动员技术

---

① 董新光，晓敏，丁鹏，等. 农村体育评价指标体系的研究 [J]. 体育科学，2007，27 （10）：49-55.

和战术运用情况，通过查阅相关文献并结合专家意见，本书中技术和战术能力指标采用专家打分的方式进行。请跆拳道教练员客观地根据运动员在比赛视频中技术和战术应用表现出的能力进行打分。

3. 比赛视频来源及统计场次

本书收集和分析所有测试对象每人两场比赛，确保数据的准确性。视频资料来源于 2020 年全国跆拳道锦标赛冠军总决赛，由于部分测试运动员的比赛视频不足 2 场，因此将 2019 年全国跆拳道锦标赛冠军总决赛进行视频补充。研究中统计优秀运动员视频 103 场次，普通运动员 99 场次，共计 202 场次视频。

4. 技术、战术应用频次指标

技术应用频次指标包括：横踢、侧踢、下劈、拳、后踢、后旋踢、双飞踢、勾踢、变线技术、步法防守、贴靠防守、闪躲防守、格挡防守。

战术应用频次指标包括：直接进攻、间接进攻、迎击、防守反击、连续战术、转换战术。

5. 技术、战术应用能力指标

技术应用能力指标包括：进攻距离、进攻时机、进攻效果、防守距离、防守时机、防守效果。

战术应用能力指标包括：创造时机、进攻意识、把握时机、战术转换、反击意识、防守意识。

六、测试法

本书需要对测试对象进行身体形态、机能、素质以及心理能力的测试。为了保证测试数据的有效性和准确性，依据相关的博士论文[1][2]与书籍[3][4]，并咨询体能、心理及跆拳道方面专家，编写出测试方案。在此基础上，对北

---

[1] 周小青. 我国优秀男子散打运动员竞技能力特征及选材标准的研究 [D]. 北京：北京体育大学，2012.

[2] 殷怀刚. 中国高水平高尔夫球运动员核心竞技能力特征及其评价体系研究 [D]. 上海：上海体育学院，2019.

[3] LAWLER P. Nsca'S Guide to Tests and Assessments [M]. America：Modern Athlete, 2013.

[4] 袁尽州，黄海. 体育测量与评价 [M]. 北京：人民体育出版社，2011.

京体育大学跆拳道专项班女生共 8 人（每个体重级别各 2 人）进行预测试，进一步明确测试方法、流程、场地及器材等内容，并在此基础上修改、完善测试方案编制《测试细节表》（见附录 F）。

1. 测试指标的筛选与确定

我国优秀女子跆拳道运动员竞技能力各要素的评价指标主要通过以下三步确定：

第一步，文献阅读和专家访谈。结合跆拳道项目特征，收集尽可能全面的竞技能力各要素指标。

第二步，问卷调查法。将前期收集的指标根据训练学理论进行各要素划分，初步设计我国优秀女子跆拳道运动员竞技能力评价指标调查表，向相关领域专家及跆拳道教练员、裁判员和科研人员发放问卷，对初选指标进一步筛选。

第三步，德尔菲专家法。根据教练员问卷调查的结果，编制《我国优秀女子跆拳道运动员竞技能力评价指标体系专家意见调查表》，邀请 15 位专家对指标进行筛选与剔除，根据专家意见进行调整及修改。通过专家评议以及预测试确定了身体形态、身体机能、身体素质以及心理能力的测试指标，指标内容主要包括：

（1）身体形态：身高、体重、指间距、下肢长、跟腱长、小腿长、骨盆宽、踝围、小腿围、大腿围、指距/身高、踝围/跟腱×100、下肢长/身高×100、克托莱指数。

（2）身体机能：肺活量、肺活/体重、心功指数。

（3）身体素质：立定跳远、深蹲相对力量、卧推相对力量、3000 米、背肌耐力、腹肌耐力、1 分钟侧踢+下劈、1 分钟横踢高位、30 米、10 秒前横、10 秒下劈、横叉相对值、竖叉相对值、T 形跑、象限跳、六边形跳、20 秒前横踢进攻+后横踢反击、Y 平衡、平衡球单脚立。

（4）心理能力指标：《BTL-L-YZ 2.0 运动员意志品质量表》包含四个维度：状态自信、躯体焦虑、个体失败焦虑、社会期待焦虑；《赛前情绪量表-T（PES-T-16×4）》包含四个维度：自觉性、独立性、果断性、坚韧性；《特质运动自信心量表 ASCI-16×6》包含两个维度：任务自信心、应对自信心。

2. 测试安排

体能指标测试：研究中由于测试运动员数量较多，测试地点分散，测试时间难以统一，因此采用"统一标准、分批测试"的方式进行，测试时间为2021年6月至8月，测试地点为各个运动队所在省市。

心理测试：采用较为成熟的心理量表，严格按照心理量表的测试要求，确保运动员在安静、无干扰的环境下进行填写。由于各个运动队疫情的防控政策不一，心理问卷通过现场直接填写和问卷星的形式进行。

3. 测试过程的质量控制

由于疫情管控，身体形态、机能、素质指标的测试采用现场直接测试与间接测试相结合形式。心理指标测试采用现场纸质问卷填写与问卷星相结合的形式进行。

（1）现场测试

测试人员控制：由北京体育大学博士生、硕士生组成的测试团队共同参与完成，所有测试人员进行了各项指标测试流程以及测试细节的培训，保证每一部分指标由同一人完成测试。

测试方法控制：严格按照各项指标的测试要求进行测试，详细制定测试流程，说明测试细节和测试的注意事项。为减小误差，一些指标进行了3次测试。

测试仪器控制：测试中使用的器材、仪器均为同一型号，且在每次测试前查验无误。

测试对象控制：提前同教练员和体能教练沟通，确保运动员测试当天处于良好的身体状态，测试前请教练员对运动员进行积极动员，同时要求运动员充分做好准备活动。

（2）辅助测试

测试人员控制：所有测试人员进行了各项指标测试流程以及测试细节的培训，保证每一部分指标由同一人完成测试。

测试方法控制：详细编写了身体形态、身体机能、身体素质测试指标细节，并拍摄测试图片、录制测试视频。通过腾讯会议视频、微信视频等方式与教练员和体能教练进行每项指标测试细节的讲解。

测试仪器控制：向教练员详细讲解每个测试仪器的使用方法及注意事项，

测试中使用的器材、仪器均为同一型号，且在每次测试前查验无误。

测试对象控制：提前与教练员和体能教练沟通，确保运动员测试当天处于良好的身体状态，测试前请教练员对运动员进行积极动员，同时要求运动员充分做好准备活动。

（3）心理问卷测试

心理问卷中《BTL-L-YZ 2.0 运动员意志品质量表》和《特质运动自信心量表 ASCI-16×6》在体能指标测试时组织运动员现场填写纸质版，确保运动员在安静、无干扰的环境下进行填写，在体能测试后统一组织运动员进行独立完成问卷填写。部分运动员无法现场填写，以及现场纸质填写的问卷无效者，请其进行问卷星填写。

《赛前情绪量表-T（PES-T-16×4）》统一使用问卷星填写，测试时间在2021 年 9 月全运会比赛前 2 天，统一由教练员发送给运动员进行填写。

七、数理统计法

将测试所获得的数据运用 Microsoft Excel 进行存储和分类，建立数据库，根据分析数据的要求，运用 SPSS26.0 软件对所获得的数据运用相关的数理统计方法进行分析。运用的具体方法主要有：独立样本 T 检验、单因素方差分析、因子分析法、层次分析法、百分位数法等。通过对数据的统计分析，明确不同水平跆拳道女子运动员竞技能力各项评价指标中存在的显著性差异；获得优秀女子跆拳道运动员竞技能力评价的主要指标及其权重，并制定评价标准。

表 1-9　研究中相关的梳理统计方法表

	研究内容	统计分析方法
1	不同水平女子跆拳道运动员竞技能力特征研究	独立样本 T 检验
2	不同级别优秀女子跆拳道运动员竞技能力特征研究	单因素方差分析
3	评价指标体系构建	因子分析法
4	评价标准制定与检验	层次分析法、百分位数法 Excel 雷达图

八、对比分析法

对比分析法主要运用在跆拳道运动员竞技能力的特征分析部分。该部分分别收集女子优秀组运动员和普通组运动员的竞技能力指标测试数据，优秀组为健将运动员，普通组为一级运动员。通过访谈教练员以及在测试数据收集过程中发现，优秀运动员的多数竞技能力指标优于普通运动员，但也存在一些指标无明显差距，且普通运动员在个别指标上优于优秀运动员的现象，尤其是身体素质指标。因此将优秀运动员与普通运动员的竞技能力指标成绩进行对比，明确优秀运动员与普通运动员相比在哪些指标上存在优势和不足，进而总结分析出优秀组女子跆拳道运动员的竞技能力特征。

第二章

我国优秀女子跆拳道运动员竞技能力结构特征

　　竞技跆拳道是两名运动员在裁判员的组织下，按照竞赛规则的要求，以腿法为主，拳法为辅，进行直接的人体攻防格斗，以得分多少判定胜负的一种运动表现形式①。在竞技体育比赛中，运动员的整体竞技实力是取胜的决定性因素，跆拳道运动员在赛场上较技斗勇，是运动员竞技能力综合较量的体现。

　　身体形态、身体机能和身体素质是跆拳道运动员获取比赛胜利的基本保障，跆拳道竞赛是按体重分级别的同场对抗打点得分项目，需要运动员拥有恰当的身高体重比例，身高、体轻更有利于在比赛中打点得分。比赛中双方直接对抗，需要快速的反应以及快速连续攻击的能力，因此需要运动员具备良好的力量、速度和耐力素质，在格斗中需要快速的位移能力进行攻击、防守以及反击等战术的转换②，良好的协调灵敏能力是完成战术应用的有力保障③。同时比赛中允许攻击的部位是中位（护具包裹的躯干）和高位（头部），攻击高位得分分值较高，而高位技术需要运动员具备良好的柔韧素

①　SANTOS J, FRANCHINI E. Frequency Speed of Kick Test Performance Comparison Between Female Taekwondo Athletes of Different Competitive Levels [J]. Journal of Strength Conditioning Research, 2018, 32 (10)：2934-2938.

②　ALP M, GORUR B. Comparison of Explosive Strength and Anaerobic Power Performance of Taekwondo and Karate Athletes [J]. Journal of Education and Learning, 2020, 9 (1)：149-155.

③　ARABACI R, GÖRGÜLÜ R, ÇATIKKAS F. Relationship between Agility, Speed, Reaction Time and Body Mass Index in Taekwondo Athletes [J]. E-Journal of New World Sciences Academy, 2010, 5 (2)：71-77.

质①。比赛分为 3 局，1 局 2 分钟，局间休息 1 分钟，在每一局的比赛中运动员均处于战斗、僵持、暂停三种状态的交替，运动员在战斗时需要良好的无氧供能能力②。跆拳道比赛规则规定各级别的冠军要在一天中产生，因此，运动员想获得冠军需要参加 3—4 场比赛，需要具备较好的有氧供能能力③。

根据项群理论，跆拳道属于技战术主导类项目，技术和战术是项目的基本要素，技术是基础，全面的技术储备是运动员比赛致胜的基本要求④。跆拳道竞赛规则要求使用正确、合理的有效技术攻击得分部位才能得分⑤，因此，技术动作的有效性以及合理性直接影响着最终的得分和比赛胜负。战术是灵魂，战术需要通过技术运用来体现⑥。运动员除了具备扎实的技术基础，良好的体能，还要具备强大的战术制定以及实施能力，具有较强的战术意识、积极的战术思维、敏锐的洞察力⑦，能够灵活多变、出其不意地实施战术行动。

跆拳道竞赛中比赛双方对抗激烈，战况瞬息万变，比赛结果的不确定性使得心理能力成为制胜的关键因素，比赛中运动员需要具备高度的注意力、

① PALOMO A C, SORIANO B. Analysis of the Flexibility Profile in Young Taekwondo Athletes [J]. Artes Marciales Asiát, 2018, 11 (2): 30-33.

② TAYECH A, MEJRI M A, CHAABENE H, et al. Test-retest Reliability and Criterion Validity of a New Taekwondo Anaerobic Intermittent Kick Test [J]. Journal of Sports Medicine Physical Fitness, 2018, 58 (6): 1-8.

③ HERRERA-VALENZUELA T. Physical and Physiological Profile of Young Female Taekwondo Athletes During Simulated Combat [J]. Ido Movement for Culture Journal of Martial Arts Anthropology, 2015, 15 (4): 58-64.

④ KIM J W, KWON M S, YENUGA S S, et al. The Effects of Target Distance on Pivot Hip, Trunk, Pelvis, and Kicking Leg Kincmatics in Taekwondo Roundhouse Kicks [J]. Sports Biomech, 2010, 9 (2): 98-114.

⑤ 徐福振, 王三保. 竞技跆拳道制胜因素宏观架构及微观理论解读 [J]. 沈阳体育学院学报, 2013, 32 (5): 120-124.

⑥ TABBEN M, CONTE D, HADDAD M, et al. Technical and Tactical Discriminatory Factors Between Winners and Defeated Elite Karate Athletes [J]. International Journal of Sports Physiology Performance, 2018, 14 (5): 1-19.

⑦ TABORRI J, MOLINARO L, MONTECCHIANI M, et al. Assessing the Effects of Kata and Kumite Techniques on Physical Performance in Elite Karatekas [J]. Sensors, 2020, 20 (3186): 1-19.

果断的决策力、沉着冷静的判断力以及果敢顽强的拼搏精神①，时刻关注对手的技战术意图，当发现对手防守漏洞时能够果断做出有效应对，抓住时机。同时，面对比分领先、落后、被反超等情况能够及时调整心态，灵活机敏地根据战局战况变化调整技战术运用。

　　本书中优秀女子跆拳道运动员的竞技能力特征主要从身体形态、身体机能、身体素质、技术能力、战术能力及心理能力等因素进行特征分析。通过对比不同水平女子运动员以及优秀女子运动员不同级别两个维度进行各因素特征分析，通过独立样本 T 检验对不同水平女子跆拳道运动员进行数据统计分析，运用单因素方差分析对不同级别优秀女子运动员竞技能力各测试指标进行数据统计分析。

第一节　我国优秀女子跆拳道运动员身体形态

　　身体形态是指机体内部和外部的形状特征，反映身体外部特征的指标有长度、宽度、围度、高度、充实度等②③。不同项目对运动员的身体形态特征要求不同，跆拳道项目是按体重、年龄、性别、水平等划分比赛级别的同场格斗运动，要求运动员有较高的身高和较长的四肢、身高与体重保持恰当比例。

---

① CHIODO S T A, CORTIS C, ET AL. Stress-related Hormonal and Psychological Changes to Official Youth Taekwondo Competitions [J]. Scand J Med Sci Sports, 2011, 21 (7)：111-1119.

② BAYIOS I A, BERGELES N K, APOSTOLIDIS N G, et al. Anthropometric, Body Composition and Somatotype Differences of Greek Elite Female Basketball, Volleyball and Handball Players [J]. Journal of Sports Medicine Physical Fitness, 2006, 46 (2)：271-278.

③ GABBETT T, GEORGIEFF B. Physiological and Anthropometric Characteristics of Australian Junior National, State, and Novice Volleyball Players [J]. Journal of Strength Conditioning Research, 2007, 21 (3)：902-908.

一、不同水平女子跆拳道运动员身体形态特征

研究中将跆拳道女子运动员划分为健将（包括国际健将和国家健将）和一级两个水平，对比两个水平运动员的身体形态测试结果，分析跆拳道运动员的身体形态特征。通过文献资料、专家访谈、问卷调查和德尔菲法等方法，并结合跆拳道项目特点，要求跆拳道女子运动员身体形态特征需要具备身高腿长，体型均称，身高、体重比例恰当等特点，筛选出了长度、围度、充实度等方面包括原测指标和派生指标共 14 项，以平均数±标准差（M±SD）表示。这些指标能够反映出我国优秀女子跆拳道运动员身体形态特征。对这些指标进行测试，结果如表 2-1：

表 2-1　不同水平女子跆拳道运动员身体形态指标测试结果

	优秀组（M±SD）	普通组（M±SD）	P 值
身高（厘米）	177.16±6.32	175.89±5.65	0.239
体重（千克）	60.09±9.60	60.01±7.70	0.958
指间距（厘米）	175.52±6.23	174.07±6.69	0.215
下肢长（厘米）	96.20±4.42	94.63±4.75	0.06
跟腱长（厘米）	21.92±1.64	20.92±1.68	0.001
小腿长（厘米）	41.68±2.86	40.28±3.02	0.01
骨盆宽（厘米）	27.12±2.12	26.32±1.80	0.027
踝围（厘米）	21.45±1.42	21.78±1.35	0.085
小腿围（厘米）	37.06±2.16	36.77±2.21	0.461
大腿围（厘米）	55.73±3.73	55.8±3.16	0.912
指距/身高	0.99±0.02	0.99±0.02	0.683
踝围/跟腱×100	98.28±8.60	104.63±9.35	<0.001
下肢长/身高×100	54.30±1.38	53.79±1.53	0.053
克托莱指数（千克/厘米×1000）	338.26±45.47	340.45±35.94	0.767

表 2-1 测试结果显示，我国跆拳道女子运动员在身体形态方面的跟腱长、小腿长以及踝围/跟腱长×100 三项指标中，优秀组运动员与普通组运动员存

在非常显著性差异（P≤0.01）；在骨盆宽指标上，优秀组运动员与普通组运动员存在显著性差异（P<0.05）；在其他的测试指标上我国优秀组运动员与普通组运动员不存在显著性差异（P>0.05）。

长度指标中，跟腱长、小腿长和踝围/跟腱长×100三项指标中优秀组运动员与普通组运动员存在较大差距。"跟腱长"是指小腿腓肠肌内侧肌腹下缘至足跟点的垂直距离，跟腱的长短与运动能力有一定的相关性。一般来说，跟腱越长对运动越有利。"小腿长"是指胫骨内侧髁至内踝点的垂直距离，该指标测试结果的平均值具有统计学意义，表明优秀运动员要比普通运动员有更长的下肢。有研究表明，跆拳道比赛中，较长的下肢可以有效控制距离，同时可以起到杠杆作用，产生更大的击打力量[1]。"踝围"是胫骨内踝上方小腿最细处，代表踝关节的粗细程度，踝围/跟腱长×100指标反映了跆拳道运动员踝围与跟腱的比例关系。踝围小且跟腱长的运动员在比赛中能够快速集中收缩肌肉，进行蹬伸攻击[2]。对于跆拳道运动员来说，踝关节过粗或过细均不利于技战术的应用，因此需要保持一个合理的范围。"骨盆宽"是指两髂嵴点之间的直线距离，优秀组的骨盆宽平均值为27.12±2.12厘米，普通组为26.32±1.80厘米，优秀组明显大于普通组。电子护具及护头应用以来，跆拳道技术出现了新的应用形式，"脚内侧横踢击头技术"以及"反向前横踢技术"均可被电子护具识别上分，前者在双方近距离格斗时应用效果较好，后者技术在双方开势站位时可直接进攻，因此在训练及比赛中得到了教练员与运动员的高度重视，两种技术在应用时需要摆动腿的髋关节内旋和外旋发力[3]，以及"鱼踢技术"需要髋关节外旋发力，髋关节的灵活性以及柔韧性的训练更加被重视。

---

[1]　KAZEMI M, WAALEN J, MORGAN C, et al. A Profile of Olympic Taekwondo Competitors [J]. Journal of the Canadian Chiropractic Association, 2006, 5 (6): 24-28.

[2]　赵发田. 我国优秀男子散打运动员不同级别身体形态的研究 [J]. 北京体育大学学报, 2007, 24 (2): 215-217.

[3]　吴建忠，王丹，吴素英. DaeDo 电子护具下跆拳道新得分技术的研究 [J]. 北京体育大学学报, 2014, 37 (10): 119-124.

二、不同级别女子跆拳道运动员身体形态特征

表2-2　不同公斤级优秀女子跆拳道运动员身体形态指标测试结果

	-49kg（M±SD）	-57kg（M±SD）	-67kg（M±SD）	+67kg（M±SD）	P值
身高（厘米）	171.84±4.17	176.22±5.14	180.58±4.19	183.58±4.78	<0.001
体重（千克）	50.92±1.81	57.00±1.78	64.67±1.15	74.67±8.68	<0.001
指间距（厘米）	170.58±3.86	175.29±5.97	178.46±4.37	180.77±5.62	<0.001
下肢长（厘米）	93.54±3.10	95.56±3.96	97.77±4.37	99.83±4.21	<0.001
跟腱长（厘米）	21.00±1.20	22.22±1.80	22.42±1.68	22.42±1.51	0.027
小腿长（厘米）	39.68±1.54	41.56±2.43	42.93±3.13	43.76±2.92	0.006
骨盆宽（厘米）	26.18±1.98	26.78±2.07	27.80±1.94	28.42±1.93	0.016
踝围（厘米）	20.57±1.01	21.06±1.11	21.84±1.04	23.03±1.38	<0.001
小腿围（厘米）	36.14±1.18	36.87±2.17	37.04±1.75	38.83±2.79	<0.001
大腿围（厘米）	53.68±2.00	54.58±2.76	56.67±1.69	59.74±5.17	<0.001
指距/身高	1.10±0.79	0.99±0.01	0.99±0.02	0.99±0.02	0.528
踝围/跟腱×100	98.71±7.59	101.22±10.19	101.05±9.84	106.70±9.22	0.013
下肢长/身高×100	54.44±1.65	54.22±1.29	54.12±1.31	54.37±1.25	0.921
克托莱（千克/厘米×1000）	296.43±11.17	323.58±9.82	358.22±8.01	406.58±44.26	<0.001

跆拳道实战比赛是按照体重划分公斤级别进行的同场格斗类项目。在咨询征求专家意见后，按照奥运会比赛的级别划分方式，将优秀组的女子跆拳道运动员划分为-49kg、-57kg、-67kg、+67kg四个级别。将四个级别运动员的身体形态指标的测试数据进行单因素方差分析，发现长度指标的派生指标下肢长/身高×100和指距-身高指标无显著性差异（P>0.05）。跟腱长、骨盆宽以及踝围/身高×100三项指标具有统计学意义（P<0.05），说明我国优秀女子跆拳道运动员在跟腱长、踝围/身高×100和骨盆宽三项指标上不同级别间存在显著性差异。其他指标包括长度指标、宽度指标、围度指标和充实度指

标均表现出非常显著性差异（P<0.01）。具体表现为在充实度指标上，体重、克托莱指数两项指标中随着运动员体重的增加而呈明显增加。在围度指标上，踝围、小腿围以及大腿围 3 项指标随体重的增加呈明显增加。长度指标除两项派生指标外，其余指标随体重级别的增加均呈增加趋势。

　　研究结果显示，我国优秀女子跆拳道运动员的身体形态指标随着体重级别的增加呈现较为明显的增加，并且各项指标随体重级别的增加在差异变化上表现得更加明显，具体表现为-49kg<-57kg<-67kg<+67kg。在查阅文献，以及与专家讨论的基础上，竞技跆拳道女子运动员的身体形态特征的表现主要与跆拳道项目特点以及专项性相关。从竞技跆拳道项目特征来看，跆拳道实战是以腿法为主，拳法为辅，手脚并用，打点得分项目，因此，在形态学上要求运动员具有较长的四肢，尤其是较长的下肢。比赛中与对手相比具有较长的下肢，在一定程度上缩短了攻击距离，双方在同等距离状态下，具有较长下肢的运动员更有可能击中对手[1]。现今随着跆拳道电子护头的应用，以及攻击头部分值的不断增加，高位技术成为高水平运动员赢得比赛的关键[2]，因此要求跆拳道运动员具有较高的身高、较长的腿长。跆拳道竞技比赛是按照体重分级别进行，因此，要求跆拳道运动员有较为匀称的身材，具有身高体瘦的身体形态特征，体重和克托莱指数要控制在合理范围，同时体脂含量也要保持在适当范围[3]。跆拳道专项特点要求运动员在力量、速度、耐力、协调、柔韧、灵敏等素质上均具备较高水平，身体形态要符合跆拳道专项素质发展要求，不能过于单一化，否则将造成运动素质发展的不均衡。因此，从跆拳道项目特点以及专项性特征来看，本书中不同级别跆拳道优秀女子运动员身体形态特征的研究结果较为符合身体形态学要求。

---

① JEONGWEON K, SANGSEOK N. Physical Characteristics and Physical Fitness Profiles of Korean Taekwondo Athletes: A Systematic Review [J]. International Journal of Environmental Research and Public Health, 2021, 18 (18): 96-101.

② 高志红，冯巨涛，任文岗，等. 新规则和电子护具的使用对跆拳道技术应用的变化与影响 [J]. 中国体育科技，2010，46 (4): 86-89, 98.

③ REVAN S, ARIKAN Ü, BALCI Ü S, et al. Comparison of Somatotypes of Elite Taekwondo Athletes According to Weight Category [J]. Turkiye Klinikleri Journal of Sports Sciences, 2018, 10 (1): 29-36.

第二节　我国优秀女子跆拳道运动员身体机能

身体机能是指人的整体及其组成的各系统、器官所表现的生命活动①。人体在运动过程中，由于受运动条件、运动负荷刺激，以及身体各器官和系统自身的生理、生化特点的影响，其生理机能会发生一系列规律性变化。不同的运动项目对人体生理机能水平的要求不同，跆拳道属于技战术主导型同场格斗类项目，体能是基础。跆拳道比赛分为 3 局，每局 2 分钟，局间休息 1 分钟，完成一场正常比赛至少需要 8 分钟，对运动员的有氧能力和无氧能力均有很高要求②。在跆拳道比赛和训练中，身体机能水平的高低直接影响运动员的运动能力，是影响跆拳道专项技术和战术发挥的基础之一。

通过文献资料查询、教练员问卷调查，以及专家意见征询，选定无氧能力和有氧能力中最大无氧功率、相对最大无氧功率、平均无氧功率、相对平均无氧功率、最大摄氧量、相对最大摄氧量、肺活量等作为评定指标。由于疫情影响下运动队的严格防控政策以及测试条件的限制等原因，本书仅测试了评定运动员有氧能力的肺活量、肺活量/体重以及心功指数三项指标。

一、不同水平女子跆拳道运动员身体机能特征

表 2-3　不同水平女子跆拳道运动员身体机能指标测试结果

指标	优秀组（M±SD）	普通组（M±SD）	P 值
肺活量（毫升）	4332.75±399.95	4063.06±397.60	<0.001
肺活量/体重（毫升/千克）	73.24±9.51	68.59±9.78	0.009
心功指数	7.86±1.41	8.74±1.74	0.003

① 李洁陈．人体运动能力检测与评定［M］．北京：人民体育出版社，2005.

② 高平，胡亦海．女子跆拳道项目运动竞赛结构特征研究［J］．中国体育科技，2013，49（4）：55-59.；ROCHA F, LOURO H, MATIAS R, et al. Anaerobic Fitness Assessment in Taekwondo Athletes. A New Perspective［J］. Motricidade, 2016, 12（2）：127-139.

表2-3中身体机能测试结果显示，我国女子跆拳道运动员在肺活量/体重、心功指数和肺活量指标上呈现非常显著性差异（P<0.01）。

肺活量是指一次呼吸的最大通气量，该指标反映人体有效静态的肺通气功能①。肺活量大小与体重有很高的相关性，加之跆拳道项目按体重划分级别，为了更加客观地反映跆拳道运动员个体呼吸机能的差异，增加了肺活量/体重（毫升/千克）指标。该指标是评价肺通气功能的横向指标，跆拳道比赛中，一个级别的比赛必须在一天内分出冠亚军，比赛强度和运动量较大②，良好的心肺功能以及有氧能力是获取比赛胜利的影响因素之一。有研究表明，随着规则的不断调整，跆拳道竞赛在体能方面发生变化，运动强度更大，运动后疲劳更强烈，一方面要注重无氧能力的提高，另一方面更要注重有氧能力的提高③。测试结果显示，优秀组肺活量的平均值为4332.75±399.95毫升，普通组肺活量平均值为4063.06±397.6毫升，优秀组较普通组的心肺功能更好。在肺活量/体重指标上，优秀组运动员高于普通组运动员，说明优秀组运动员的有氧能力优于普通组运动员。

心功指数（30秒30次蹲起机能测试），是瑞典体育联合会推荐的一种测试运动员心脏功能的简易方法，分别测试运动员静坐5分钟后、30秒30次深蹲后和休息1分钟后的15秒心率。该测试方法简单、省时，又不需要特定的场地和器材，能够反映运动员的有氧能力④。测试数据显示优秀组女子运动员心功指数为7.86±1.41，普通组运动员心功指数为8.74±1.74，优秀组运动员较普通运动员具有更高的心功指数，心肺能力更强。

① 吴键，袁圣敏.1985—2014年全国学生身体机能和身体素质动态分析［J］.北京体育大学学报，2019，42（6）：23-32.
② 马涛，杨露露，李腾飞，等.跆拳道运动对大学生心肺适能、柔韧性及体成分的影响［J］.中国应用生理学杂志，2018，34（6）：506-509.
③ JANOWSKI M, ZIELINSKI J, KUSY K. Exercise Response to Real Combat in Elite Taekwondo Athletes Before and After Competition Rule Changes［J］. The Journal of Strength Conditioning Research, 2021, 35（8）：2222-2229.
④ 郑辉.关于少年田径运动员心功指数评价标准的研究［J］.体育科学，1992，8（2）：37-40，94.

二、不同级别优秀女子跆拳道运动员身体机能特征

表2-4 不同公斤级优秀女子跆拳道运动员身体机能指标测试结果

	-49kg（M±SD）	-57kg（M±SD）	-67kg（M±SD）	+67kg（M±SD）	P 值
肺活量 （毫升）	4148.37±437.88	4223.94±237.11	4450.83±249.28	4669.83±438.71	0.001
心功指数	7.86±1.22	7.68±1.32	8.21±1.45	7.78±1.87	0.799
肺活量/体重 （毫升/千克）	81.53±8.85	74.14±4.12	68.84±4.02	63.17±8.41	<0.001

通过比较四个不同级别女子跆拳道运动员身体机能测试结果得知，优秀女子跆拳道运动员在肺活量指标上不同级别存在非常显著性差异（P<0.01）。为了减少体重对优秀女子跆拳道运动员有氧能力因素的影响，研究中增加了不同级别肺活量/体重相对指标的比较，测试结果显示，肺活量/体重指标在四个级别间存在非常显著性差异（P<0.01），心功指数指标四个级别间不具有统计学意义（P>0.05），说明四个级别运动员的心功指数无明显差异。

根据以上统计结果发现，我国优秀女子跆拳道运动员身体机能能力肺活量指标随着体重的增加而增加（-49kg<-57kg<-67kg<+67kg），并且各级别间的差距变化较为明显。但是肺活量/体重指标呈现相反的趋势，即随着体重的增加数值下降，具体表现为：-49kg>-57kg>-67kg>+67kg。因此比较优秀女子跆拳道运动员的有氧能力时，应从多维度、多角度评价，评价指标不可过于单一。

访谈国家队教练员以及业内资深专家了解到，竞技跆拳道比赛在一天内需要完成同一个级别的全部比赛，对优秀运动员的有氧能力有很高的要求。因此运动员拥有较高的有氧能力，是其比赛过程中尤其在比赛的最后阶段，能够保持良好竞技状态，取得优异比赛成绩的重要保障因素之一。有大量研究表明，良好的有氧能力具有提高机体的整体供能水平、加快机体疲劳的消

除、清除体内的乳酸堆积的作用[1][2]。

第三节 我国优秀女子跆拳道运动员身体素质

身体素质是体能的重要组成部分，指机体在活动时表现出来的运动能力，包括速度、耐力、力量、柔韧、协调、灵敏等要素[3]。身体素质分为专项身体素质和一般身体素质。专项身体素质是与项目特征有密切关系，与专项成绩有直接联系的素质。一般身体素质是非专项的身体练习，是专项身体素质的基础。良好的身体素质是运动员在比赛中发挥技术、战术，获取比赛胜利的基础。根据跆拳道项目特点，跆拳道运动员需要具备良好的动作速度、反应速度、弹跳能力、平衡能力、柔韧素质、专项耐力、协调灵敏等素质，同时还要具备较强的抗击打能力[4][5]。

一、不同水平女子跆拳道运动员运动素质特征

根据专家的评议，本次主要测试跆拳道女子运动员的力量、耐力、速度、协调灵敏、柔韧和平衡等 19 项素质指标。通过对比不同水平女子跆拳道运动员在不同素质指标上存在的差异，总结、归纳优秀跆拳道女子运动员身体素质特征，为教练员指导运动员提供训练指导。测试结果如表 2-5：

---

① DADGOSTAR H, GHANBARNASAB M, NAZARI A. Physical Fitness and Cardiovascular Endurance Status of Iranian Elite Female Taekwondo Athletes [J]. Asian J Sports Med, 2020, 6 (3): 1-5.

② YILMAZ D S, AYDEMIR B. The Relationship Between Body Compositions of Taekwondo Practitioners Aged 14-16 and Their Aerobic Endurance [J]. Pakistan Journal of Medical and Health Sciences, 2021, 15 (10): 3438-3440.

③ 田麦久. 高水平竞技选手的科学训练与成功参赛 [M]. 北京：人民体育出版社，2014.

④ 杜七一. 现代跆拳道教程 [M]. 武汉：湖北科学技术出版社，2007.

⑤ BALL N, NOLAN E, WHEELER K. Anthropometrical, Physiological, and Tracked Power Profiles of Elite Taekwondo Athletes 9 Weeks Before the Olympic Competition Phase [J]. Journal of Strength Conditioning Research, 2011, 25 (10): 2752-2763.

表 2-5　不同水平女子跆拳道运动员运动素质指标测试结果

	优秀组（M±SD）	普通组（M±SD）	P 值
立定跳远（厘米）	219.20±12.26	210.29±15.86	0.001
深蹲相对力量	1.26±0.17	1.27±0.20	0.613
卧推相对力量	0.78±0.10	0.72±0.10	0.002
3000 米（分钟）	12.75±0.83	13.54±1.31	<0.001
背肌耐力（秒）	191.95±22.05	186.84±39.98	0.381
腹肌耐力（秒）	170.07±23.50	167.42±27.83	0.570
1 分钟侧踢+下劈（次）	93.34±7.83	90.27±8.41	0.038
1 分钟横踢高位（次）	124.25±8.93	120.68±12.51	0.071
30 米（秒）	5.15±0.15	5.18±0.17	0.169
10 秒前横踢（次）	20.20±1.34	19.37±1.69	0.003
10 秒下劈（次）	17.46±0.91	16.89±1.07	0.002
横叉相对值（厘米）	4.03±0.13	4.04±0.13	0.637
竖叉相对值（厘米）	3.86±0.14	3.91±0.20	0.063
T 形跑（秒）	12.33±0.84	13.00±0.70	<0.001
象限跳（次）	93.41±7.63	92.16±8.83	0.404
六边形跳（秒）	12.03±0.58	12.65±0.99	<0.001
20 秒前横踢进攻+后横踢反击（次）	27.77±3.32	26.42±3.85	0.039
Y 平衡（分数）	109.50±7.99	105.96±7.08	0.011
平衡球单脚立（秒）	83.88±17.29	68.58±17.49	<0.001

表 2-5 中通过对跆拳道优秀组女子运动员与普通组运动员的测试结果进行独立样本 T 检验，结果显示，优秀组运动员与普通组运动员在 1 分钟侧踢+下劈、20 秒前横踢进攻+后横踢反击和 Y 平衡 3 项身体素质指标上存在显著性差异（P<0.05）。在立定跳远、卧推相对力量、3000 米、10 秒前横踢、10 秒下劈、T 形跑、六边形跳和平衡球单脚立等 8 项指标上存在非常显著性差异（P<0.01）。在深蹲相对力量、背肌耐力、腹肌耐力、1 分钟横踢高位、30 米、横叉相对值、竖叉相对值和象限跳 8 项指标上优秀组与普通组跆拳道女子运动员不存在显著性差异（P>0.05）。

1分钟侧踢+下劈组合指标反映跆拳道运动员专项耐力特征，是力量与耐力的综合体现。与普通组跆拳道运动员相比，优秀组跆拳道运动员的有氧耐力更好。竞技跆拳道比赛属于混合供能形式，在双方对决的第三局或是最后一场比赛中，良好的有氧能力是比赛取得成功的关键因素之一①。20秒前横踢进攻+后横踢反击组合技术是反映运动员协调灵敏性的指标，该指标也是运动队经常训练的组合技术，通过运动员的攻反转换速度可以判定运动员使用技术的协调灵敏能力。优秀运动员20秒前横踢进攻+后横踢反击的平均值为27.77±3.32个，普通运动员的平均值为26.42±3.85个，说明优秀运动员协调及灵敏素质优于普通运动员。Y平衡是反映运动员平衡能力的指标，是一种对腿部平衡能力的动态测试，需要受试者具备良好的力量、灵活性、中枢控制以及本体感觉等能力②，平衡能力与速度、力量和协调性密切相关，对跆拳道技术和战术的提高与改进发挥着重要作用③。根据表2-5中优秀组运动员与普通组运动员在平衡指标的测试结果来看，优秀组运动员有较好的平衡能力，在训练和比赛中能够更好地维持身体平衡，以及发挥技战术能力。

立定跳远是评定运动员下肢爆发力的素质指标，可以反映跆拳道运动员的力量、速度以及全身协调性的综合能力。根据测试结果，优秀运动员立定跳远的平均值为219.2±12.26（厘米），普通运动员的平均值为210.29±15.86（厘米），说明优秀运动员下肢爆发力明显高于普通运动员。根据文献查阅，我国跆拳道女子运动员的立定跳远要高于韩国精英女子跆拳道运动员（Jeong-weon K 192.47±14.25厘米)④，说明我国优秀女子跆拳道运动员具有较好的下肢爆发力。

① ARAZI H, HOSSEINZADEH Z, IZADI M. Relationship Between Anthropometric, Physiological and Physical Characteristics With Success of Female Taekwondo Athletes [J]. Turkish Journal of Sport Exercise, 2016, 18 (2): 69-75.

② ZAGO M, MAPELLI A, SHIRAI Y F, et al. Dynamic Baiance in Elite Karateka [J]. Journal of Electrmy Ography Kiniology, 2015, 25 (6): 894-900.

③ MIRCICA M L, GRIGORE V, PĂUNESCU C. Comparative Study on the Manifestation of Balance Ability in Taekwondo and Karate [J]. International Congress of Physical Education, Sports and Kinetotherapy, 2019 (55): 377-3784

④ KIM J W, NAM S S. Physical Characteristics and Physical Fitness Profiles of Korean Taekwondo Athletes: A Systematic Review [J]. International Journal of Environmental Research and Public Health, 2021, 18 (18): 96-102.

　　3000 米是反映有氧耐力的指标，根据测试结果反馈，优秀组女子跆拳道运动员的有氧耐力较普通组女子跆拳道运动员更优，说明在比赛最后阶段，良好的有氧供能能力对运动员取得成功起到重要作用①②。1 分钟侧踢+下劈连击技术指标反映运动员的专项耐力水平，测试结果表明，优秀组运动员拥有更强的专项耐力素质。

　　10 秒前横踢、10 秒下劈两项指标反映运动员的专项速度能力，是动作速度与快速力量的综合体现，跆拳道比赛是同场格斗项目，比赛双方直接对抗，无论进攻还是防守都需要运动员拥有较快的动作速度能力③。我国优秀女子跆拳道运动员 10 秒前横踢的踢击次数为 20.2 ± 1.34 次，低于意大利运动员 20.7 ± 1.6 次④，以及巴西运动员的 23.9 ± 0.66 次⑤，而国内优秀组运动员高于普通组运动员，说明在快速力量与踢腿速度能力上，我国整体水平有待提升，同时也说明该指标作为评价运动员身体素质能力具有实用性。有研究者在对比奖牌获得者和非奖牌获得者之间的能力差异发现，速度素质是区分奖牌获得者和非奖牌获得者的有效指标⑥。我国优秀运动员在这两项指标上与普通运动员相比存在明显的优势，说明专项速度是构成跆拳道优秀运动员运动素质特征的关键要素。

　　T 形跑是反映运动员灵敏能力的指标，六边形跳是反映运动员协调能力的指标，20 秒前横踢+后横踢是反映运动员专项协调与灵敏能力。根据测试数据显示，优秀组跆拳道运动员在以上三项灵敏与协调素质指标上均优于普

---

① KO M, SARITA N. The Effect of Respiratory Muscle Training on Aerobic and Anaerobic Strength in Adolescent Taekwondo Athletes [J]. Journal of Education Training Studies, 2019, 7（2）：103-109.

② 周帆扬，王晓琨. 国家跆拳道运动员在全国锦标赛中实时心率监控和血乳酸变化特点的研究 [J]. 首都体育学院学报，2017, 29（1）：67-71.

③ 何强，唐丽莉. 我国优秀男子跆拳道运动员体能特征的研究 [J]. 中国体育科技，2013, 49（4）：48-54.

④ MOHSEN K, JUDITH W, CHRISTOPHER M, et al. A Profile of Olympic Taekwondo Competitors [J]. Journal of Sports Science Medicine, 2006, 5（5）：114-121.

⑤ ANTUNEZ BFP J, DEL VECCHIO AHM, DEL VECCHIO, FB. Perfil Antro Pométrico E Aptidão Física de Lutadores de Elite de Taekwondo [J]. Conexões, 2012, 10（3）：61-76.

⑥ AL. PADAFBGPE. Development and Reliability of Technical-tactical and Time-motion Real-time Analysis in the World Taekwondo Grand Prix [J]. Journal of Martial Arts Anthropology, 2021, 21（4）：20-27.

通组运动员，说明 T 形跑、六边形跳以及 20 秒前横踢+后横踢三项指标可以作为评定优秀跆拳道运动员身体素质特征的指标。

平衡球单脚立指标反映运动员的平衡能力，跆拳道比赛的运动强度接近亚极量强度，甚至力竭状态，随后所导致的运动疲劳会伴随某种程度的运动损伤，而损伤的产生往往是由于疲劳后机体保持平衡能力下降导致，甚至出现跌倒风险，因此跆拳道比赛中，平衡能力的高低是取得成功的重要因素之一①，同时跆拳道的得分技术中有旋转技术，如后踢、后旋踢、旋风踢等技术，运动员在使用旋转技术后需要良好的平衡能力来维持身体重心的稳定并防止摔倒。从某种意义上讲，跆拳道运动员需要良好的身体平衡能力，不仅要防止比赛中出现倒地犯规而导致对方运动员得分，同时还要避免因倒地被对手攻击造成伤害的危险②。根据测试数据显示，优秀组女子跆拳道运动员比普通组女子跆拳道运动员具备更好的平衡能力。

二、不同级别女子跆拳道运动员运动素质特征

表 2-6　不同公斤级优秀女子跆拳道运动员运动素质指标测试结果

	-49kg（M±SD）	-57kg（M±SD）	-67kg（M±SD）	+67kg（M±SD）	P 值
立定跳远(厘米)	219.05±8.51	219.89±11.41	221.58±13.83	216.00±17.05	0.732
深蹲相对力量	1.23±0.17	1.25±0.20	1.30±0.16	1.26±0.12	0.750
卧推相对力量	0.80±0.11	0.81±0.09	0.76±0.11	0.73±0.08	0.105
3000 米（分钟）	12.61±0.77	12.54±0.79	12.74±0.56	13.30±1.05	0.071
背肌耐力（秒）	192.79±23.25	192.83±23.13	187.58±20.89	193.67±21.85	0.092
腹肌耐力（秒）	159.79±25.72	172.17±16.8	173.58±22.17	179.67±26.41	0.106
1 分钟侧踢+下劈（次）	96.89±4.15	94.11±6.47	91.25±8.17	88.67±11.12	0.022

---

① 李可峰，周长涛，董贵俊. 优秀跆拳道运动员静态平衡特征定量分析［J］. 沈阳体育学院学报，2012，31（4）：130-133.

② SUPPIAH P K, MAT-RASID A, JOUMMY A J, et al. The Strategy Differences and Movement Pattern Between Medalist and Non-medalist Taekwondo Youth Athlete［J］. Journal of Fundamental，2017，9（2S）：858-868.

	−49kg（M±SD）	−57kg（M±SD）	−67kg（M±SD）	+67kg（M±SD）	P 值
1 分钟横踢 高位（次）	126.95±8.28	126.11±6.00	122.92±11.79	118.50±8.50	0.047
30 米（秒）	5.16±0.13	5.15±0.17	5.09±0.12	5.14±0.17	0.635
10 秒前 横踢（次）	20.58±1.07	20.56±1.34	19.75±1.29	19.50±1.51	0.055
10 秒 下劈（次）	17.58±0.90	18.00±0.84	17.25±0.62	16.67±0.65	<0.001
横叉相 对值（厘米）	4.02±0.14	4.03±0.14	4.06±0.15	4.02±0.09	0.830
竖叉相 对值右（厘米）	3.84±0.16	3.84±0.16	3.90±0.12	3.88±0.09	0.608
T 形跑（秒）	11.95±0.51	12.28±0.73	12.40±0.81	12.95±1.15	0.013
象限跳 右脚（次）	98.58±5.05	95.61±7.26	94.18±8.42	93.17±8.28	0.174
六边形 跳右脚（秒）	11.97±0.42	12.06±0.44	12.06±0.64	12.03±0.90	0.968
20 秒前横+ 后横（次）	27.68±2.69	27.78±3.30	28.17±3.88	27.50±4.01	0.969
Y 平衡右脚 支撑（分数）	108.56±7.86	110.72±6.84	112.75±8.16	105.91±8.88	0.165
平衡球单脚 立右脚支撑（秒）	83.41±15.87	87.09±16.91	88.93±16.60	74.74±19.09	0.170

　　将不同级别优秀女子跆拳道运动员的身体素质测试指标进行单因素方差分析，数据显示，在 1 分钟侧踢+下劈、1 分钟横踢高位、T 形跑三项指标上不同级别优秀女子跆拳道运动员存在显著性差异（P<0.05）；在 10 秒下劈专项速度指标上不同级别优秀女子跆拳道运动员存在非常显著性差异（P<0.01）；在其他素质指标上不同级别女子跆拳道运动员不存在显著性差异（P>0.05）。根据统计结果，随着体重级别的增加，优秀组运动员与普通组运动员在有氧耐力、躯干肌肉耐力、爆发力、最大力量、反应速度、柔韧性、平衡性等能力上无显著性差异，在专项耐力、专项速度以及协调、灵敏性指

标上，存在一定的差异，表现为小级别运动员在这三项指标上具有更好的能力。

1分钟侧踢+下劈组合和1分钟横踢高位连击两项指标反映了运动员的专项耐力。从不同级别的单因素方差分析统计结果来看，优秀跆拳道女子-49kg级运动员与女子-57kg级运动员之间存在一定差距，女子-49kg级运动员略优于女子-57kg级运动员，但是二者之间不具有统计学意义，而女子-49kg级运动员与女子-67kg级运动员之间存在显著性差异（P<0.05），同时与女子+67kg级运动员之间存在非常显著性差异（P<0.01）。说明优秀女子跆拳道运动员在专项耐力能力上，不同级别选手具有不同的发展能力，小级别运动员的专项耐力水平发展更优。

T形跑反映了运动员的协调、灵敏能力。根据测试结果显示，女子-49kg级与女子-57kg级之间不存在显著性差异（P>0.05），而与女子-67kg级运动员之间存在显著性差异（P<0.05），与女子+67kg级运动员之间存在非常显著性差异（P<0.01）。表现为女子-49kg级（11.95±0.51）<女子-57kg级（12.28±0.73）<女子-67kg级（12.4±0.81）<+67kg级（12.95±1.15）。说明随着体重级别的增加，优秀女子跆拳道运动员的协调、灵敏性呈现出下降趋势。

10秒下劈是反映运动员专项速度的指标，从该指标测试结果的单因素方差分析来看，女子-57kg级运动员与女子-49kg级运动员之间不具有统计学意义（P>0.05），与女子-67kg级以及+67kg级运动员之间存在非常显著性差异（P<0.01）。说明在专项速度指标上，女子-49kg级与女子-57kg级运动员能力相差无几，而随着体重级别的增加，专项速度能力呈现下降趋势。

第四节　我国优秀女子跆拳道运动员技术能力

跆拳道项目属于技战术主导同场格斗类项目，技术和战术是该项目的主要竞技能力。按照技术的作用将跆拳道技术划分为攻击技术和防守技术攻击技术是指跆拳道比赛中直接踢击得分的技术，也是跆拳道的基本技术，包括横踢、下劈、侧踢、后踢、后旋踢、勾踢、双飞踢、旋风踢和拳等技术。防守技术是指比赛中不直接得分,而是防止对手得分的技术,主要包括步法、贴靠、格挡、闪躲等技术。技术的应用能力主要包括进攻距离、进攻时机、进攻效果、防守距离、防守时机以及防守效果六方面。关于运动员技术能力的统计分析,本书通过查阅资料、访谈专家确定了以定性和定量相结合的形式进行技术指标的数据采集,即通过录像观察法统计运动员在比赛中各技术指标的运用频次,同时邀请三位跆拳道专家对运动员的比赛视频进行定性打分评价,通过两种形式进行技术指标的统计分析。

一、不同水平女子跆拳道运动员技术应用数量特征

技术指标统计过程中发现,在攻击技术应用上,大多数女子运动员在比赛中几乎很少用到双飞踢技术和旋风踢技术,根据现有的数据无法对该两项技术进行统计学分析,因此,对该两项攻击技术不进行分析。将两个不同水平运动员的技术应用数据进行独立样本 T 检验,得出表2-7结果:

表2-7 不同水平女子跆拳道运动员技术指标应用频次测试结果

	优秀组(M±SD)	普通组(M±SD)	P 值
侧踢	22.27±10.23	23.43±12.25	0.466
横踢(前)	41.24±11.72	49.12±17.45	<0.001
横踢(后)	12.94±8.56	14.88±9.37	0.576
拳	3.93±3.37	5.13±5.05	0.112
勾踢	1.85±1.41	1.16±1.08	0.028
下劈	6.76±4.96	5.99±4.11	0.256
后踢	1.26±0.76	1.60±1.12	0.160
后旋踢	1.21±0.42	1.37±1.71	0.699
变线技术	4.58±3.08	4.39±3.51	0.720
技术总计	89.12±14.02	101.66±21.49	<0.001
步法防守	19.59±6.71	14.91±8.20	<0.001
贴靠防守	8.98±5.32	10.96±7.42	0.032
格挡防守	7.02±3.28	7.01±3.85	0.986

续表

	优秀组（M±SD）	普通组（M±SD）	P 值
闪躲防守	2.52±2.11	2.29±1.43	0.418
防守总计	36.18±9.63	34.40±12.10	0.250

根据统计结果显示，在前腿横踢技术、总技术应用频次和步法防守技术指标上优秀组运动员与普通组运动员存在非常显著性差异（P<0.01），在勾踢技术和贴靠防守技术运用频次上，二者存在显著性差异（P<0.05），而在其他技术应用指标上，优秀组运动员与普通组运动员不存在显著性差异（P>0.05）。

测试数据显示，优秀组运动员每场比赛中勾踢技术平均运用频次多于普通运动员，说明优秀组运动员在比赛中比普通组运动员更善用勾踢技术。传统护具时期，勾踢技术由于动作发力结构使其踢击中位的力度较小，击打效果不明显，比赛中攻击躯干几乎不得分。电子护具应用后，对技术的击打效果要求降低，运动员佩戴的脚套底部有力值感应芯片，使得勾踢技术攻击中位和高位均可得分，得分形式增加。电子头盔应用后击头力值降低，勾踢技术击头得分变得更加容易。东京奥运会女子-49kg级冠军泰国选手班妮巴勾踢技术形成了独特的运用形式，运用前腿技术组织铺垫，与对手拉近距离后即刻运用勾踢技术击头，在2019年各战奥运会积分赛中，多名选手被其近身勾踢击头得分，使得比分差距拉大而输掉比赛。勾踢技术的运用形式，尤其是高位技术的运用越来越受到教练员和运动员的重视。

横踢技术在比赛中应用较为广泛，距离上可近可远，战术上可攻可守，是跆拳道基本技术应用中的核心技术，也是比赛中主要的得分手段[①]。跆拳道比赛中以腿法攻击为主，有研究表明，运动员比赛中腿法技术应用达98%，其中横踢技术占52%，可见横踢技术是最常用的攻击技术[②]，同时又是主要的得分技术。本次技术统计数据显示（如图2-1），我国优秀女子跆拳道运动

---

① 杜七一，杨梦溪，管建民．我国优秀跆拳道运动员赵帅技战术特点研究：以2016年里约奥运会为例［J］．武汉体育学院学报，2017，51（11）：85-89.

② KWOK H. Discrepancies in Fighting Strategies Between Taekwondo Medalists and Non-medalists ［J］. Journal of Human Sport Exercise, 2012, 7 (4): 806-814.

员得分技术中,横踢技术得分占 58.4%。横踢技术运用以前腿为主,前腿横踢技术与后腿横踢技术相比击打力度相对小,却能达到电子护具的得分力度值,前腿横踢技术有着距离对手近,攻击距离短,速度快等优点,可直接进攻对手有效得分部位,该技术动作结构、踢击路线更符合现今电子护具下的技术应用趋势①,成为教练员和运动员极为看重的致胜得分技术。

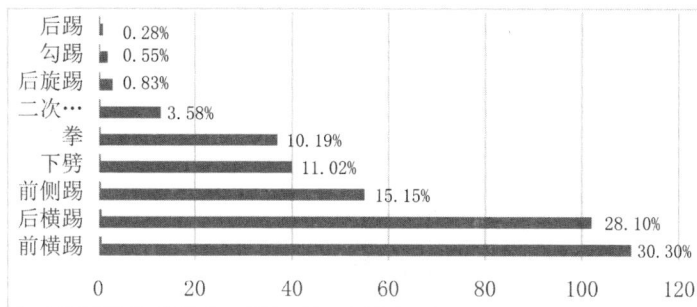

图 2-1 优秀女子跆拳道运动员技术得分比重统计

后腿横踢技术在电子护具应有以来,技术应用比重虽有所下降,但仍然是主要的得分技术,且增加了运用形式。跆拳道竞赛规则对"推或抓人"的动作重新界定,允许以手臂、手、拳或胸部推对手,且推开后即刻接攻击技术动作,比赛双方在近身贴靠状态下,允许"推"动作以获取适宜攻击距离②。规则调整后,"推+踢"组合技术形式逐渐发展、成熟起来,增加了技术应用手段。"推+踢"组合技术中"推+后横踢"组合技术运用较为广泛,且得分占据越来越重要的地位(如图 2-2 所示)。推+横踢组合技术是重要的得分技术。"推+横踢"组合技术的应用对距离有一定要求,需在近距离下使用"推"。通过录像观察发现,我国优秀女子跆拳道运动员主要通过以下三种方式获取近身距离:第一,通过步法调控与对手距离;第二,通过拳法进攻或迎击获取适宜距离;第三,采用腿法技术主动进攻或迎击创造近身距离。

① TORNELLO F, CAPRANICA L, MINGANTI C, et al. Technical-Tactical Analysis of Youth O-lympic Taekwondo Combat [J]. Journal of Strength and Conditioning Research, 2014, 28 (4): 1151-1157.

② 彭理娟. 新规则下男子跆拳道"推+踢"技术特征与运用研究 [D]. 武汉:武汉体育学院, 2019.

推+横踢组合技术的应用，增强了运动员在近身距离和贴靠状态下的技战术应用意识，贴靠后暂停减少，交手回合增多，比赛节奏加快。"推+横踢"组合技术蕴含着"攻中有防，防中带攻"的战术意识，具有"攻防一体化"的作用。从整体上看，推+横踢组合技术符合规则修改的初衷，贴靠后攻反转换增加，比赛暂停次数减少，比赛更加流畅。"推+横踢"具有良好的得分效果，在得分技术中占有非常重要的地位，在今后的训练及比赛中将会受到教练员和运动员更广泛的关注，"推+横踢"组合技术的应用形式将会越来越娴熟，技术应用形式将呈现多样化发展。

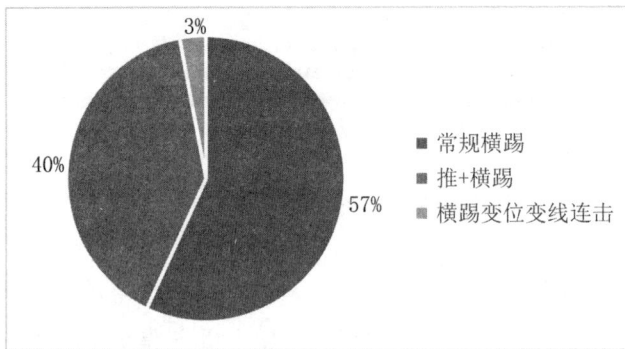

图 2-2　优秀女子跆拳道运动员不同横踢技术应用形式的得分比重

随着规则的不断调整，电子护具和电子护头的应用，比赛中技术应用越来越呈现多样性、全面性发展。侧踢技术在传统护具时期不是直接得分技术，使用电子护具后可以直接踢击对手有效得分部位而得分，此技术可用于控制距离、封堵迎击、抢先攻击、防守破坏等，在比赛中应用比例逐渐增加。由于体能以及其他因素的限制，运动员一场比赛中总技术运用频次是相对固定的，侧踢技术与其他技术应用比例的增加，使横踢技术的应用比例相对下降。优秀组运动员比赛中横踢技术运用频次较普通组运动员运用频次少，说明优秀组运动员在其他技术的应用频次相对多，另一方面说明，优秀运动员比赛中通过较少的技术应用，取得较多的得分，比赛中具有更高的得分率。在总体技术运用频次上，普通组运动员的应用频次明显多于优秀组运动员，有研究表明，大多数成功的跆拳道运动员在比赛中通过较少的技术应用数量能够获得更高的分数，表明更高的技术应用量可能不是赢得比赛的最佳策略①，说明在比赛中优秀运动员技术应用效果更佳。

变线技术是指在常规技术基础上，单腿支撑启动踢击一次后不落地，进行二次或以上变位变线连续踢击的技术。如图2-3中显示，我国优秀女子跆拳道运动员变线技术运用主要以横踢、侧踢的前腿技术以及下劈技术为启动技术，其中横踢和侧踢技术应用更为广泛。横踢技术一直是运动员在比赛中应用频次较高的技术，近年来随着规则不断调整以及电子护具的使用，鼓励运动员在比赛中使用多种技术赢得比赛②，使得横踢技术的应用比例相对下降，但是横踢依然是比赛中应用频次最高的技术。横踢技术从技术动作结构来说变位踢击符合技术发力顺序，核心肌群易控制发力打点；横踢变位变线技术踢击有效得分部位的面积更大，便于得分；横踢变位变线技术以前腿应用为主，而常规前横踢技术有着启动快、距离对手近、击打路线短的优点，比赛中可直接应用前横踢变位变线技术进攻，踢击对手有效得分部位，当对

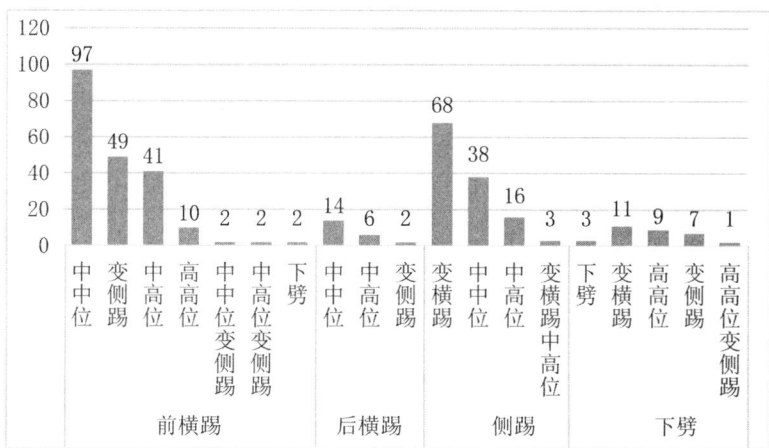

图2-3　我国优秀女子跆拳道运动员变线技术统计

① MATSUSHIGUEK A, HARTMANN K, FRANCHINI E. Taekwondo: Physiological Responses and Match Analysis [J]. The Journal of Strength Conditioning Research, 2009, 23 (4): 1112-1117.

② YONG J K, YONG-HWAN C, YONG C R, et al. Value-based Stakeholder Loyalty Toward Sport Technology A Case of the Electronic Body Protector and Scoring System in Taekwondo E-vents [J]. International Journal of Sport Science, 2014, 35 (10): 46-62.

手发起进攻时，可通过前腿快速迎击破坏对手进攻技术，继续进行变线补充踢击或追击得分。

横踢、侧踢技术在变位变线踢击应用最多占 92%，其中横踢变侧踢、侧踢变横踢以及横踢、侧踢的中位+中位技术应用广泛，主要以中位启动踢击为主，其中中位+中位踢击应用最多为 39.11%，中位+高位占 17.06%。说明我国优秀女子运动员在选择技术位置变化踢击时，中位为主要启动踢击，横踢和侧踢技术中位连击应用能力强。分析原因：一是踢击中位，技术动作幅度小、易控制重心；二是横踢和侧踢技术的变位变线连续踢击不仅可以进攻踢击，还具有防守效果，而优秀运动员技术动作启动较快，面对对手的快速进攻需要有同样快速甚至先于对手的技术动作速度，中位启动路线短，同时可以迎击破坏对手的进攻技术；中位+中位踢击击打连贯、快速，易发力、省力、动作幅度小，可有效防守对手的踢击技术。

横踢、侧踢的中位变高位是优秀选手运用较多的变化性击头技术，变线技术中位启动多作为诱导和铺垫，最终的击打目标是头部。对优秀运动员变线技术的交手回合进行了反复慢动作录像观察，了解到使用变线技术攻击头部的优势：第一，变线技术最为明显的特征是其具有变化性，真假虚实、指下击上、指上攻下等应用形式多样，防守难度大，易于得分；第二，实战中变线技术踢击中位不是最终得分目标，选手们将中位启动踢击作为试探性或诱导性技术，诱使对手防守中位后，进而快速转换高位追击，即"指下打上"，对手防守不及时或是判断失误，导致失分；第三，电子护头的应用，计分方式由人工打分转为电子护头感应力值，避免了错判、漏判的现象，有效技术击中头部，达到电子护头感应力值，便可得分，同时变线技术连续击头也可被电子护头感应并计分；第四，新规则增加了击头得分分值，同时击头力值降低为"接触"，比赛中运用有效合理技术只要击中头部便可得分，变线技术击头得分难度降低。变线技术自身结构特点以及规则的有利调整，使其成为选手们在实战中击头致胜的关键技术。

根据防守技术测试结果显示，比赛中在步法防守指标上优秀组运动员应用频次较普通组运动员多，说明优秀运动员比赛中主要通过步法防守技术来破坏对手的攻击。步法防守是指运动员在面对对手攻击时，运用下肢使身体进行移动，破坏对手的攻击要素，防止对手踢击其有效得分部位的防守技术。

步法防守是跆拳道比赛中重要的防守技术[①]，有研究表明，韩国运动员在比赛中运用步法防守占57%，步法防守中前移和后移的应用占比较高，步法防守中前移和后移均可破坏对手的攻击距离，使对手的攻击技术不能准确击打到有效部位而无法得分，具有较好的防守效果，从技术的应用结构来看，步法防守技术更为省力[②]。

在贴靠防守指标的应用频次上，优秀组运动员少于普通组运动员。贴靠防守技术是运动员在对手使用技术攻击时，通过步法使身体贴近对手，破坏对手有效的攻击距离，防止对手踢击得分。贴靠防守技术主要有以下作用：一是破坏对手有效踢击距离；二是为实施近身技术做铺垫；三是拖延比赛时间；四是比赛最后阶段获取短暂休息或调整。跆拳道竞赛规则放宽了"推、抓"行为的判罚尺度，鼓励运动员在近身状态下积极进行技术应用与战术转换，目的是减少因运动员贴靠而暂停的次数[③]。新规则颁布后，近身状态下的技术应用大量涌现，而贴靠防守技术是运动员达到近身状态的方式之一，既起到防守破坏的作用，又可建立自身技术战术攻击意图。但是从本次数据统计结果来看，优秀组运动员贴靠技术应用比普通组运动员相对较少，战术转换应用频次却多于普通组运动员，说明优秀组运动员的贴靠防守技术符合新规则下技术的应用趋势。

二、不同级别女子跆拳道运动员技术应用数量特征

为了清晰反映我国优秀女子跆拳道运动员在比赛中各技术应用数量的特征，对61名优秀组女子跆拳道运动员按照奥运会比赛级别划分成四组，分别是女子-49kg级、女子-57kg级、女子-67kg级和女子+67kg级，并进行单因素方差分析，分析结果见表2-8：

---

① FALCO C，LANDEO R，MENESCARDI C，el at. Match Analysis in a University Taekwondo Championship [J]. Advances in Physical Education，2012，2（1）：28-31.

② 高志红，艾康伟，王志杰. 韩国跆拳道运动员防守技战术应用特点分析 [J]. 中国体育科技，2008（1）：135-139.

③ 彭理娟. 新规则下男子跆拳道"推+踢"技术特征与运用研究 [D]. 武汉：武汉体育学院，2019.

表2-8 不同公斤级优秀女子跆拳道运动员技术指标应用数量测试结果

	−49kg（M±SD）	−57kg（M±SD）	−67kg（M±SD）	+67kg（M±SD）	P 值
侧踢	26.56±6.83	24.5±12.96	15.63±7.17	17.22±7.33	<0.001
横踢（前）	41.71±10.17	42.66±9.05	41.42±18.66	37.67±9.37	0.538
横踢（后）	12.72±9.39	15.03±9.66	14.00±7.80	8.56±5.94	0.089
拳	2.28±1.83	4.96±3.86	3.10±2.08	8.67±2.73	0.005
勾踢	3.40±1.14	1.50±0.55	1.33±1.51	1.60±1.43	0.347
下劈	5.21±4.71	9.07±5.20	7.00±4.61	5.21±4.00	0.551
后踢	1.64±0.67	1.25±0.5	1.14±0.90	0.60±0.55	0.283
后旋踢	1.00±0.00	1.31±0.48	0	0	<0.001
变线技术	4.86±3.11	5.04±3.35	3.84±3.60	3.87±1.96	0.141
技术总计	91.82±8.36	98.94±11.18	81.42±13.35	74.67±11.98	0.133
步法防守	23.21±6.5	19.53±5.54	17.89±6.77	14.67±5.37	<0.001
贴靠防守	6.56±3.22	11.63±5.83	9.56±5.88	8.33±5.16	0.001
格挡防守	7.26±2.72	7.19±3.74	6.84±3.59	6.44±3.24	0.569
闪躲防守	2.04±1.31	2.90±2.14	1.88±1.50	3.50±3.48	0.001
防守总计	38.59±8.46	37.19±10.59	34.37±9.92	31.78±8.43	0.613

根据数据统计结果，不同级别优秀女子跆拳道运动员，在侧踢和拳两个攻击技术指标上存在非常显著性差异（P<0.01），在步法防守、贴靠防守和闪躲防守三项防守技术指标上，不同级别运动员存在非常显著性差异（P<0.01），而在其余技术指标上不存在显著性差异（P>0.05）。

攻击技术中的侧踢和拳两项技术，不同级别运动员间存在明显的差异。根据统计数据，女子−49kg级至女子−67kg级运动员的侧踢技术应用频次逐渐减少，而女子+67kg级侧踢技术应用频次高于女子−67kg级，但是仍然明显低于女子−57kg级运动员，因此表明，在比赛中侧踢技术的场均运用频次随着体重级别的增加呈现减少趋势。横踢技术统计数据显示，女子−57kg级运动员应用频次最高，女子−49kg级运动员与女子−67kg级运动员应用频次无差别，三个级别均高于女子+67kg级，说明女子+67kg级运动员在比赛中横踢技术应用频次最低，比赛中交手回合较少。横踢和侧踢两项技术是现今跆拳道比赛中应用最为广泛的技术，也是主要的两大得分技术，在观看比赛以及技术统计过程中发现，横踢和侧踢技术应用比较频繁，二者发挥着主动进攻、控制距离、防守破坏、封堵迎击等作用，起到"攻防反一体化"的应用效果①。拳的技术应用，仅可以通过直拳技术攻击对手躯干有效部位，是一分技术，拳技术的应用方式较多，可单次攻击，也可与其他技术组合应用，如拳接近身推+踢技术等，同时，拳技术的应用可以为腿法技术得分创造条件，加快比赛节奏，使比赛变得更加连续②。统计数据结果显示，女子+67kg级运动员拳技术应用频次最多，虽然女子-67kg级运动员拳技术应用频次少于女子-57kg级运动员，但是从总体趋势来讲，女子运动员拳技术应用频次随着体重级别的减小而逐渐减少，说明拳技术在大级别运动员中应用相对较多。究其原因，其一，拳技术得分判定方式由边裁判员根据运动员的技术准确性、击打力度、击打有效部位等因素进行人为手动打分，因此拳技术对运动员的上肢力量要求较高，而女子大级别运动员的上肢绝对力量高于小级别运动员，具有相对较好的击打效果；其二，通过录像观察以及相关研究表明，大级别运动员在比赛中体能较小级别运动员消耗大，尤其在比赛的第三轮，大级别运动员体能大大消耗③，运用拳技术攻击可以得到短暂的休息和调整的时机。

根据数据统计结果，不同级别运动员在比赛中主要通过步法进行防守，总的防守频次随着运动员级别的增加而减少。在步法防守、贴靠防守和闪躲防守技术指标上不同级别运动员存在明显差异，女子-49kg级运动员步法防守技术应用频次最多，女子+67kg级运动员步法应用频次最少，具体表现为随着体重级别的增加步法防守技术应用频次呈现减少趋势。同样，国外学者对男子比赛中攻击时间和步法移动时间的关系进行了研究，结果表明，小级

---

① 张楠，管健民.2016年里约奥运会跆拳道男子58kg冠军赵帅技战术特征［J］.北京体育大学学报，2017，40（2）：95-99.

② 庄勤.电子护具与规则更变下直拳技术使用情况及趋势研究［D］.武汉：武汉体育学院，2020.

③ SANTOS V G, FRANCHINI E, LIMA-SILVA A E. Relationship Between Attack and Skipping in Taekwondo Contests［J］. Journal of Strength Conditioning Research, 2011, 25（6）: 1743-1751.

别运动员在比赛中步法移动时间高于大级别运动员[①]，反映出小级别运动员体重轻，身手敏捷，步法运用灵活。运动员在贴靠防守技术指标统计数据显示，女子-49kg级运动员应用频次最少，女子-57kg级运动员应用频次最多，从女子-57kg级运动员开始随体重级别增加而减少。闪躲防守技术是运动员在比赛中，面对对手的攻击技术，下肢保持相对不动，通过改变躯干位置，来防止对手踢击其有效得分部位。跆拳道实战提倡直接对抗，不能出现背逃、下潜、低头等躲避对手攻击行为，因此闪躲防守技术主要用于防守对手高位技术，而高位技术应用相对较少，因此闪躲防守技术在总的防守技术应用中相对较少。

三、不同水平女子跆拳道运动员技术应用能力特征

表 2-9　不同水平女子跆拳道运动员技术应用能力测试结果

	优秀组（M±SD）	普通组（M±SD）	P 值
进攻距离	7.73±0.36	7.57±0.56	0.060
进攻时机	8.04±0.47	7.55±0.53	<0.001
进攻效果	7.71±0.45	7.56±0.46	0.067
防守距离	7.43±0.70	7.38±0.72	0.726
防守时机	7.56±0.70	7.13±0.66	<0.001
防守效果	7.49±0.71	7.25±0.69	0.056

根据结果显示，跆拳道女子运动员技术应用能力在进攻时机、防守时机两项指标上，优秀组与普通组存在非常显著性差异（$P<0.01$）。在进攻距离、进攻效果、防守距离以及防守效果 4 项指标上优秀组与普通组存在一定差异，但不具有统计学意义（$P>0.05$）。

运动员攻击技术应用能力的评分主要有进攻的距离、进攻的时机与进攻的效果三项指标，好的进攻时机是运动员能够抓住对手暴露出来的适合攻击机会，击中对手而不被对手防守或反击。实战中比赛双方精神高度集中，战

---

① SANTOS V G, FRANCHINI E, LIMA-SILVA A E. Relationship Between Attack and Skipping in Taekwondo Contests [J]. Journal of Strength Conditioning Research, 2011, 25 (6): 1743-1751.

况激烈，在速度快，力量大的对抗下，攻击时机稍纵即逝，对运动员的技术应用能力要求很高[1][2]。在进攻时机指标得分上，优秀组运动员明显高于普通组运动员，说明在跆拳道实战中，攻击技术的进攻时机对运动员在比赛中的获胜具有重要影响。跆拳道实战中的进攻距离是运动员的攻击技术能够击中对手的适宜位置，实战中运动员通过合理技术攻击对手有效部位而得分，在对抗过程中运动员双方的位置距离不断发生变化，只有寻找到适合自身攻击技术的距离，才能使发出的动作达到最佳效果[3]，因此，运动员攻击技术的距离掌握能力对实战中技、战术能力的发挥具有重要的影响。根据测试结果显示，优秀组运动员的进攻距离得分高于普通组运动员，说明优秀运动员在实战中能够掌握技术的攻击距离。防守技术的应用能力主要通过防守距离、防守时机、防守效果体现，其中在防守时机指标得分上，优秀组运动员明显高于普通组运动员，说明在实战中优秀运动员能够更好地掌握防守时机，破坏对手的攻击要素，防止对手攻击自身的有效得分部位。

四、不同级别女子跆拳道运动员技术应用能力特征

表 2-10　不同公斤级优秀女子跆拳道运动员技术能力指标测试结果

	−49kg （M±SD）	−57kg （M±SD）	−67kg （M±SD）	+67kg （M±SD）	P 值
进攻距离	7.79±0.30	7.85±0.26	7.58±0.46	7.63±0.43	0.143
进攻时机	8.28±0.18	8.05±0.38	7.75±0.61	7.94±0.60	0.014
进攻效果	8.05±0.35	7.63±0.16	7.42±0.38	7.61±0.65	<0.001
防守距离	7.28±0.64	6.80±0.48	7.91±0.32	8.13±0.25	<0.001
防守时机	7.32±0.64	7.13±0.69	7.98±0.33	8.17±0.36	<0.001
防守效果	6.99±0.62	7.21±0.55	8.06±0.39	8.15±0.34	<0.001

① EATEVAN I, ALVAREZ O, FALCO C, et al. Impact Force and Time Analysis Influenced by Execution Distance in a Roundhouse Kick to the Head in Taekwondo [J]. Journal of Strength Conditioning Research, 2011, 25 (10): 2851-2856.

② 张江龙. 竞技跆拳道运动核心竞技能力及制胜对策的分析研究 [J]. 中华武术（研究），2012, 1 (12): 56-60.

③ ÖLMEZ C. Determining the Motor Skills Affecting the Distance to the Opponent in Taekwondo [J]. Pakistan Journal of Medical and Health Sciences, 2021, 15 (10): 2999-3003.

根据统计结果显示，不同级别优秀女子跆拳道运动员之间在进攻时机指标上存在显著性差异（P<0.05），在进攻效果、防守距离、防守时机、防守效果4项指标上存在非常显著性差异（P<0.01），而在进攻距离指标上不同级别优秀女子跆拳道运动员之间不存在显著性差异（P>0.05）。

攻击技术的应用能力指标中，在进攻时机和进攻效果两项指标上不同级别存在明显差距，进攻时机具体表现为，女子-49kg级运动员进攻时机能力得分最高，其次为女子-57kg级运动员，女子-67kg级运动员进攻时机能力得分最低，说明该级别运动员实战中需要提升进攻时机能力。进攻效果上，女子-49kg级运动员能力较为突出，其余三个级别的进攻效果得分存在很小的差距。在防守技术的应用能力上，不同级别存在明显差距，整体来讲，女子+67kg级和女子-67kg级的防守能力均高于女子-49kg级和女子-57kg级运动员。具体分析原因，女子-57kg级运动员由于体重级别轻，技术动作应用能力强，灵活性好，实战中交手回合较为激烈，相对防守技术而言更擅长攻击技术的应用，而女子-67kg级运动员由于体重级别大，实战中技术应用能耗大，因此在运用技术时较为谨慎，更加注重防守技术能力的应用与训练。

第五节 我国优秀女子跆拳道运动员战术能力

跆拳道的战术是根据双方运动员的情况，为战胜对手而采取的谋略和方法①。跆拳道项目属于技战术主导类项目，战术能力在整个竞技能力中占据重要地位，并且也是影响其他子竞技能力水平发挥的重要影响因素。在咨询专家以及查阅运动训练学书籍的基础上，跆拳道战术能力的评定主要通过战术应用数量和战术应用能力两个维度进行。战术应用数量指标主要有：进攻战术、反击战术、连续战术及转换战术，通过录像观察法，统计运动员在比赛中各个战术指标应用的频次；战术应用能力主要从创造时机、进攻意识、把握时机、战术转换、防守意识以及反击意识指标的得分进行，通过教练员对运动员的战术应用能力指标进行打分。

---

① 曾于九.竞技跆拳道训练［M］.北京：人民教育出版社，2014.

一、不同水平女子跆拳道运动员战术应用数量特征

将优秀女子跆拳道运动员与普通女子跆拳道运动员的战术能力指标应用
数量的测试结果进行独立样本 T 检验，得出以下结果（如表 2-11）：

表 2-11 不同水平女子跆拳道运动员战术能力指标应用数量测试结果

	优秀组（M±SD）	普通组（M±SD）	P 值
直接进攻	26.85±10.66	29.55±9.60	0.061
间接进攻	7.26±5.31	8.32±5.91	0.187
迎击	16.95±8.01	18.55±8.17	0.163
防守反击	6.65±4.02	5.96±4.00	0.230
连续战术	3.17±2.21	2.92±1.77	0.398
转换战术	5.55±3.59	4.37±2.32	0.006
战术总计	65.70±9.33	69.10±12.73	0.032

根据表 2-11 数据显示，优秀组运动员与普通组运动员在转换战术指标上
存在非常显著性差异（$P<0.01$），在战术应用总频次指标上存在显著性差异
（$P<0.05$），在其他战术应用指标上虽然具有一定差距，但是不存在显著性差
异（$P>0.05$）。

不同水平跆拳道女子运动员在战术应用能力各指标上存在有一定差异，
在进攻战术和防守战术指标上，优秀组运动员直接进攻、间接进攻、迎击、
防守反击，以及总战术的应用频次均少于普通组运动员，在比赛中优秀运动
员的得分多，胜场多，战术应用频次少，说明优秀运动员的战术得分率较高。
连续战术是运动员在比赛中为了获取得分，向对手连续实施战术行动的追击
行为，在连续战术指标上，优秀组运动员应用频次高于普通组运动员，但是
不具有显著性差异。转换战术是运动员根据比赛实际情况需要，从一种战术
状态转变为另一种战术状态，如攻击战术变为防守战术，在转换战术指标上，
优秀组运动员明显高于普通组运动员。

从战术指标的测试结果来看，优秀组运动员在比赛中常用直接进攻战术
和迎击战术，其中直接进攻战术应用约占 40%，迎击战术应用约占 26%。直

接进攻战术是运动员在比赛中直接攻击对手有效得分部位，战术上表现得更为主动。随着跆拳道比赛场地不断缩小，比赛双方之间的可控空间减小，发生攻击的频次增加，进攻战术应用比例相应增加；对峙不攻"5秒+10秒"改为"5秒+5秒"，双方运动员的可对峙时间缩短；电子护具的应用、"二次"连击技术、提膝变化性技术的大量应用，要求选手们抢占双方间的空间位置，占据双方间的空间优势。以上规则的调整，使得主动的直接进攻战术逐渐成为高水平女子选手比赛中主要应用的战术。

迎击战术是在比赛中青方运动员使用技术踢击红方运动员时，在青方使用技术击打同时或是其技术还未击中红方时，红方迅速使用技术击打青方有效得分部位或破坏青方的进攻技术的战术[①]。有研究表明，高水平跆拳道运动员在比赛中更倾向于运用直接进攻战术并采用同时迎击战术进行防守，从而达到防守反击一体化的效果[②]。应用迎击战术时多数情况下不发生位移，能够避免被对手攻击。新规则调整后，场地由64平方米缩小至52.84平方米，运动员在场地上后撤空间减少，加之规则重新界定了"出界"犯规，选手单脚完全接触界外便判"扣分"，促使选手们采用更为直接的迎击战术。现今跆拳道竞赛中以前腿技术应用为主导，尤其是变线技术的大量应用，迎击战术能够很好地应对此类技术，对手应用此类技术进攻时，采用迎击战术直接迎击得分、破坏防守或破坏后连续追击等效果好。

二、不同级别优秀女子跆拳道运动员战术能力指标应用数量特征

表2-12　不同公斤级优秀女子跆拳道运动员战术能力指标应用数量测试结果

	−49kg（M±SD）	−57kg（M±SD）	−67kg（M±SD）	+67kg（M±SD）	P值
直接进攻	28.32±9.62	27.5±13.32	26.53±9.45	23.28±8.12	0.159
间接进攻	10.35±6.01	6.31±4.13	4.94±2.63	5.18±5.23	0.002
迎击	15.32±6.34	19.56±9.07	16.68±9.40	15.67±6.55	0.003

---

① 刘宏伟. 跆拳道反击战术的结构与应用策略［J］. 成都体育学院学报，2012，38（8）：56−58，75.

② MENESCARDI C, ESTEVAN I. Detection of Behavioural Patterns in Olympic Male Taekwondo Athletes［J］. Journal of Human Sport and Exercise，2017，12（2）：435−445.

续表

	−49kg（M±SD）	−57kg（M±SD）	−67kg（M±SD）	+67kg（M±SD）	P 值
防守反击	7.38±4.10	5.84±3.52	7.65±4.85	5.72±3.68	0.949
连续战术	2.68±1.66	4.44±2.64	2.73±1.79	1.64±0.67	0.028
转换战术	3.59±2.15	7.88±4.35	5.11±3.20	5.61±2.23	<0.001
战术总计	67.65±5.54	71.34±8.96	60.53±6.86	57.44±9.81	0.033

将不同级别优秀女子跆拳道运动员的战术应用能力指标的测试结果进行单因素方差分析，统计数据显示，不同级别优秀跆拳道运动员在间接进攻战术、迎击防守战术、连续战术和转换战术指标上存在非常显著性差异（P<0.01），在总战术应用频次指标上不同级别运动员存在显著性差异（P<0.05），在直接进攻战术和防守反击战术两项指标上，不同级别优秀跆拳道运动员不存在显著性差异（P>0.05）。

进攻战术分为直接进攻战术和间接进攻战术，根据统计数据显示，女子−49kg级运动员的直接进攻战术应用频次最多，随着体重的增加，进攻战术应用频次逐渐减少，说明女子−49kg级运动员实战中由于体重小，体能消耗相对少，应用战术频次多，交手回合较多。在间接进攻战术指标上，不同级别运动员存在明显的差异，具体表现为，女子−49kg级运动员应用频次最多，其次为女子−57kg级运动员；女子−67kg级运动员应用频次最低，其次为女子+67kg级运动员。反击战术包括迎击战术和防守反击战术两个指标，其中在迎击战术指标上，不同级别运动员间存在较为明显的差异，具体表现为女子−57kg级运动员的应用频次最高，其余级别随体重的增加而应用频次逐渐减少。迎击战术对运动员的反应能力、时机判断力，以及踢击距离的控制能力具有较高的要求，说明女子小级别运动员在比赛中具有较好的时机应对、掌控踢击距离能力①。在连续战术指标上不同级别运动员具有明显的差异，具体表现为女子−57kg级运动员应用频次最多，女子+67kg级运动员应用频次最少，女子−49kg级和女子−57kg级运动员的应用频次相当，表明在连续战术应

---

① 刘奇.中国女子跆拳道奥运冠军技能特征研究［J］.成都体育学院学报，2015，41（4）：102−106.

用上，女子-57kg级运动员在比赛中追击能力较强，战术连续意识强。转换战术应用频次最多的为女子-57kg级运动员，应用频次最少的为女子-49kg级运动员，女子-67kg级和女子+67kg级应用频次相当，二者高于女子-49kg级运动员，低于女子-57kg级运动员，女子-57kg级运动员的战术转换应用能力较强。不同级别运动员在总战术应用频次上表现为，女子-57kg级运动员最高，其余三个级别运动员随体重级别的增加而应用频次减少，说明跆拳道优秀女子运动员在比赛中不同级别在战术应用上具有明显差异，女子+67kg级运动员比赛中交手回合相对少，与女子-49kg级运动员相比，比赛的激烈程度相对弱。

三、不同水平女子跆拳道运动员战术应用能力特征

表 2-13　不同水平女子跆拳道运动员战术应用能力指标测试结果

	优秀组（M±SD）	普通组（M±SD）	P 值
创造时机	7.87±0.27	7.70±0.36	0.004
进攻意识	7.77±0.31	7.73±0.40	0.487
把握时机	7.70±0.30	7.24±0.41	<0.001
战术转换	7.65±0.41	7.55±0.45	0.194
反击意识	7.67±0.26	7.39±0.25	<0.001
防守意识	7.77±0.36	7.50±0.46	<0.001

通过对优秀组和普通组女子跆拳道运动员战术应用能力测试结果进行独立样本 T 检验，结果发现，优秀组与普通组在创造时机、把握时机、反击意识及防守意识 4 项指标中存在非常显著性差异（P<0.01），而在进攻意识和战术转换 2 项指标上不具有统计学意义（P>0.05）。

创造时机是指运动员在比赛中主动运用技战术来调动或逼迫对手，从而制造进攻机会的能力①。实战中创造时机能力强，能够预料到对手的动作技术，并及时地进行有效对抗，从而掌握比赛的主动权，从容应对对手的攻击。

---

① 高平，余银，鲁凡. 新规则下我国女子跆拳道运动员吴静钰技战术特征分析［J］. 北京体育大学学报，2013，36（10）：136-139，44.

与普通运动员相比，优秀运动员在实战中能够很好地通过自身技战术的应用来创造时机。把握时机是指在实战中运动员能够捕捉到对手暴露出的弱点，且及时运用技术进行有效攻击的能力。实战中，运动员运用技术的同时将存在某一部位有利于进攻或防守，以及另一部位不利于进攻或防守，这是时机存在的必然性。比赛双方身体姿态处于不断变化中，时机的出现转瞬即逝，需要运动员具有快速捕捉对手薄弱环节，并迅速做出准确攻击把握时机的能力。优秀运动员经过长时间的训练以及参加各种大赛，在战术应用能力上，尤其是把握时机的能力高于普通运动员。防守意识是通过各种途径防止对手进攻技术有效攻击到自身有效部位的思维活动，防守意识通过得分技术（横踢、侧踢等）和非得分技术（步法、格挡等）表现出来。防守意识强，则具备了保持优势或扩大优势的基础，致使对手的攻击计划不断落空而无法得分①，从而控制比赛节奏，掌握比赛的主动权。反击意识是克制对手进攻行为的思维活动，反击意识通过运动员的反击技术表现出来。对手主动发起进攻时，成功的防守是反击战术实施中必不可少的环节，而成功防守后，能否采取后续的攻击动作是反击战术能力的体现。与普通运动员相比，优秀运动员实战中反击意识强，战术的连续能力以及捕捉反击时机能力更佳。

四、不同级别优秀女子跆拳道运动员战术应用能力特征

表 2-14 不同公斤级优秀女子跆拳道运动员战术应用能力指标测试结果

	−49kg（M±SD）	−57kg（M±SD）	−67kg（M±SD）	+67kg（M±SD）	P 值
创造时机	7.91±0.28	7.98±0.25	7.81±0.20	7.73±0.27	0.060
进攻意识	8.05±0.20	7.79±0.24	7.67±0.22	7.42±0.24	<0.001
把握时机	7.77±0.32	7.65±0.30	7.70±0.27	7.66±0.31	0.598
战术转换	7.77±0.40	7.80±0.35	7.71±0.29	7.18±0.24	<0.001
反击意识	7.66±0.20	7.68±0.29	7.76±0.22	7.58±0.31	0.397
防守意识	7.59±0.34	7.64±0.23	7.95±0.20	8.08±0.42	<0.001

---

① 高志红，艾康伟，王志杰. 韩国跆拳道运动员防守技战术应用特点分析［J］. 中国体育科技，2008（1）：135-139.

根据数据统计结果，我国优秀女子跆拳道不同级别运动员在进攻意识、战术转换及防守意识上存在非常显著性差异（P<0.01），而在创造时机、把握时机以及反击意识指标得分上不存在显著性差异（P>0.05）。

进攻意识是运动员实战中主动采取技术攻击的思维活动，通过技术应用体现出来。根据测试结果，随着体重级别的增加，运动员的进攻意识得分逐渐减小，表明优秀女子-49kg级运动员实战中进攻意识强，交手回合较多，战况较为激烈，而随着体重级别的增加，尤其是女子+67kg级运动员进攻意识相对较弱。运动员的战术运用与执行受运动员掌握战术数量、战术质量的影响，以及技术数量和运用能力的影响，同时还受运动员的身体形态、身体素质能力的影响。跆拳道比赛按体重级别划分进行两两对抗格斗，不同级别运动员在身体形态上具有较大差异，表现出的身体素质能力不同。女子+67kg级运动员与女子-49kg级运动员相比具有身高体重的特点，力量大但速度相对慢，因此在技术和战术运用上女子-49kg级运动员表现出更为明显的主动性。战术转换能力是在一个交手回合中，运动员在一种战术状态下转变为另一种战术状态的转变能力，体现了运动员战术运用的连续性和灵活性。女子-57kg级运动员战术转换能力得分最高，其余级别随体重的增加，战术转换得分呈减少趋势。防守意识是运动员在比赛中面对对手的攻击能够运用各种技战术避免被对手击中，或是提前识破对手的攻击意图予以破坏，在防守意识得分上女子+67kg级运动员得分最高，女子-49kg级运动员得分相对较少，整体上表现出随着体重级别的增加呈现增加趋势，说明女子+67kg级运动员在比赛中表现出更强的防守意识。

第六节　我国优秀女子跆拳道运动员心理能力

运动员心理能力是竞技能力的重要组成部分，体能和技能的发挥需要运动员拥有一个良好的心理状态[①]。竞技跆拳道是同场格斗项目，运动员的比赛

---

① CASOLINO E, CORTIS C, LUPO C, et al. Physiological Versus Psychological Evaluation in Taekwondo Elite Athletes [J]. Int J Sports Physiol Perform，2012，7（4）：322-331.

成绩受自身技战术发挥水平以及裁判员评定的影响，同时也受对手技战术水平发挥的影响。竞技跆拳道比赛运动员双方直接接触攻击，比赛情况瞬息万变，开局领先得分、比赛时局落后、双方战成平局决胜负等情况，对运动员的心理能力以及临场应变能力要求更高[1]。因此在竞技跆拳道比赛中，运动员具备良好的心理素质[2]，对比赛中技战术水平正常或超常发挥，最终取得比赛胜利起到重要作用。

一、不同水平女子跆拳道运动员心理能力特征

本书采用《赛前情绪量表》、《运动员意志品质量表》和《运动员特质自信心量表》三个心理量表对运动员心理能力进行测试。其中赛前情绪量表包含状态自信、躯体焦虑、个体失败焦虑、社会期待焦虑；意志品质量表包含自觉性、独立性、果断性和坚韧性；特质自信心量表包含任务自信心和应对自信心。分别将不同水平跆拳道女子运动员的赛前情绪、意志品质、特质运动自信三项心理指标的测试数据进行独立样本 T 检验，结果参见表 2-15：

表 2-15 不同水平女子跆拳道运动员心理能力指标测试结果

	优秀组（M±SD）	普通组（M±SD）	P 值
状态自信	12.52±2.20	11.44±1.98	0.005
躯体焦虑	8.79±2.08	9.35±2.17	0.142
个体失败焦虑	9.10±2.62	9.84±2.33	0.101
社会期待焦虑	9.97±3.10	10.44±3.02	0.397
自觉性	52.89±4.96	51.32±4.91	0.082
独立性	36.39±5.90	34.02±4.90	0.016
果断性	33.52±4.05	33.66±3.65	0.844

---

[1] SOTOODEH M S, TALEBI R, HEMAYATTALAB R, et al. Comparison of Selected Mental Skills between Elite and Non-elite Taekwondo Male and Female Athletes [J]. World Journal of Sport Sciences, 2012, 6 (1): 32-38.

[2] PAMUNGKAS O I, NURFADHILAH R. Level of Psychology of Taekwondo Athletes [C] // Proceedings of the Proceedings of the 4th International Conference on Sport Science, Health, and Physical Education (ICSSHPE 2019), 2020: 90-91.

	优秀组（M±SD）	普通组（M±SD）	P 值
坚韧性	37.51±4.28	36.05±3.97	0.052
任务自信心	160.31±13.84	155.05±11.03	0.021
应对自信心	25.59±4.39	23.10±4.42	0.002
意志品质总分	44.21±8.25	40.26±7.87	0.007

表2-15 分析结果显示，不同水平跆拳道女子运动员在独立性和任务自信心两项指标中存在显著性差异（P<0.05），优秀组运动员优于普通组运动员；在状态自信、应对自信心以及意志品质总分三项指标上，优秀组运动员与普通组运动员相比表现出更优的心理素质能力，二者存在非常显著性差异（P<0.01）。

根据测试结果表明，在赛前情绪的四个维度中，与普通组运动员相比，优秀组运动员在状态自信指标上得分更高，说明优秀运动员在比赛中具有更好的状态自信情绪。状态自信是指在竞赛时或竞赛前后运动员对自己的运动行为所抱有的成功信念，优秀运动员能够在比赛中取得优异的运动成绩，与其拥有良好的自信情绪有着至关重要的关系。在躯体焦虑、个体失败焦虑、社会期待焦虑3项指标上，优秀组运动员与普通组运动员虽然不具有统计学意义（P>0.05），但是从统计结果来看，优秀组运动员在此三项指标上的得分均低于普通组运动员，说明在跆拳道比赛前优秀运动员情绪较为稳定。比赛中情绪的好坏对运动员的感知觉、反应能力、注意力程度以及思维能力都有一定的影响。跆拳道比赛过程是同场格斗直接对抗，因此运动员的情绪很容易被对手、裁判员以及观众等影响，比赛过程中运动员将会出现领先、平分、落后等局势，而针对跆拳道这类开放式项目来说，比赛中的不确定因素有很多，焦虑、紧张甚至恐惧都有可能出现，这将会直接影响运动员情绪的稳定性①。因此，跆拳道运动员应具备稳定的情绪控制力，以便从容应对各种比赛局势的变化情况。

① 肖存翕. 一对一格斗对抗性项群心理制胜因素的分析 [J]. 山东体育科技，2010，32（4）：37-39.

　　根据意志品质四个维度测试数据的检验结果显示，与普通组运动员相比，优秀组运动员拥有更强大的独立性品质。独立性是指人在意志行动中能够根据自己的认识与信念单独地采取、执行决定，不屈从于周围环境压力的意志品质①。意志行动具有两大特性，即明确的目的性和与克服困难相联系，意志行动必须有坚定的信仰才能够承受极端的困难、忍受单调乏味的枯燥倦怠感，因而需要运动员具备良好的独立性品质。跆拳道比赛中，随着规则的不断调整以及电子护具的应用，攻防更加激烈，体能消耗大，比赛结果的突变性等，使运动员承受身、心双重压力，加之直接对抗踢击导致的不同部位伤病情况②，训练及比赛的艰苦性要求一名优秀的跆拳道运动员具备长期稳定的信念确认度，坚定的目标，以及坚韧的意志品质。

　　特质运动自信分为运动任务自信心和运动应对自信心，运动任务自信心是指个体通常对运用自己的能力在竞技运动中完成运动任务的信念和确信程度；运动应对自信心是指个体通常对运用自己的能力在竞技运动中面对压力、克服困难的信念和确信程度③。根据测试结果，与普通组运动员相比，优秀组运动员在比赛中拥有更强大的运动任务自信心和运动应对自信心。自信是运动员对自己能够成功地完成某一件任务的信念，积极的成功期望能够增加运动员的自信心，是对自身能力的肯定，有助于运动员取得成功。跆拳道比赛中运动员直接对抗产生攻防关系，运动员运用合理技术通过一定的战术组织形式攻击对手的有效部位得分，技术的有效应用需要运动员具备良好的自信心，自信心强的运动员在比赛中能够从容应对，在气势上压制对手，从而掌控比赛的主导权。

二、不同级别优秀女子跆拳道运动员心理能力特征

　　为进一步比较优秀女子跆拳道运动员在不同级别上心理能力的差异，将

---

① 李佑发，王婷婷．意志品质的质性分析及模型建构［J］．北京体育大学学报，2011，34（3）：75-78.

② BAHARUDDIN M Y, SAHRUDIN F A, AMINUDIN S N A. Injury Profile of Taekwondo Athletes During Training［J］. American Journal of Sciences and Engineering Research, 2021, 4（6）：70-75.

③ 姚家新．运动心理学［M］．北京：高等教育出版社，2020.

不同级别优秀跆拳道女子运动员的赛前情绪、意志品质、特质运动自信三项心理指标的测试数据进行单因素方差分析，结果如表2-16：

表2-16　不同级别优秀女子跆拳道运动员心理能力指标测试结果

	−49kg（M±SD）	−57kg（M±SD）	−67kg（M±SD）	+67kg（M±SD）	P 值
状态自信	13.00±1.63	12.11±2.54	12.83±2.25	12.08±2.47	0.535
躯体焦虑	8.37±2.17	8.67±2.33	8.83±2.04	9.58±1.56	0.469
个体失败焦虑	9.32±2.75	8.22±2.07	8.58±2.35	10.58±3.00	0.089
社会期待焦虑	10.63±3.29	8.78±2.71	9.33±3.37	11.33±2.53	0.092
自觉性	52.58±4.91	53.39±5.26	53.92±5.45	51.58±4.29	0.669
独立性	36.63±5.26	39.06±6.71	35.08±5.99	33.33±3.89	0.053
果断性	33.74±4.92	34.78±2.84	32.75±4.25	32.08±3.70	0.296
坚韧性	37.79±3.79	37.67±4.99	38.00±4.59	36.33±3.87	0.770
意志品质总分	160.74±13.61	164.89±15.47	159.75±12.65	153.33±11.12	0.167
任务自信心	25.53±3.63	27.17±4.58	25.50±5.14	23.42±3.92	0.151
应对自信心	43.63±7.89	47.89±7.61	42.42±10.58	41.42±5.76	0.130

　　将四个级别优秀跆拳道女子运动员的心理能力指标测试数据进行单因素方差分析，结果显示，不同级别优秀女子跆拳道运动员在赛前情绪、意志品质以及特质自信指标上不存在统计学意义（P>0.05），说明不同级别优秀女子跆拳道运动员在心理能力上无显著性差异。优秀的跆拳道运动员经过长年的运动训练，以及参加各种大赛的锻炼和经历，拥有了较为稳定的心理能力。将不同级别运动员的不同心理指标进行多重比较发现，在个体失败焦虑和社会期待焦虑两项情绪指标上，女子−57kg级和女子+67kg级之间存在显著性差异，女子−57kg级拥有更稳定的赛前情绪。在意志品质的独立性指标、意志品质总得分和特质自信心指标上，女子−57kg级与女子+67kg级存在显著性差异。

第三章

我国优秀女子跆拳道运动员竞技能力评价标准的构建

第一节　女子跆拳道运动员竞技能力评价指标体系构建的理论基础

一、竞技能力评价指标体系的构成要素

"评价"是对事物的特征或属性价值进行评定，旨在从解释事物现状的基础上，为改善现状、实现理想目标提供制定决策的判断依据①。"体系"指若干相互关联的事物或意识构成的整体。竞技能力评价体系是相互作用、相互关联的各要素按照一定规律、特有性质有机结合的整体。一个完整的指标评价体系主要的结构包括评价指标、指标权重和评价标准三部分②。

二、竞技能力评价指标体系的结构与维度

竞技能力的构成要素主要包括体能、技术能力、战术能力、心理能力以及智能，任何运动项目及运动员的竞技能力均由此五要素构成。跆拳道运动属于技战术主导类同场格斗打点得分的对抗型项目，跆拳道比赛中技术是最直接的得分武器，战术通过技术运用体现出来，技术动作的合理性、准确性

---

① 孙庆祝. 体育测量与评价［M］. 北京：高等教育出版社，2006.
② 黄光杨. 教育测量与评价［M］. 上海：华东师范大学出版社，2002.

有助于运动员在比赛中获胜，拥有扎实的技术能力同时还要具备有效实施战术的能力。在紧张激烈的直接对抗比赛中，运动员要有较强的战术意识及战术思维能力，实施战术时能够出奇制胜、灵活多变。体能是技术和战术成功发挥的基本保障，运动员拥有扎实的技术，灵活的战术战略，没有体能作保障，再好的技术和战术能力也会受到影响。随着跆拳道运动员竞技水平的不断提升，高水平运动员之间的技术、战术水平差距逐渐缩小，心理能力和智力能力往往成为比赛获胜的关键因素。比赛情况瞬息变化，对运动员的判断力、观察力、想象力、自信心以及果敢顽强的意志品质具有较高要求，在面对分数落后或领先时保持稳定的心理状态才能更加清晰地实施技、战术行动。因此，本书借鉴德尔菲专家法的要求，通过查阅文献、访谈专家以及问卷调查，并结合跆拳道项目，将身体形态、身体机能、身体素质、技术能力、战术能力、心理能力以及智能作为跆拳道竞技能力评价的一级指标，在此基础上选取各级相应指标，初步形成我国优秀女子跆拳道运动员竞技能力评价指标体系（如图3-1）。

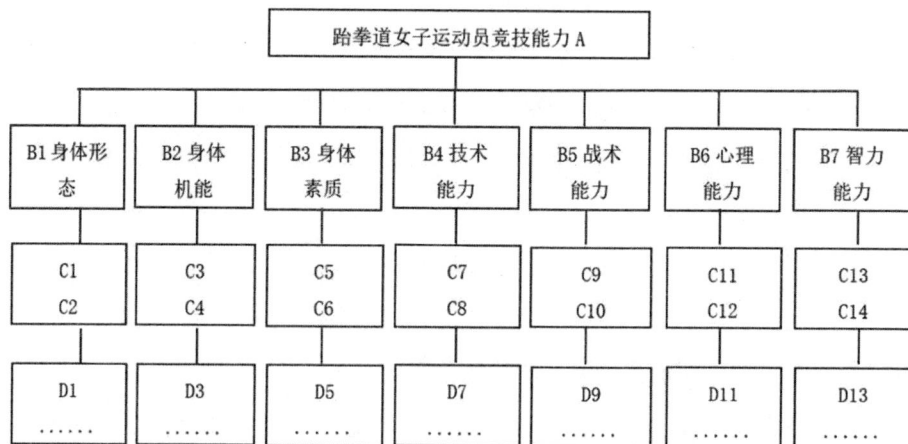

图3-1　跆拳道运动员竞技能力评价指标体系层次图

三、竞技能力评价指标体系的建立原则

1. 科学性原则

建立跆拳道女子运动员竞技能力评价指标体系要遵循科学性原则。首先，选取的评价指标应科学合理，指标概念清晰，能够反映跆拳道专项训练的内在要求，揭示跆拳道竞技能力的本质特征；其次，确保评价指标体系的层次结构清晰，同一层次指标间要相互独立，上下层次指标具有从属关系。

2. 客观性原则

建立跆拳道女子运动员竞技能力评价指标体系要遵循客观性原则。评价指标体系的选择和确定要从实际出发，结合相关专业知识以及项目本质特征，确保评价指标体系的客观合理性，最大限度地减少主观因素，确保每个测试指标能够客观准确地反映跆拳道运动员竞技能力的真实水平。

3. 全面性原则

建立跆拳道女子运动员竞技能力评价指标体系要遵循全面性原则。竞技能力是由体能、技能、战术能力、心理能力以及智能构成，指标评价体系的确立要能够全面反映跆拳道运动员的竞技能力水平。各子能力的评价指标间既相互关联又相互独立，符合一定的逻辑关系，要避免指标漏选，尽可能筛选出符合新规则下跆拳道项目特征的全面的、完备的综合评价指标体系。

4. 可行性原则

建立跆拳道女子运动员竞技能力评价指标体系要遵循可行性原则。评价指标体系的建立要做到理论联系实践，以理论为基础，结合跆拳道项目特征，从专项训练实践出发，选取普适性强，易于操作，具体可行的指标，避免入选可测性较差的指标，指标的选取要符合评价对象的实际条件，尽量弱化人力、物力、财力等条件的限制，使测评数据的收集简单有效。

四、竞技能力评价指标体系构建流程

确定评价体系主要包括4部分内容：第一确定评价对象和目标；第二确定评价指标体系；第三确定指标权重；第四制定指标评价标准（见图3-2）。

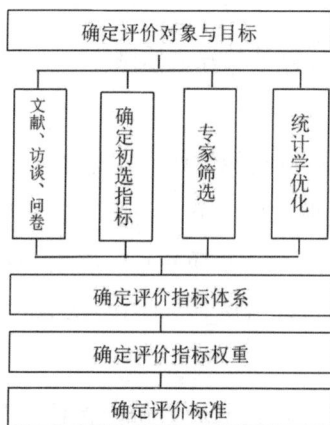

图 3-2 我国优秀女子跆拳道运动员竞技能力评价体系构建流程图

第二节 女子跆拳道运动员竞技能力评价指标体系构建

构建评价指标主要分为指标初选、复选和优化 3 个步骤。本书中指标初选主要通过文献资料、专家访谈以及问卷调查等研究方法确定初步的指标体系；通过德尔菲专家评分法进行两轮指标复选，将专家的意见以及评分进行计算，将平均分在 3.5 分以上且专家意见变异系数在 0.25 以下的指标作为入选标准①，形成复选指标体系；将专家复选的指标运用因子分析法剔除相关性较高的指标，进行统计学优化，形成最终的评价指标体系。

---

① 王炳洁，王莉. 中国足球协会超级联赛俱乐部社会责任评价指标体系构建 [J]. 首都体育学院学报，2021，33（3）：308-315.

一、竞技能力评价指标初选

表 3-1　跆拳道女子运动员竞技能力评价指标体系初选表

一级指标	二级指标	三级指标
B1 身体形态	C1 长度指标	D1 指间距、D2 下肢长、D3 跟腱长、D4 小腿长、D5 身高、D6 指距/身高、D7 下肢长/身高×100
	C2 宽度指标	D8 肩宽、D9 骨盆宽
	C3 围度指标	D10 踝围、D11 踝围/跟腱×100、D12 大腿围、D13 小腿围、D14 腰围
	C4 充实度指标	D15 体重、D16 克托莱指数、D17BMI
B2 身体机能	C5 有氧能力	D18 最大摄氧量、D19 相对最大摄氧量、D20 肺活量、D21 肺活量/体重
	C6 无氧能力	D22 最大无氧功率、D23 相对最大无氧功率、D24 平均无氧功率、D25 相对平均无氧功率
B3 身体素质	C7 力量指标	D26 立定跳远、D27 深蹲相对力量、D28 俯卧推拉球、D29 卧推相对力量
	C8 耐力指标	D30 负重单腿支撑横踢高位连续击靶、D31 负重横踢中位变下劈高位组合、D32 800 米、D33 3000 米、D34 背肌耐力、D35 腹肌耐力、D36 1 分钟侧踢加下劈组合、D37 1 分钟单腿支撑横踢高位连续
	C9 速度指标	D38 30 米、D39 100 米、D40 10 秒前横踢中位击靶、D41 10 秒下劈高位击靶
	C10 柔韧指标	D42 坐位体前屈、D43 横叉、D44 竖叉
	C11 协调指标	D46 单腿十字象限跳、D49 1 分钟跳绳、D48 六边形跳
	C12 灵敏指标	D47 往返跑、D50 20 秒前横踢中位进攻加后横踢高位反击
	C13 平衡指标	D51 Y 平衡测试、D52 星状伸展平衡测试、D53 平衡球横踢控腿、D54 20 秒旋风踢

87

续表

一级指标	二级指标	三级指标
B4 技术能力	C14 常规技术	D55 横踢、D56 下劈、D57 摆踢、D58 后踢、D59 侧踢、D60 双飞踢、D61 旋风踢、D62 后旋踢、D63 直拳
	C15 变位边线技术	D64 变位连击技术、D65 变线连击技术、D66 变位+变线连击技术
	C16 防守技术	D67 格挡防守、D68 闪躲防守、D69 步法防守、D70 挑腿防守、D71 贴靠防守、D72 犯规防守
	C17 技术运用能力	D73 进攻距离、D74 进攻时机、D75 进攻效果、D76 防守距离、D77 防守时机、D78 防守效果
B5 战术能力	C18 进攻战术	D79 直接进攻、D80 间接进攻
	C19 反击战术	D81 迎击、D82 防守反击
	C20 连续转换战术	D83 连续战术、D84 转换战术
	C21 战术运用能力	D85 创造时机、D86 进攻意识、D87 把握时机、D88 战术转换、D89 反击意识、D90 防守意识
B6 心理能力	C22 情绪	D91 赛前情绪
	C23 意志	D92 意志品质
	C24 自信	D93 运动自信
B7 智力能力	C25 智力水平	D94 瑞文标准智力测验

在查阅相关运动训练学理论、其他格斗类项目和跆拳道项目文献资料的基础上，结合专家意见以及教练员问卷统计结果，遵循跆拳道运动员竞技能力评价指标体系的建立原则，初步建立了跆拳道运动员竞技能力评价指标体系（表3-1）主要包括一级指标7项，二级指标25项，三级指标94项。

二、竞技能力评价指标复选

1. 指标的筛选依据

运用文献资料法、专家访谈法以及问卷调查法确定的初选指标，制成我国优秀女子跆拳道运动员竞技能力指标体系评议表，请相关专家对初选指标按照很重要、比较重要、一般重要、比较不重要、不重要 5 个重要程度做出判断。在参考相关文献的基础上[1][2]，本书将专家意见集中程度和专家意见协调程度作为指标筛选依据。

（1）专家意见集中度

专家意见集中度是通过各个指标所得分数的算术平均值来表示，均值越大，表示指标的重要程度越高，一般认为，均值得分在 3.5 以上[3][4]（达到总分的 70%）的指标符合入选标准。计算公式如下：

$$M_j = \frac{1}{m_j} \sum_{i=1}^{m} C_{ij} \qquad （式 3-1）$$

式中，M_j 表示指标 j 的算术平均值；m_j 表示参加 j 指标评价的专家人数；C_{ij} 表示专家 i 对指标 j 的评价值。

（2）专家意见协调程度

专家意见协调程度，是判断全体专家对指标意见的一致性程度，通常用变异系数（V_j）和肯德尔和谐系数（Kendell's W）表示。变异系数通过指标的平均值和标准差表示，一般认为变异系数小于 0.25 的指标[5][6]，符合入选条件。计算公式如下：

$$V_j \frac{S_j}{M_j} \qquad （式 3-2）$$

式中，V_j 表示 j 指标的变异系数；S_j 表示 j 指标的标准差；M_j 表示 j 指标的算术平均值。

肯德尔和谐系数（W）是判断全部专家对所有指标评分的一致性看法，

① 高亮. 我国优秀男子武术散打运动员竞技能力特征与评价研究 [D]. 北京：北京体育大学，2008.
② 周小青. 我国优秀男子散打运动员竞技能力特征及选材标准的研究 [D]. 北京：北京体育大学，2012.
③ 张大超，李敏. 我国公共体育设施发展水平评价指标体系研究 [J]. 体育科学，2013，33（4）：3-23.
④ 周登嵩，余道明. 首都体育现代化指标体系的研究 [J]. 北京体育大学学报，2007，30（5）：581-585.
⑤ 张大超，苏妍欣，李敏. 我国城乡公共体育资源配置公平性评估指标体系研究 [J]. 体育科学，2014，34（6）：18-33.
⑥ 田学礼，赵修涵. 体医融合示范区建设评价指标体系研究 [J]. 成都体育学院学报，2021，47（5）：59-64.

一般取值在 0-1 之间，越接近 1 表明专家意见越统一。计算公式如下：

$$W = \frac{12}{m^2(n^2 - n) - \sum_{i=1}^{m} T_i} \sum_{j=1}^{m} dj^2 \qquad (式 3-3)$$

式中，n 表示指标数量；m 表示专家总人数；d_j 表示 j 指标等级与全部指标等级和的算术平均值之差；T_i 表示修正指数。

协调系数显著性检验，P 值小于 0.05，表明具有较好的专家一致性，指标可以被选取，计算公式如下：

$$X^2 = \frac{12}{mn(n + 1) - \frac{1}{n - 1} \sum_{i=1}^{m} T_i} \sum_{j=1}^{n} d_j^2 \qquad (式 3-4)$$

2. 第一轮指标筛选结果

表 3-2　一级指标专家评审结果分析参数（第一轮）

一级指标	意见集中程度（M_j）	意见协调程度（V_j）	肯德尔系数（W）	卡方值（X^2）	P 值
B1 身体形态	4.27±0.70	0.165	0.331	29.758	<0.001
B2 身体机能	4.67±0.49	0.105			
B3 身体素质	4.93±0.26	0.052			
B4 技术指标	4.80±0.41	0.086			
B5 战术指标	4.87±0.35	0.072			
B6 心理能力	4.93±0.26	0.052			
B7 智力能力	4.53±0.64	0.141			

如表 3-2 数据显示，本次初选指标根据专家意见集中度、专家意见协调度进行指标筛选。指标评分结果显示：7 项指标的专家意见集中度在 4.27-4.93 之间，专家意见协调度在 0.052-0.165 之间，专家的意见具有很高的可信度。根据专家意见，将技术指标和战术指标分别改为技术能力指标和战术能力指标。

表3-3　二级指标专家评审结果分析参数（第一轮）

二级指标	意见集中程度（M_j）	意见协调程度（V_j）	肯德尔系数（W）	卡方值（X^2）	P值
C1 长度指标	4.73±0.46	0.097	0.299	107.562	<0.001
C2 宽度指标	3.73±0.70	0.189			
C3 围度指标	4.13±0.74	0.180			
C4 充实度指标	4.07±0.80	0.196			
C5 有氧能力	4.73±0.59	0.125			
C6 无氧能力	4.87±0.35	0.072			
C7 力量指标	4.60±0.51	0.110			
C8 耐力指标	4.47±0.52	0.116			
C9 速度指标	4.93±0.26	0.052			
C10 柔韧指标	4.67±0.49	0.105			
C11 协调指标	4.80±0.41	0.086			
C12 灵敏指标	4.73±0.59	0.125			
C13 平衡指标	4.67±0.62	0.132			
C14 常规技术	3.60±1.18	0.329			
C15 变位变线技术	3.67±1.23	0.337			
C16 防守技术	4.80±0.41	0.086			
C17 技术运用能力	4.73±0.46	0.097			
C18 进攻战术	4.80±0.41	0.086			
C19 反击战术	4.73±0.46	0.097			
C20 连续转换战术	4.80±0.41	0.086			
C21 战术运用能力	4.67±0.49	0.105			
C22 情绪	4.73±0.46	0.097			
C23 意志	4.73±0.46	0.097			
C24 自信	4.80±0.41	0.086			
C25 智力水平	3.87±1.25	0.322			

专家初选二级指标共有 25 项，25 项二级指标的专家意见集中度在 3.6-

4.93 之间，具有很好的专家意见集中程度。其中 C11 协调指标和 C12 灵敏指标两项指标下属的三级测试指标具有重合部分，为了减小指标间的重复，故将二者合并为协调、灵敏指标。C14 常规技术和 C15 变位变线技术 2 项指标的专家意见协调度大于 0.25，说明专家对这两项指标的意见分歧较大，不符合入选标准。根据跆拳道专家意见以及跆拳道项目技术体系，将 C14 和 C15 2 项指标调整技术名称为攻击技术指标。C25 智力水平指标的专家意见协调度大于 0.25，不符合入选标准。综合多数专家的意见，智力能力在跆拳道运动员的竞技能力中占有重要地位，不仅仅指智力水平，还是智力与其他能力因素的有机结合[①]，但目前为止，尚未有完备、科学的关于跆拳道运动员专项智能的测试方法。如果对跆拳道运动员进行知识能力、文化水平的测试，一是主观性太强；二是没有一套科学可行的测试题目；三是鉴于本书的工作量大、经费等问题，无法编制出关于跆拳道运动员智能能力的测试量表，因此，基于专家意见，最终决定将 C25 智力水平指标剔除。

根据初选三级指标编制的《三级指标专家两轮评审结果分析参数》（见附录 H）共有 93 项，其中 73 项指标符合入选标准。73 项指标的专家意见集中度在 3.60-4.93 之间，专家意见协调度在 0.05-0.25 之间，这些指标符合跆拳道项目特征，可以作为我国跆拳道女子运动员的评价指标。有 19 项指标在专家意见集中程度和专家意见协调度两项标准上，不符合入选要求。其中有 14 项指标的专家意见集中度小于 3.5，并且变异系数大于 0.25，表明专家对这些指标的重要程度判断为不重要，不符合跆拳道项目体能特征，以及不能满足测试的实际要求。有 5 项指标的专家意见集中度大于 3.5，但指标选取的专家变异系数大于 0.25，表明专家们对这些指标在是否符合选取标准上存在较大的分歧，结合跆拳道项目特征将这些指标进行调整或者予以剔除。根据专家意见，需要进行剔除的指标主要包括：肩宽、腰围、BMI 指数、俯卧推拉球、负重单腿支撑横踢高位连续击靶、负重横踢中位变下劈高位组合、800米、100 米、坐位体前屈、往返跑、1 分钟跳绳、星状伸展平衡测试、平衡球横踢控腿、20 秒旋风踢、挑腿防守、犯规防守共 16 项指标，对变位连击技术、变线连击技术以及变位+变线连击技术 3 项指标进行调整。具体调整及删

---

① 申霖. 优秀皮划艇运动员竞技能力特征模型的研究 [D]. 武汉：武汉体育学院，2015.

减情况如下：

"BMI 指数"与"克托莱指数"2 项指标是反映人体充实度的身体形态指标，选取其中一项指标即可，故剔除"BMI 指数"指标。"30 米"和"100 米"两项指标均可作为速度指标，30 米跑反映运动员的启动速度以及短时间的爆发力，更符合跆拳道项目特征，故选择"30 米"指标作为测试指标。"负重单腿横踢高连击"和"负重横踢变下劈"2 项指标属于力量耐力训练手段，不能作为测试指标，并且指标对运动员有伤害性，因此将二者剔除。"星状伸展平衡测试"和"Y 平衡测试"两者都是测试运动员平衡能力的指标，Y 平衡指标测试更加简便，因此剔除星状伸展平衡测试。"20 秒旋风踢"不能反映运动员的平衡素质能力，故将该指标剔除。"摆踢"技术不在跆拳道技术体系的专业术语中，因此将"摆踢"技术改为"勾踢"技术。将变位技术、变线技术以及变位+变线技术 3 项指标修改成"变线技术"。"挑腿防守"和"犯规防守"不属于防守技术，因此将二者删除。

3. 第二轮指标筛选结果

根据第一轮指标筛选的专家意见，将指标进行修改与补充，并制定了相关指标的测试方案，在北京体育大学进行了预测试，测试确定了指标的可操作性。一级指标中"智力能力"由于测试条件限制，专家们对智力能力测试方法的不统一，以及现今还没有一套比较成熟的测试手段能够对优秀运动员的运动智能进行测评，故将其删除。增加平衡球单脚站立指标、心功指数，将协调能力指标和灵敏能力指标进行合并。

本轮指标的筛选标准按照第一轮指标筛选标准，将专家意见集中度大于 3.5 和专家意见协调度小于 0.25 作为指标入选标准，本轮指标筛选，一级指标 6 个，二级指标 22 个，三级指标 77 个。指标筛选结果（见表 3-4、3-5 和附录 H）。

表 3-4　一级指标专家评审结果分析参数（第二轮）

一级指标	意见集中度（M_j）	意见协调度（V_j）	肯德尔系数（W）	卡方值（X^2）	P 值
B1 身体形态	3.73±0.70	0.19	0.494	37.061	<0.001
B2 身体机能	3.93±0.80	0.20			

一级指标	意见集中度 （M_j）	意见协调度 （V_j）	肯德尔系数 （W）	卡方值 （X^2）	P 值
B3 身体素质	4.73±0.46	0.10			
B4 技术能力	4.73±0.46	0.10			
B5 战术能力	4.87±0.35	0.07			
B6 心理能力	4.60±0.51	0.11			

表 3-5　二级指标专家评审结果分析参数（第二轮）

二级指标	意见集中度 （M_j）	意见协调度 （V_j）	肯德尔系数 （W）	卡方值 （X^2）	P 值
C1 长度指标	4.07±0.59	0.146	0.374	117.808	<0.001
C2 宽度指标	3.73±0.59	0.159			
C3 围度指标	3.60±0.51	0.141			
C4 充实度指标	3.93±0.59	0.151			
C5 有氧能力	4.07±0.70	0.173			
C6 无氧能力	4.33±0.72	0.167			
C7 力量指标	4.60±0.51	0.110			
C8 耐力指标	4.20±0.56	0.133			
C9 速度指标	4.67±0.49	0.105			
C10 柔韧指标	4.53±0.52	0.114			
C11 协调、灵敏指标	4.60±0.51	0.110			
C12 平衡指标	4.40±0.63	0.144			
C13 攻击技术	4.80±0.41	0.086			
C14 防守技术	4.73±0.46	0.097			
C15 技术应用能力	5.00±0.00	0.000			
C16 进攻战术	4.87±0.35	0.072			
C17 反击战术	4.73±0.46	0.097			

续表

二级指标	意见集中度（M_j）	意见协调度（V_j）	肯德尔系数（W）	卡方值（X^2）	P 值
C18 连续+转换战术	4.47±0.64	0.143			
C19 战术应用能力	5.00±0.00	0.000			
C20 情绪	4.67±0.49	0.105			
C21 意志	4.60±0.51	0.110			
C22 自信	4.60±0.51	0.110			

第二轮专家意见统计结果显示，所选指标的专家意见集中度和专家意见协调度均达到了指标的选入标准，专家意见趋于统一。评价指标通过两轮专家的意见咨询，最终形成了我国优秀女子跆拳道运动员竞技能力评价指标体系，该体系中包含一级指标 6 项，二级指标 22 项，三级指标 77 项。具体指标（见表 3-6）。

表 3-6 跆拳道运动员竞技能力评价指标体系

一级指标	二级指标	三级指标
B1 身体形态	C1 长度指标	D1 指间距、D2 下肢长、D3 跟腱长、D4 小腿长、D5 身高、D6 指距/身高、D7 下肢长/身高×100
	C2 宽度指标	D8 骨盆髋
	C3 围度指标	D9 踝围、D10 踝围/跟腱×100、D11 大腿围、D12 小腿围
	C4 充实度指标	D13 体重、D14 克托莱指标
B2 身体机能	C5 有氧能力	D15 最大摄氧量、D16 相对最大摄氧量、D17 肺活量、D18 肺活量/体重、D19 心功指数
	C6 无氧能力	D20 最大无氧功率、D21 相对最大无氧功率、D22 平均无氧功率、D23 相对平均无氧功率

一级指标	二级指标	三级指标
B3 身体素质	C8 力量指标	D24 立定跳远、D25 深蹲相对力量、D26 卧推相对力量
	C9 耐力指标	D27 3000 米、D28 背肌耐力、D29 腹肌耐力、D30 1 分侧踢+下劈、D31 1 分横踢高位
	C7 速度指标	D32 30 米、D33 10 秒前横踢、D34 10 秒下劈
	C10 柔韧指标	D35 横叉、D36 竖叉
	C11 协调、灵敏指标	D37 T 形跑、D38 单腿十字象限跳、D39 六边形跳（单脚）、D40 20 秒前横踢+后横踢
	C12 平衡指标	D41Y 平衡测试、D42 平衡球单脚站立
B4 技术能力	C13 攻击技术	D43 横踢、D44 下劈、D45 勾踢、D46 后踢、D47 侧踢、D48 双飞踢、D49 旋风踢、D50 后旋踢、D51 直拳、D52 变线技术
	C14 防守技术	D53 格挡防守、D54 闪躲防守、D55 步法防守、D56 贴靠防守
	C15 技术应用能力	D57 进攻距离、D58 进攻时机、D59 进攻效果、D60 防守距离、D61 防守时机、D62 防守效果
B5 战术能力	C16 进攻战术	D63 直接进攻、D64 间接进攻
	C17 反击战术	D65 迎击（同时反击）、D66 防守反击
	C18 连续+转换战术	D67 连续战术、D68 转换战术
	C19 战术应用能力	D69 创造时机、D70 进攻意识、D71 把握时机、D72 战术转换、D73 反击意识、D74 防守意识
B6 心理能力	C20 情绪	D75 赛前情绪
	C21 意志	D76 意志品质
	C22 自信	D77 运动自信

三、竞技能力评价指标优化

通过查阅文献、专家访谈、问卷调查以及德尔菲专家评议等方法初步建立了我国优秀女子跆拳道运动员竞技能力评价体系，并对我国女子跆拳道运动员进行了各项指标的数据收集。通过对跆拳道运动员优秀组与普通组之间，以及优秀运动员不同级别之间数据的比较，总结我国优秀女子跆拳道运动员竞技能力的特征。经专家筛选的指标较多，各项指标间可能存在一定的相关性，因此采用因子分析法对测试指标进行统计学优化，筛选出具有代表性且互不相关的少量典型指标来尽可能全面反映运动员的竞技能力水平。

在征询专家意见后，跆拳道竞技能力中技术指标和战术指标是相对独立的，每个技术和战术指标均具有代表性，因此研究中不对技术指标和战术指标进行因子分析。根据具体情况，对身体形态、身体素质、心理能力的测试指标进行因子分析，将相关性较强的指标剔除，筛选出具有代表性、独立性，能够全面反映跆拳道项目特征的典型指标。

因子分析过程中出现以下三点，将对指标进行删减：第一，公因子最大载荷量小于 0.35，共同度小于 0.4 的指标①；第二，两个或两个以上公因子中有接近因子载荷的指标（小数点后一位数字相同）；第三，仅含有一个指标的公因子。

1. 我国优秀女子跆拳道运动员身体形态指标优化

表 3-7　优秀女子跆拳道运动员身体形态指标 KMO 和巴特利特球度检验结果

KMO 取样适切性量数		0.618
巴特利特球形度检验	近似卡方	469.917
	自由度	36
	显著性	<0.001

对跆拳道优秀女子跆拳道运动员的 9 项身体形态指标通过"最大方差旋转法"进行因子分析，首先验证数据是否适合采用因子分析，对身体形态的数据进行了样本适当性度量的 KMO 值和巴特利特球度检验，结果显示，KMO 值为 0.618，巴特利特球形检验的卡方值为 469.917（自由度为 36），达到了

---

① 张奇 . SPSS for Windows：在心理学与教育学中的应用 [M]. 北京：北京大学出版社，2009.

高度显著性水平（P<0.001）。一般认为，当 KMO 值大于 0.6 时①，说明数据的效度较高，即身体形态各指标数据适合做因子分析。

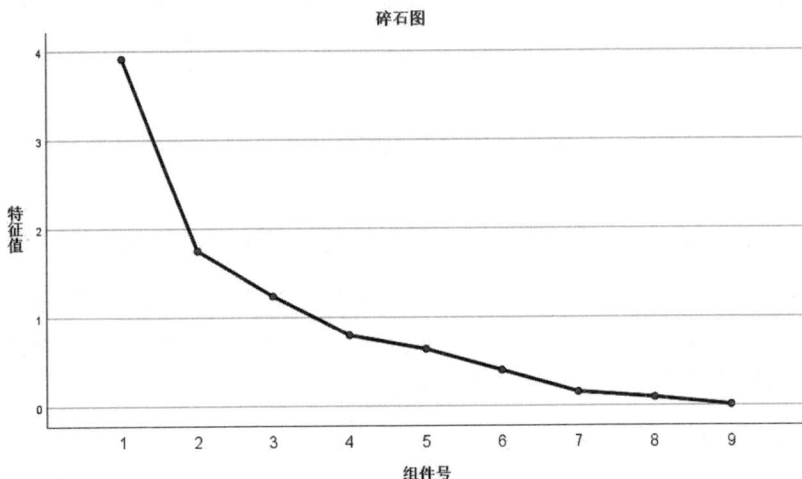

图 3-3　优秀女子跆拳道运动员身体形态指标特征值碎石图

表 3-8　优秀女子跆拳道运动员身体形态指标方差贡献表

因子	初始特征值			提取载荷平方和			旋转载荷平方和		
	总计	方差百分比	累积 %	总计	方差百分比	累积 %	总计	方差百分比	累积 %
1	3.912	43.463	43.463	3.912	43.463	43.463	3.296	36.624	36.624
2	1.752	19.469	62.932	1.752	19.469	62.932	2.164	24.043	60.666
3	1.24	13.775	76.706	1.24	13.775	76.706	1.444	16.04	76.706

注：提取方法：主成分分析法

根据特征值大于 1 的标准，提取了 3 个公因子，累计贡献率为 76.706%，概括了整体信息的 75% 以上，因此将 3 个因子作为优秀女子跆拳道运动员身体形态的主要构成因子。

---

① 李双玲，杨光，朱宝峰，等. 基于结构熵和因子分析的我国优秀男子冰球运动员专项体能关键指标研究 [J]. 北京体育大学学报，2021，44（12）：110-124.

表 3-9　身体形态正交旋转后的因子载荷矩阵表

指标	因子		
	1	2	3
下肢长/身高×100	0.925		
小腿长	0.901		
指距/身高	0.702		
骨盆宽	0.655		
克托莱指标		0.917	
体重		0.868	
踝围/跟腱长			0.876
大腿围			0.814
小腿围			0.639

注：提取方法：主成分分析法。旋转方法：Kaiser 标准化最大方差法

表 3-10　优秀女子跆拳道运动员身体形态典型指标数据

因子	高载荷指标	因子特征	因子命名	影响程度
1	下肢长/身高×100	身体长度	长度因子	36.624
	小腿长			
	指距/身高			
	骨盆宽			
2	克托莱指标	身体充实度	充实度因子	24.043
	体重			
3	踝围/跟腱长	身体围度	围度因子	16.04
	大腿围			
	小腿围			

通过方差最大正交旋转后，共提取 3 个主因子。第一个主因子包括下肢长/身高×100、小腿长、指距/身高、骨盆宽 4 项指标，方差贡献率为36.624%，代表性指标为下肢长/身高×100，4 项指标集中反映了跆拳道女子运动员的身体长度，因此命名为长度因子。跆拳道实战是利用拳的技术和腿的技术进行打点得分的同场格斗项目，运动员拥有较长的上、下肢以及较高

的身高，在比赛中具有攻击对手有效得分部位的身体长度优势①，更好地控制双方间距离，从跆拳道不同得分部位的分值来看，有效技术击中头部分值较高，较长的下肢长更便于应用高位技术，从而获得高分值。

第二个主因子包括克托莱指数、体重2项指标，方差贡献率为24.043%，代表性指标为克托莱指数指标，2项指标集中反映了跆拳道运动员身体的充实度，因此命名为充实度因子。克托莱指数是通过体重与身高的比值来反映人体的厚度和密度的指标。从跆拳道专项对运动员速度、力量要求较高的特点以及比赛按照体重划分级别来说，要求运动员具有较好体重、身高比例，既要有较高的身高和相对轻的体重，还要具备较高的瘦体重，恰当的身高体重比例为运动员具备良好的速度和力量等运动素质奠定了身体形态基础②。

第三个主因子包括踝围/跟腱长×100、大腿围和小腿围3项指标，方差贡献率为16.040%，代表性因子为踝围/跟腱长×100指标。3项指标集中反映了跆拳道女子运动员身体的围度，因此命名为围度因子。踝围/跟腱长×100指标反映运动员脚踝的粗细与跟腱长度的关系，同运动员腿部爆发力有关，该指标指数越小说明跟腱相对较长，踝关节较细，是身体素质良好的表现，但是指标过小也会反映运动员踝关节力量较弱③。跆拳道实战中腿法技术攻击占据重要位置，运动员在攻击过程中常常处于单腿支撑站立，因此需要运动员具有较好的踝关节力量，同时又要具备较好的爆发力，能够进行灵敏的步法移动和快速的动作踢击能力。

2. 我国优秀女子跆拳道运动员身体素质指标的优化

采用因子分析法对身体素质评价中具有统计学意义的指标进行统计学优化，剔除相关性较强的指标，筛选出能够覆盖身体素质信息全面的少量具有代表性指标。

---

① FORMALIONI A, ANTUNEZ B, VECCHIO F D, et al. Anthropometric Characteristics and Physical Performance of Tackwondo Athletes [J]. Revista Brasileira de Cineantropometria e Desempenho Humano, 2020, 22 (3): 227-232.

② BAEK S, PARK J B, CHOI S H, et al. Effects of Taekwondo Training on Body Composition: A Systematic Review and Meta-Analysis [J]. International Journal of Environmental Research, 2021, 18 (21): 11550.

③ 温祝英. 跳远运动员身体形态的选材研究 [J]. 西安文理学院学报（自然科学版），2011, 14 (4): 116-119.

表 3-11　优秀女子跆拳道运动员身体素质指标 KMO 和巴特利特检验结果

KMO 取样适切性量数。		0.670
巴特利特球形度检验	近似卡方	172.119
	自由度	66
	显著性	<0.001

　　对跆拳道优秀女子运动员的 12 项身体素质指标通过"最大方差旋转法"进行因子分析，为了验证数据是否适合采用因子分析，对身体形态的数据进行了样本适当性度量的 KMO 值和巴特莱特球度检验，结果显示，KMO 值为 0.670，巴特利特球形检验的卡方值为 172.119（自由度为 66），达到了高度显著性水平（P<0.001），说明身体素质各指标数据可以进行因子分析。

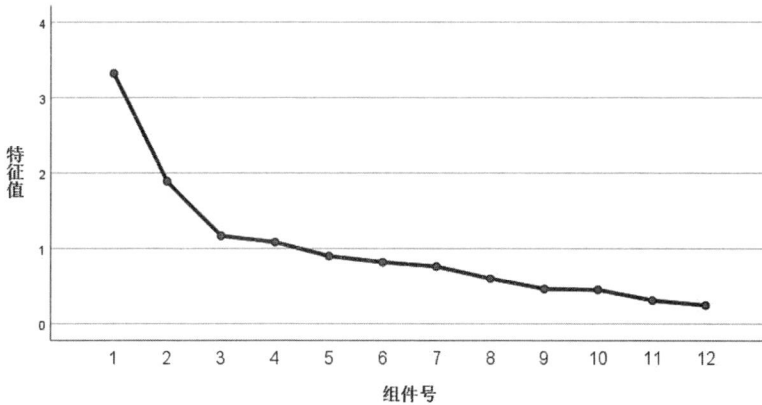

图 3-4　优秀女子跆拳道运动员身体素质指标特征值碎石图

表 3-12　优秀女子跆拳道运动员身体素质指标方差贡献表

因子	初始特征值			提取载荷平方和			旋转载荷平方和		
	总计	方差百分比	累积 %	总计	方差百分比	累积 %	总计	方差百分比	累积 %
1	3.320	27.670	27.670	3.320	27.670	27.670	2.645	22.038	22.038
2	1.887	15.722	43.393	1.887	15.722	43.393	1.687	14.06	36.098
3	1.167	9.722	53.115	1.167	9.722	53.115	1.584	13.197	49.294

因子	初始特征值			提取载荷平方和			旋转载荷平方和		
	总计	方差百分比	累积 %	总计	方差百分比	累积 %	总计	方差百分比	累积 %
4	1.083	9.025	62.140	1.083	9.025	62.14	1.541	12.846	62.140

注：提取方法：主成分分析法。

根据特征值大于 1 的标准，提取了 4 个公因子，累计贡献率为 62.14%，由于提取的 4 个因子的累计贡献率未能达到 70%，将参考碎石图来确定指标主成分（如图 3-4）。碎石图显示，前 4 个因子的特征值均大于 1，最大拐点在第 4 个因子处，同时其他因子的特征值均小于 1，且较为分散，因此提取 4 个因子，将 4 个因子作为优秀女子跆拳道运动员身体素质的主要构成因子。

表 3-13　身体素质正交旋转后的因子载荷矩阵表

指标	因子			
	1	2	3	4
10 秒前横踢	0.892			
30 米	0.881			
10 秒下劈	0.847			
卧推相对力量	0.742			
20 秒前横+后横		0.902		
T 形跑		0.884		
六边形跳		0.823		
立定跳远		0.748		
Y 平衡			0.876	
平衡球单脚站立			0.793	
1 分钟侧踢加下劈				0.825
3000 米				0.764

表 3-14　优秀女子跆拳道运动员身体素质典型指标数据

因子	高载荷指标	因子命名	影响程度
1	10 秒前横踢	快速力量因子	22.038
	30 米		
	10 秒下劈		
	卧推相对力量		
2	20 秒前横+后横	协调、灵敏因子	14.060
	T 形跑		
	六边形跳		
	立定跳远		
3	Y 平衡	平衡因子	13.197
	平衡球单脚站立		
4	1 分钟侧踢+下劈	肌肉耐力因子	12.846
	3000 米		

根据表 3-14 数据显示，将身体素质各指标进行因子分析，共提取 4 个主因子。其中第一个主因子包括 10 秒前横踢、30 米、10 秒下劈和卧推相对力量 4 项指标，方差贡献率为 22.038%，代表性指标为 10 秒前横踢。4 项指标集中反映了我国优秀女子跆拳道运动员的专项速度与力量能力，因此将第一个主因子命名为专项快速力量因子。实战中运动员通过快速灵敏的步法移动调整距离、运用各种腿法技术以及拳的技术进行攻击、采用步法、格挡、贴靠等进行防守，这些技术的实施需要运动员具备良好的踢击速度以及快速力量素质①。有研究者对跆拳道运动员成功因素进行了研究并指出，成功的运动员在速度、力量以及耐力素质上具有较好的表现，尤其是速度素质对成功取得比赛胜利具有重要作用②③。跆拳道比赛中以腿法攻击为主，对运动员的下

---

① BRIDGE C A, SANTOS J F D S, CHAABÈNE H, et al. Physical and Physiological Profiles of Taekwondo Athletes [J]. Sports Medicine, 2014, 44 (6): 713-733.

② SADOWSKI J, GIERCZUK D, MILLER J, et al. Success Factors In Male WTF Taekwondo Juniors [J]. Journal of Combat Sports Martial Arts, 2012, 3 (1): 47-51.

③ SANTOS J, LOTURCO I, FRANCHINI E. Relationship Between Frequency Speed of Kick Test Performance, Optimal Load, and Anthropometric Variables in Black-belt Taekwondo Athletes [J]. Ido Movement for Culture, 2018, 18 (1): 39-44.

肢力量以及动作速度具有较高要求①，因此将 10 秒前横踢作为第一个主因子的代表性因子，能够反映运动员的专项速度力量素质水平。

第二个主因子包括 20 秒前横踢进攻+后横踢反击、T 形跑、六边形跳和立定跳远 4 项指标，方差贡献率为 14.06%，代表性指标为 20 秒前横踢进攻+后横踢反击。4 项指标集中反映了跆拳道运动员的协调性和灵敏能力，因此将第二个因子命名为协调、灵敏因子。协调性是人体不同部位协同配合完成身体活动的能力，是肌肉神经系统、时间感觉、空间感觉、环境观察以及适应调整能力的综合表现②③。灵敏性是在一定刺激下，在速度和方向上迅速做出改变的全身运动④⑤。在格斗类项目中，运动员所应用技术的效果很大程度上取决于运动员协调能力的水平，具体表现为适当的反应能力、时间、空间、方向感，以及保持平衡的能力⑥。跆拳道运动属于格斗类开放式技术链项目，一个交手回合中包含各种复杂的技术应用形式，包括组合技术、单一技术以及各种技术应用形式的转变，需要运动员具备快速的反应能力、高度的灵敏性⑦⑧。技战术的应用既有其相对固定性组合，同时又要根据实际情况随机应变地进行变异组合，比赛中技战术的应用要根据对手的应用情况进行随机调

① KIM E, SINGH H, OH H, et al. Hormonal Responses to Taekwondo Fighting Simulation Versus Conventional Resistance Exercise in Young Elite Taekwondo Athletes [J]. Archives of Budo, 2019, 15 (6): 75-82.
② 李景莉. 运动员协调能力的竞技价值之探讨 [J]. 中国体育科技, 2003, 39 (12): 7-9.
③ 周嘉琳, 罗冬梅, 陈皆播. 幼儿灵敏协调能力评价方法的改良 [J]. 中国体育科技, 2017, 53 (1): 83-89.
④ SHEPPARD J M, YOUNG W B. Agility Literature Review: Classifications, Training and Testing [J]. Journal of Sports Sciences, 2006, 24 (9): 919-932.
⑤ 鲍善军. 灵敏素质训练对不同水平拳击运动员技、战术运用效果的影响研究 [J]. 中国体育科技, 2012, 48 (6): 72-76.
⑥ FONG S, FU S N, NG G. Taekwondo Training Speeds up the Development of Balance and Sensory Functions in Young Adolescents [J]. Journal of Science Medicine in Sport, 2012, 15 (1): 64-68.
⑦ TORNELLO F, CAPRANICA L, CHIODO S, et al. Time-Motion Analysis of Youth Olympic Taekwondo Combats [J]. Journal of Strength Conditioning Research, 2013, 27 (1): 223-228.
⑧ CHAABENE H, NEGRA Y, CAPRANICA L, et al. Validity And Reliability of A New Test of Planned Agility In Elite Taekwondo Athletes [J]. Journal of Strength Conditioning Research, 2017, 32 (9): 1-6.

整，运动员完成一次攻击，需要通过步法寻找适宜的攻击距离，确定攻击技术，明确踢击部位，最后实施攻击同时要做好防守，防止对手攻击有效得分部位。各个环节的有效结合需要运动员具备较好的协调能力以及灵敏能力。

第三个主因子包括 Y 平衡和平衡球单脚站立 2 项指标，方差贡献率为13.097，代表性指标为 Y 平衡。该两项指标共同反映了跆拳道运动员的平衡素质能力，因此将其命名为平衡因子。腿法攻击是跆拳道项目的最突出特点，在运用腿法技术踢击时运动员处于单腿支撑姿态，因此单侧站立的稳定性至关重要，是决定比赛成功的决定性因素[①]。运动员具备良好的平衡素质，在具有挑战性对抗条件下可以保持稳定，能够灵活自如地运用转身技术获取更高分值[②]，同时还可以减少运动员在训练或比赛中因摔倒而受伤的风险。

第四个主因子包括 1 分钟侧踢+下劈和 3000 米跑 2 项指标，方差贡献率为12.846%，代表性指标为 1 分钟侧踢+下劈。两项指标共同反映了跆拳道运动员的专项肌肉耐力以及有氧耐力能力，因此命名为肌肉耐力因子。3000 米跑反映了运动员的有氧能力以及心肺能力。跆拳道是一项间歇性格斗对抗运动，比赛中包含高强度的对抗状态以及低强度的非对抗状态，二者成 1：2 至 1：7 比例之间交替进行，在国际跆拳道比赛中平均心率达 182 次/分，相当于93%运动员的最大心率，从心率数据上表明，跆拳道比赛对运动员的有氧能力具有很高的要求[③]。跆拳道比赛 2 分钟 1 局，共 3 局，局间休息 1 分钟，第一局中无氧供能的贡献较大，而在第二局和第三局中对有氧供能需求较大，对抗中运动员进行激烈的高强度交手回合时需要无氧供能，而在步法调整或

① FONG S, FU S N, NG G. Taekwondo Training Speeds up the Development of Balance and Sensory Functions in Young Adolescents [J]. Journal of Science Medicine in Sport, 2012, 15 (1): 64-68.

② BEŠLIJA T, MARINKOVIĆ D, ĆULAR D. Postural Stability Assessment in Elite Taekwondo Athletes: Comparative Study Between Different Age Group [J]. Acta Kinesiologica, 2017, 11 (2): 98-104.

③ BRIDGE C A, JONES M A, DRUST B, et al. Physiological Responses and Perceived Exertion During International Taekwondo Competition [J]. International Journal of Sports Physiology, 2009, 4 (4): 485-489.

裁判判罚暂停状态下，需要有氧系统供能尽快恢复①。有研究表明，良好的心肺功能可以缩短运动员在连续比赛中的恢复时间，有助于取得比赛的成功，同时强调良好的心肺功能本身不会影响运动表现，是通过促进比赛期间的恢复而间接发挥作用②。另外，跆拳道比赛中运动员有效完成技术和战术的行动，需要具备肌肉爆发力、力量和肌肉耐力等素质③。跆拳道比赛中以腿法为主，在一个交手回合中，运动员普遍情况下应用3-8个连续组合攻击技术，最多可达15次之多，多次连续踢击动作对下肢以及核心部位的肌肉耐力具有较强的需求，尤其在比赛第三轮，落后者想要扭转比赛局势，而领先者想通过分差胜尽快结束比赛，使得技术应用多于前两轮，一个交手回合中运用的技术数量也相应增加，需要运动员具备良好的肌肉耐力素质。有研究表明，身体的核心力量为下肢肌肉产生或抵抗力量提供基础④。跆拳道比赛中主要的得分技术有横踢、侧踢、下劈、后踢、后旋和双飞踢等技术，这些技术主要是下肢在有支撑或无支撑状态下完成的、近端固定或无固定爆发式肌肉收缩而形成鞭打式踢击动作，因此跆拳道运动员核心肌群的稳定性力量是保证下肢用力与能量传递的重要前提，也是保证腿法技术成功发挥的重要保障⑤。

3. 我国优秀女子跆拳道运动员心理指标的优化

心理能力的评价指标主要有特质自信心、意志品质和赛前情绪三个维度，其中特质自信心包括运动状态自信和运动任务自信两个维度，意志品质包含自觉性、独立性、坚韧性和果断性四个维度，赛前情绪包括自信、躯体焦虑、个体失败焦虑和社会失败焦虑四个维度。对优秀运动员心理能力测试的10项指标进行因子分析，结果如表3-15：

① CAMPOS F A N, BERTUZZI R, DOURADO A C, et al. Energy Demands in Taekwondo Athletes During Combat Simulation [J]. European Journal of Applied Physiology, 2012, 112 (8): 1221-1228.

② CHAABèNE H, HACHANA Y, FRANCHINI E, et al. Physical and Physiological Profile of Elite Karate Athletes [J]. Sports Medicine, 2012, 42 (10): 829-843.

③ MIRALI M, MEVALOO S F, BRIDGE C, et al. Anthropometric Profile and Physical Performance of Elite Teakwondo Players [J]. Campinas, 2012, 10 (3): 61-76.

④ WILLARDSON J M. Core Stability Training : Applications to Sports Conditioning Programs [J]. The Journal of Strength Conditioning Research, 2007, 21 (3): 979-985.

⑤ 杜健康. 跆拳道运动员核心力量训练的技术视域兼谈与专项训练的融合 [J]. 运动, 2013 (11): 44-46.

表 3-15　优秀女子跆拳道运动员心理指标 KMO 和巴特利特检验结果（第一次）

KMO 取样适切性量数。		0.737
巴特利特球形度检验	近似卡方	276.358
	自由度	45
	显著性	<0.001

对跆拳道优秀女子跆拳道运动员的 10 项心理能力指标通过"最大方差旋转法"进行因子分析，首先验证数据是否适合采用因子分析，对心理能力的数据进行了样本适当性度量的 KMO 值和巴特莱特球度检验，结果显示，KMO 值为 0.737，巴特利特球形检验的卡方值为 276.358（自由度为 45），达到了高度显著性水平（P<0.001），说明心理能力指标数据适合做因子分析。

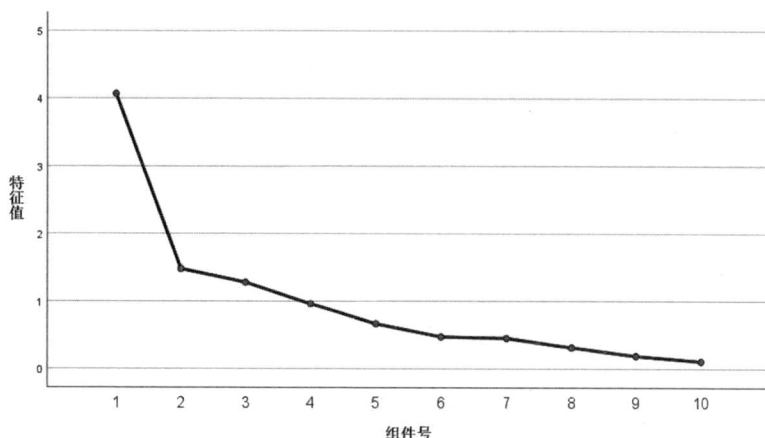

图 3-5　优秀女子跆拳道运动员心理能力指标特征值碎石图

表 3-16　优秀女子跆拳道运动员心理能力指标方差贡献表

因子	初始特征值			提取载荷平方和			旋转载荷平方和		
	总计	方差百分比	累积 %	总计	方差百分比	累积 %	总计	方差百分比	累积 %
1	4.066	40.665	40.665	4.066	40.665	40.665	2.766	27.66	27.66
2	1.48	14.805	55.469	1.48	14.805	55.469	2.097	20.966	48.627

因子	初始特征值			提取载荷平方和			旋转载荷平方和		
	总计	方差百分比	累积 %	总计	方差百分比	累积 %	总计	方差百分比	累积 %
3	1.281	12.809	68.278	1.281	12.809	68.278	1.965	19.651	68.278

注：提取方法：主成分分析法。

表 3-17 心理能力正交旋转后的因子载荷矩阵表

	成分		
	1	2	3
自信	0.537		
躯体焦虑	0.766		
个体失败焦虑	0.868		
社会期待焦虑	0.858		
自觉性	0.476	0.413	
独立性		0.784	
果断性		0.824	
坚韧性		0.783	
任务自信			0.934
应对自信			0.910

注：提取方法：主成分分析法。旋转方法：Kaiser 标准化最大方差法

根据特征值大于 1 的标准，提取了 3 个公因子，累计贡献率为 68.278%，三个因子的累计贡献率未达到 70%，同时"自觉性"指标在因子 1 和因子 2 上载荷接近，因此将该指标予以剔除，对心理能力 9 项测试指标再次进行因子分析。

表 3-18 优秀女子跆拳道运动员心理指标 KMO 和巴特利特检验结果（第二次）

KMO 取样适切性量数		0.725
巴特利特球形度检验	近似卡方	263.525
	自由度	36
	显著性	<0.001

　　心理能力的第二次因子分析，首先对心理能力的数据进行了样本适当性度量的 KMO 值和巴特莱特球度检验，结果显示，KMO 值为 0.725，大于阈值 0.5，巴特利特球形检验的卡方值为 263.525（自由度为 36），达到了高度显著性水平（P<0.001），变量之间存在相关性，说明心理能力指标数据适合做因子分析。

表 3-19　优秀女子跆拳道运动员心理能力指标方差贡献表

因子	初始特征值			提取载荷平方和			旋转载荷平方和		
	总计	方差百分比	累积 %	总计	方差百分比	累积 %	总计	方差百分比	累积 %
1	3.881	43.119	43.119	3.881	43.119	43.119	2.567	28.525	28.525
2	1.465	16.282	59.401	1.465	16.282	59.401	2.086	23.182	51.707
3	1.279	14.207	73.608	1.279	14.207	73.608	1.971	21.901	73.608

注：提取方法：主成分分析法。

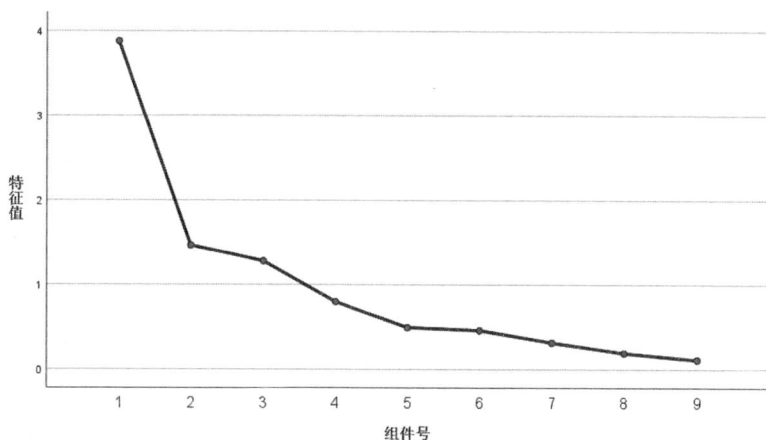

图 3-6　优秀女子跆拳道运动员心理能力指标特征值碎石图

　　根据特征值大于 1 的标准，提取了 3 个公因子，累计贡献率为 73.608%，虽然三个公因子的累计贡献率未达到 80% 以上，但是特征值均大于 1，因此提取前 3 个因子代表优秀女子跆拳道运动员心理能力指标的全部信息。

表3-20　心理能力正交旋转后的因子载荷矩阵表

	因子		
	1	2	3
个体失败焦虑	0.867		
社会期待焦虑	0.863		
躯体焦虑	0.791		
状态自信心	−0.506		
果断性		0.811	
坚韧性		0.799	
独立性		0.780	
运动任务自信			0.942
运动应对自信			0.923

注：提取方法：主成分分析法。旋转方法：Kaiser标准化最大方差法

表3-21　优秀女子跆拳道运动员心理能力典型指标数据

因子	高载荷指标	因子命名	影响程度
1	个体失败焦虑	情绪因子	28.525
	社会期待焦虑		
	躯体焦虑		
	状态自信		
2	果断性	果断性意志品质因子	23.182
	坚韧性		
	独立性		
3	运动任务自信	特质自信因子	21.901
	运动应对自信		

　　将运动员心理能力各指标测试数据进行因子分析，共提取3个主因子。其中第一个主因子包括个体失败焦虑、社会期待焦虑、躯体焦虑和状态自信4项指标，方差贡献率为28.525%，代表性指标为个体失败焦虑。4项指标集中反映了我国优秀女子跆拳道运动员的赛前情绪状况，因此将第一个主因子命名为情绪因子。竞技跆拳道比赛中运动员处于高强度高压力的对抗情境中，运动员在赛前或赛中会表现出各种心理状态，个体失败焦虑是

运动员对自己能力的消极评价或对比赛结果消极期望引起的焦虑①。我国优秀女子跆拳道运动员在长期的训练和比赛中形成了良好的情绪状态，个体失败焦虑水平较低。

第二个主因子包括果断性、坚韧性和独立性 3 项指标，方差贡献率为 23.182%，代表性指标是果断性。3 项指标集中反映了我国优秀女子跆拳道运动员的意志品质，因此将其命名为果断性意志品质因子。竞技运动中运动员往往需要面对裁判、对手、自身、观众等带来的巨大压力，许多情境中具有诸多不确定性，常常处于两难境地，却又必须迅速决策，甚至在短时间内做出行动，因此要求运动员具备果断的意志品质②。跆拳道比赛中运动员双方直接接触对抗，速度快、力量大，技战术应用瞬息多变、转换应用频繁，需要运动员瞬间做出行动决策，甚至有时还需要运动员具备预先反应能力③。我国优秀女子运动员的果断性意志品质水平较高。

第三个主因子包括运动任务自信和运动应对自信 2 项指标，方差贡献率为 21.901%，代表性指标为运动任务自信。2 项指标集中反映了我国优秀女子跆拳道运动员的特质自信能力，因此将其命名为特质自信因子。自信心对未来行动具有积极的影响并与运动成就的内部控制密切相关，具备高水平自信心的运动员能够在比赛中削弱消极情绪，减缓比赛压力。跆拳道比赛中，运动员身心都处于极度紧张状态，对抗的激烈性，技战术应用变化多，比赛结果的不确定性，使得运动员心理发生相应的变化。运动员具备较好的自信水平，比赛中将敢于应用转身以及更高分值的高难度技术，能够轻松应对比赛中出现的各种状况。面对对手得分和领先的局势能够及时调整心理状态，对自己的技战术决策有信心，确信自己能够完成比赛任务。

四、竞技能力指标评价体系构建结果

女子跆拳道运动员竞技能力评价指标通过文献资料、问卷调查、专家筛

① 姚家新. 运动心理学 [M]. 北京：高等教育出版社，2020.

② 梁承谋，付全，程勇民，等. BTL-YZ-1.1 高级运动员意志量表的研制及运用 [J]. 武汉体育学院学报，2005，39（12）：44-47.

③ PAMUNGKAS O I, NURFADHILAH R. Level of Psychology of Taekwondo Athletes [C] // Proceedings of the Proceedings of the 4th International Conference on Sport Science, Health, and Physical Education (ICSSHPE 2019), 2020：91-99.

选以及统计学优化等方法，最终确定了我国优秀女子跆拳道运动员竞技能力评价指标体系，该体系包括一级指标 6 项，二级指标 13 项，三级指标 24 项。其中技术和战术三级指标中部分通过视频分析统计运用数量，但实战中技术和战术应用的数量仅可以从整体上评价运动员的技战术应用特征，而无法从个体上更清晰直观的体现运动员技战术能力，因此本书将技术应用能力和战术应用能力作为最终的评价指标体系（见表 3-22）：

表 3-22　我国优秀女子跆拳道运动员竞技能力评价指标体系

一级指标	二级指标	三级指标
身体形态	长度	下肢长/身高×100
	充实度	克托莱指数
	围度	踝围/跟腱长×100
身体机能	有氧能力	心功指数
		肺活量/体重
身体素质	速度	10 秒前横踢
	协调、灵敏	20 秒前横踢+后横踢
	平衡	Y 平衡
	耐力	1 分钟侧踢+下劈
技术能力	技术应用	进攻距离
		进攻时机
		进攻效果
		防守距离
		防守时机
		防守效果
战术能力	战术应用	创造时机
		进攻意识
		把握时机
		战术转换
		反击意识
		防守意识

一级指标	二级指标	三级指标
心理能力	情绪	个体失败焦虑
	意志	果断性
	特质自信	运动任务自信

表3-22中显示我国优秀女子跆拳道运动员竞技能力评价指标体系包括身体形态、身体机能、身体素质、技术应用能力、战术应用能力以及心理能力共6项一级指标。身体形态指标包括长度、充实度和围度3项二级指标，分别对应下肢长/身高×100、克托莱指数、踝围/跟腱长×100共3项三级指标；身体机能指标对应有氧能力包括心功指数和肺活量/体重；身体素质指标包括速度、协调灵敏、平衡和耐力4项二级指标，分别对应10秒前横踢、20秒前横踢+后横踢、Y平衡和1分钟侧踢+下劈4项三级指标；技术能力指标主要是技术应用能力，包括进攻距离、进攻时机、进攻效果、防守距离、防守时机、防守效果6项三级指标；战术能力主要是战术应用能力，包括创造时机、进攻意识、把握时机、战术转换、反击意识、防守意识6项三级指标；心理能力包括情绪、意志、特质自信3项二级指标，分别对应个体失败焦虑、果断性与运动任务自信3项三级指标。

第三节 我国优秀女子跆拳道运动员竞技能力结构模型的构建

在对我国优秀女子跆拳道运动员竞技能力要素的各项指标进行全面分析的基础上，建立我国优秀女子跆拳道运动员竞技能力结构模型，是建立竞技能力评价标准过程的重要环节。运动员竞技能力结构普遍存在个体差异，而优秀运动员的竞技能力存在一定的共性特征，因此根据优秀运动员竞技能力的共性特征建立的竞技能力结构模型，能够全面、客观体现跆拳道运动员的竞技能力特征，为我国跆拳道女子运动员的选材以及训练提供参考依据。

表 3-23　我国优秀女子跆拳道运动员竞技能力结构模型

结构	评价指标	指标值 (-49kg)	指标值 (-57kg)	指标值 (-67kg)	指标值 (+67kg)
身体形态	下肢长/身高×100	54.44±1.65	54.22±1.29	54.12±1.31	54.37±1.25
	克托莱指数	296.43±11.17	323.58±9.82	358.22±8.01	406.58±44.26
	踝围/跟腱长×100	98.71±7.59	101.22±10.19	101.05±9.84	106.70±9.22
身体机能	心功指数	7.86±1.22	7.68±1.32	8.21±1.45	7.78±1.87
	肺活量/体重	81.53±8.85	74.14±4.12	68.84±4.02	63.17±8.41
身体素质	10 秒前横踢	20.58±1.07	20.56±1.34	19.75±1.29	19.5±1.51
	20 秒前横踢 +后横踢	27.68±2.69	27.78±3.30	28.17±3.88	27.50±4.01
	Y 平衡	108.56±7.86	110.72±6.84	112.75±8.16	105.91±8.88
	1分钟侧踢+下劈	96.89±4.15	94.11±6.47	91.25±8.17	88.67±11.12
技术能力	进攻距离	7.79±0.30	7.85±0.26	7.58±0.46	7.63±0.43
	进攻时机	8.28±0.18	8.05±0.38	7.75±0.61	7.94±0.60
	进攻效果	8.05±0.35	7.63±0.16	7.42±0.38	7.61±0.65
	防守距离	7.28±0.64	6.80±0.48	7.91±0.32	8.13±0.25
	防守时机	7.32±0.64	7.13±0.69	7.98±0.33	8.17±0.36
	防守效果	6.99±0.62	7.21±0.55	8.06±0.39	8.15±0.34
战术能力	创造时机	7.91±0.28	7.98±0.25	7.81±0.20	7.73±0.27
	进攻意识	8.05±0.20	7.79±0.24	7.67±0.22	7.42±0.24
	把握时机	7.77±0.32	7.65±0.30	7.70±0.27	7.66±0.31
	战术转换	7.77±0.40	7.80±0.35	7.71±0.29	7.18±0.24
	战术执行	7.66±0.20	7.68±0.29	7.76±0.22	7.58±0.31
	防守意识	7.59±0.34	7.64±0.23	7.95±0.20	8.08±0.42
心理能力	个体失败焦虑	9.32±2.75	8.22±2.07	8.58±2.35	10.58±3.00
	果断性	33.74±4.92	34.78±2.84	32.75±4.25	32.08±3.70
	运动任务自信	25.53±3.63	27.17±4.58	25.5±5.14	23.42±3.92

　　跆拳道运动员的竞技能力结构模型在前人研究基础上，结合当前跆拳道项目发展的现状以及专项特征，以优秀女子跆拳道运动员竞技能力实测数据为指标值而建立，能够较为全面地反映我国跆拳道优秀女子跆拳道运动员的

竞技能力特征，对训练、选材以及运动员诊断具有一定参考价值。

第四节　我国优秀女子跆拳道运动员竞技能力评价指标权重的确定

一、一级指标权重的确定

在指标评价体系中，指标权重是指以客观数值的形式来衡量被评价对象总体中各个指标的重要程度。在竞技能力多项指标综合评价过程中，指标权重合理与否在很大程度上直接影响评价标准的准确性及科学性。层次分析法是利用线性代数中矩阵特征值思想，分解需要解决的问题，是定量与定性相结合的分析决策方法①，被认为是目前最有效的层次权重决策分析方法②。本书运用层次分析法来确定我国优秀女子跆拳道运动员竞技能力评价体系中一级指标的权重值，请13位专家对各指标的重要程度进行1~9标度评分③，计算指标权重，两两比较矩阵一致性。由于数据量较大，且多为重复性操作，因此，以专家Z对指标重要性判断结果为例，进行具体计算方法说明。具体步骤如下：

1. 第一步，建立层次结构模型

根据优化后的跆拳道运动员竞技能力评价指标体系建立递进层次结构：跆拳道女子运动员竞技能力，一级指标（身体形态、身体机能、身体素质、技术能力、战术能力、心理能力），三级指标（测试指标，即专家筛选与统计学优化后的典型评价指标）由于测试指标较多，专家进行两两比较易造成逻辑混乱，同时工作量极大易出现结果偏差，因此仅对一级指标进行权重确定。专家判断的评价尺度（见表3-24）：

---

① 宁自军. 多种综合评价方法的综合应用［J］. 数理统计与管理，2000，19（3）：13-16.
② 王智慧，池建. 体育强国的指标评价体系研究［J］. 北京体育大学学报，2014，37（11）：15-22.
③ 陆乐，李刚，黄海燕. 全球城市体育产业发展评价指标体系的构建与实证［J］. 上海体育学院学报，2019，43（3）：39-45.

表3-24 评价指标相对重要性标度及含义表

标度	含义
1	因素 X_i 和因素 X_j 同等重要
3	因素 X_i 比因素 X_j 稍微重要
5	因素 X_i 比因素 X_j 明显重要
7	因素 X_i 比因素 X_j 严重重要
9	因素 X_i 比因素 X_j 极端重要
2，4，6，8	用于上述两判断之间的中间值
倒数	对上述各因素反比较时的标度值，若因素 i 和因素 j 相比较，得到判断值为 a_{ji}，则因素 j 和因素 i 相比较，其判断值为 $a_{ji} = 1/a_{ij}$

2. 第二步，运用层次分析法，构建一级指标的判断矩阵

根据评价尺度表建立判断矩阵 A，指标两两比较之后得到正互反矩阵（见表3-25）：

表3-25 专家 Z 对竞技能力评价体系一级指标的比较

	身体形态	身体机能	身体素质	技术能力	战术能力	心理能力
身体形态	1	1/3	1/5	1/4	1/2	1/6
身体机能	3	1	1/3	1/2	2	1/4
身体素质	5	3	1	2	4	1/2
技术能力	4	2	1/2	1	3	1/3
战术能力	2	1/2	1/4	1/3	1	1/5
心理能力	6	4	2	3	5	1

3. 第三步，计算一级指标权重

通过几何平均法计算权重，将矩阵 A 中的元素按列归一化，将两两判断矩阵设为 A =（aij）n×n，计算公式为：

$$\overline{a_{ij}} = a_{ij} / \sum_{i=1}^{n} a_{ij}; \ i, j = 1, 2 \cdots n \qquad (式3-5)$$

$$判断矩阵 A = \begin{bmatrix} 1 & 1/3 & 1/5 & 1/4 & 1/2 & 1/6 \\ 3 & 1 & 1/3 & 1/2 & 2 & 1/4 \\ 5 & 3 & 1 & 2 & 4 & 1/2 \\ 4 & 2 & 1/2 & 1 & 3 & 1/3 \\ 2 & 1/2 & 1/4 & 1/3 & 1 & 1/5 \\ 6 & 4 & 2 & 3 & 5 & 1 \end{bmatrix}$$

$$按列归一化后 \begin{bmatrix} 1/21 & 2/65 & 2/43 & 3/85 & 1/31 & 3/44 \\ 1/7 & 6/65 & 7/90 & 6/85 & 4/31 & 5/49 \\ 5/21 & 18/65 & 7/30 & 24/85 & 8/31 & 10/49 \\ 4/21 & 12/65 & 7/60 & 12/85 & 6/31 & 11/81 \\ 2/21 & 3/65 & 5/86 & 4/85 & 2/31 & 4/49 \\ 2/7 & 24/65 & 7/15 & 36/85 & 10/31 & 20/49 \end{bmatrix}$$

将归一化后的矩阵中同一行的数值相加，然后将相加后的值除以 n，得到权重向量。公式为：

$$\widetilde{W_i} = \sum_{j=1}^{n} \overline{a_{ij}}, , \quad i = 1, 2\cdots, n \qquad (式 3 - 6)$$

$$W_i = \frac{\widetilde{W_i}}{n}, \quad i = 1, 2\cdots, n \qquad (式 3 - 7)$$

根据以上两个公式（3-6）和（3-7），计算得出专家 Z 对一级指标层各要素的权重向量，即各指标权重值，分别为：（0.043）、（0.102）、（0.248）、（0.160）、（0.065）、（0.379）。

4. 第四步，进行矩阵一致性检验

（1）计算赋权和向量

$$A \cdot W = \begin{bmatrix} 1 & 1/3 & 1/5 & 1/4 & 1/2 & 1/6 \\ 3 & 1 & 1/3 & 1/2 & 2 & 1/4 \\ 5 & 3 & 1 & 2 & 4 & 1/2 \\ 4 & 2 & 1/2 & 1 & 3 & 1/3 \\ 2 & 1/2 & 1/4 & 1/3 & 1 & 1/5 \\ 6 & 4 & 2 & 3 & 5 & 1 \end{bmatrix} \times \begin{bmatrix} 0.043 \\ 0.102 \\ 0.248 \\ 0.160 \\ 0.065 \\ 0.379 \end{bmatrix} = \begin{bmatrix} 0.263 \\ 0.622 \\ 1.546 \\ 0.986 \\ 0.395 \\ 2.356 \end{bmatrix}$$

（2）计算正互反矩阵 A 的最大特征根值 λ_{max}。公式为：

$$\lambda_{max} = \frac{1}{n} \sum_{i=1}^{n} \frac{(AW)_i}{W_i} \qquad （式 3 - 8）$$

其中，$(Aw)_i$ 表示 Aw 的第 i 个分量。即：

$$\lambda_{max} = \frac{\dfrac{0.263}{0.043} + \dfrac{0.622}{0.102} + \dfrac{1.546}{0.248} + \dfrac{0.986}{0.160} + \dfrac{0.395}{0.065} + \dfrac{0.397}{2.356}}{6} = 6.123$$

（3）计算判断矩阵 A 一致性指标 CI，其中 n 为阶层个数，公式为：

$$CI = \frac{(\lambda_{max} - n)}{n - 1} \qquad （式 3 - 9）$$

即：

$$CI = \frac{6.123 - 6}{6 - 1} = 0.024$$

（4）计算一致性比率 CR。公式为：

$$CR = \frac{CI}{RI} \qquad （式 3 - 10）$$

RI 为随机一致性指标，具体值见表 3-26。当 CR 值小于 0.1 时，表示结果具有满意的一致性，本书中，矩阵的阶数为 6，RI 值为 1.25。计算得出 CR 值为 0.02<0.1，表明专家 Z 对一级指标层两两比较的判别结果具有较好的一致性。

$$CR = \frac{0.024}{1.25} = 0.02$$

表 3-26　矩阵平均随机一致性指标

矩阵阶数（n）	2	3	4	5	6	7	8	9	10
RI	0	0.515	0.893	1.119	1.25	1.345	1.42	1.462	1.487

通过以上计算步骤，分别计算 12 位专家对一级指标层的判断权重值，以及对每位专家的判断结果进行一致性检验，通过一致性检验结果的专家人数为 10 人（见表 3-27）。进一步通过平均值计算出各指标的几何平均权重值，最终得出一级指标层各指标的权重值（见图 3-7）。

表 3-27　10 位专家对各指标判断权重值

	S1	S2	S3	S4	S5	S6	S7	S8	S9	S10
身体形态	0.051	0.041	0.102	0.160	0.043	0.160	0.043	0.043	0.043	0.043
身体机能	0.107	0.164	0.249	0.043	0.102	0.043	0.065	0.065	0.249	0.379
身体素质	0.247	0.252	0.379	0.249	0.249	0.102	0.102	0.102	0.160	0.160
技术能力	0.157	0.135	0.065	0.379	0.160	0.065	0.160	0.160	0.102	0.102
战术能力	0.072	0.104	0.043	0.065	0.065	0.249	0.379	0.249	0.065	0.065
心理能力	0.366	0.304	0.160	0.102	0.379	0.379	0.249	0.379	0.379	0.249

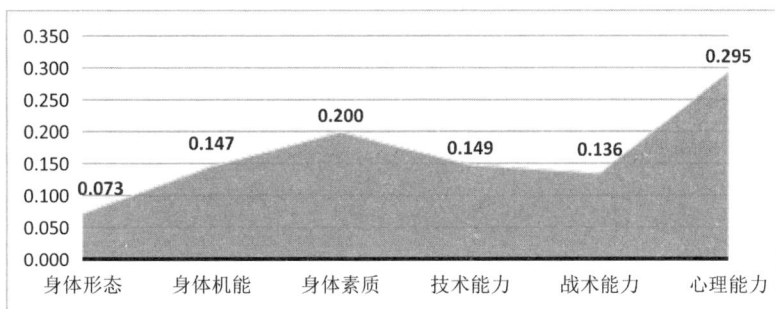

图 3.7　跆拳道竞技能力评价准则层权重值

二、三级指标权重确定

本书中三级指标权重系数的确定通过因子分析法，根据上文中因子分析得出的各主因子的贡献率以及累计贡献率，计算得出结果。计算公式为：各项指标的方差贡献率/累计贡献率，即单项指标权重系数。

表 3-28　我国女子跆拳道运动员竞技能力三级指标权重结果

结构	权重	评价指标	权重	总权重
身体形态	0.073	下肢长/身高×100	0.477	0.035
		克托莱指数	0.313	0.023
		踝围/跟腱长×100	0.209	0.015

续表

结构	权重	评价指标	权重	总权重
身体机能	0.147	心功指数	0.500	0.074
		肺活量/体重	0.500	0.074
身体素质	0.200	10秒前横踢	0.355	0.071
		20秒前横踢+后横踢	0.226	0.045
		Y平衡	0.212	0.042
		1分钟侧踢+下劈	0.207	0.041
技术能力	0.149	进攻距离	0.167	0.025
		进攻时机	0.167	0.025
		进攻效果	0.167	0.025
		防守距离	0.167	0.025
技术能力	0.149	防守时机	0.167	0.025
		防守效果	0.167	0.025
战术能力	0.136	创造时机	0.167	0.023
		进攻意识	0.167	0.023
		把握时机	0.167	0.023
		战术转换	0.167	0.023
		战术执行	0.167	0.023
		防守意识	0.167	0.023
心理能力	0.295	个体失败焦虑	0.388	0.114
		果断性	0.315	0.093
		运动任务自信	0.298	0.088

第五节　我国优秀女子跆拳道运动员
竞技能力评价标准的建立与评价结果

评价是参照一定的公平法则和规范标准对研究对象的观测结果（测试数据或其他信息）进行整理、分析、判断，并赋予一定价值和意义的全过程。

评价是指对价值的判断，是通过对照某些标准来测量结果，并赋予这种结果以一定意义和价值的过程。简言之，评价是使用各种测量结果进行价值判断的过程[1][2]。

评价标准是衡量一个事物发展程度高低的判断依据，是人为选择和制定的，指人们在评价活动中应用于研究对象的价值尺度和界限。通过与评价标准比较，可以客观地反映某事物的发展水平。评价标准是评价活动方案的核心部分，是对人们认识的一种价值反映[3]。评价标准能否对测试结果进行科学有效的判定，与选择的标准有密切关系，因此，在制定评价标准时需要依据客观实际情况。目前评分评价标准和等级评价标准是我国体育测量与评价在制定评价指标中的两种主要方法，其中评分评价是将事物的发展程度以具体的得分反映出来；等级评价是根据事物的不同发展水平，将其划分为若干个阶段和层次。评分评价和等级评价均包括单项指标评价和综合指标评价。

为了从不同角度体现我国优秀女子跆拳道运动员的竞技能力发展水平，本书分别建立了评分评价标准和等级评价标准。两种评价标准均采用百分位数法来确定范围，百分位数法是将所有指标值按照从小到大的次序进行排列，将所有指标值的个数分成 100 等分，每一个分点的值就是一个百分位数[4]。具体计算公式如下：

$$P_X = L_x + \frac{i}{f_x}\left(\frac{x \cdot n}{100} - C_x\right) \qquad （式 3 - 11）$$

式中，P_X 代表第 X 百分位数，L_x 代表第 X 百分位数所在组的下限值，i 代表组距，f_x 代表第 X 百分位数所在组的频数，X 代表所有百分位数的秩次，（X=1，2，3……100），n 表示样本量，CX 表示小于 LX 各组的累计频数。

---

① 邢文华，李晋裕，马志德，等. 体育测量与评价［M］. 北京：北京体育学院出版社，1985.

② 刘星亮罗，张金春，等. 体育测量与评价［M］. 北京：北京体育大学出版社，2006.

③ 体育院校成人教育协作组《体育测量与评价》教材编写组. 体育测量与评价［M］. 北京：人民体育出版社，1992.

④ 刘星亮罗，张金春，等. 体育测量与评价［M］. 北京：北京体育大学出版社，2006.

一、评分评价标准的制定与评价结果

1. 单项指标评分评价标准的制定及评价结果

（1）单项指标评分评价标准的制定

根据体育测量学与评价理论，本书采用百分位数法来制定我国优秀女子跆拳道运动员竞技能力各指标的评分评价标准，具体方法如下：

第一步，按照评价体系模型，将各指标的数据汇总在 excel 表格中，并找出各指标的最大值（Max）和最小值（Min）。

第二步，通过 Percentile 函数找出该组数列中的 10%、20%、30%……90%的数值。

第三步，区分高优指标和低优指标，并进行分别设置。高优指标设置：最小值设置为 0 分，最大值设置为 10 分，分别将 10%至 90%的数值依次设定为 2—9 分。低优指标设置：最大值设定为 0 分，最小值设定为 10 分，将90%至 10%的数值依次设定为 2—9 分。不同级别女子运动员的单项指标评分评价标准见（表 3-29—3-32）：

表 3-29　我国优秀女子跆拳道-49kg 级运动员竞技能力单项指标评分表（不加权）

分值 指标	0	1	2	3	4	5	6	7	8	9	10
Z1	51.45	52.514	52.85	53.578	54.32	54.55	54.84	55.29	55.674	56.818	57.23
Z2	270.11	284.09	288.306	289.984	294.332	297.14	300.114	300.928	306.946	310.304	313.61
Z3	86.36	86.96	92.32	93.8	95.048	95.24	100	103	104.4	105	106
Z4	6	6.88	7.52	7.6	7.82	7.9	8.2	8.4	8.8	8.92	9.4
Z5	63.3	74.694	78.47	79.804	81.432	83.62	83.66	85.596	87.818	90.678	92.02
Z6	19	19	20	20	20	21	21	21	21	22	23
Z7	24	24.8	25	26.4	27	28	28.8	30.6	32.4	34.2	36
Z8	89.53	98.218	100.344	105.528	110.862	112.06	112.516	113.936	115.06	115.546	115.97
Z9	88	92.8	93	94.2	96	97	98	99.6	100.4	102.2	103
Z10	7.24	7.398	7.488	7.658	7.722	7.83	7.918	8.036	8.086	8.138	8.17
Z11	7.87	8.116	8.188	8.23	8.246	8.27	8.278	8.318	8.37	8.502	8.63

分值 指标	0	1	2	3	4	5	6	7	8	9	10
Z12	7.63	7.694	7.754	7.812	876	7.93	7.962	8.226	8.47	8.582	8.63
Z13	6.37	6.394	6.472	6.788	7.37	7.4	7.53	7.718	7.812	7.958	8.23
Z14	6.53	6.57	6.69	6.91	7.006	7.1	7.536	7.788	7.858	8.086	8.5
Z15	6.3	6.37	6.418	6.5	6.576	6.8	7.01	7.338	7.65	7.878	8.07
Z16	7.37	7.542	7.6	7.858	7.906	7.97	7.994	8.088	8.1	8.226	8.34
Z17	7.67	7.724	7.846	7.912	7.976	8.05	8.07	8.148	8.224	8.282	8.37
Z18	7.33	7.394	7.478	7.546	7.614	7.77	7.794	8.042	8.1	8.206	8.27
Z19	6.83	7.394	7.43	7.58	7.706	7.8	7.856	7.954	8.04	8.33	8.5
Z20	7.33	7.424	7.47	7.582	7.606	7.63	7.724	7.788	7.87	7.92	8.07
Z21	6.9	7.25	7.27	7.446	7.5	7.53	7.662	7.808	7.958	8.038	8.07
Z22	4	5.8	6	7	8	9	9.8	10.6	12	13	14
Z23	25	26	29	31.4	32.2	33	34.8	36.6	39	40	41
Z24	18	20.8	21	22.4	25	26	26.8	27.6	29	31	32

注：Z1~Z24分别代表：下肢长/身高（厘米）、克托莱指数（千克/厘米×1000）、踝围/跟腱长（厘米）、心功指数、肺活量/体重（毫升/千克）、10秒前横踢（次）、20秒前横踢进攻+后横踢反击（次）、Y平衡（分数）、1分钟侧踢+下劈（次）、进攻距离（分数）、进攻时机（分数）、进攻效果（分数）、防守距离（分数）、防守时机（分数）、防守效果（分数）、创造时机（分数）、进攻意识（分数）、把握时机（分数）、战术转换（分数）、反击意识（分数）、防守意识（分数）、个体失败焦虑（分数）、果断性（分数）、运动任务自信（分数）

表3-30 我国优秀女子跆拳道-57kg级运动员竞技能力单项指标评分表（不加权）

分值 指标	0	1	2	3	4	5	6	7	8	9	10
Z1	52.38	52.78	53.256	53.468	53.662	53.8	54.042	54.904	55.524	56	56.63
Z2	306.82	312.78	315.202	318.856	321.56	322.78	324.276	329.062	331.46	335.118	342.86
Z3	86.36	87.338	89.734	91.3	94.452	95.45	97.098	98.285	101.2	104.613	106
Z4	5.1	6.04	6.64	7.06	7.6	7.9	8.2	8.38	8.72	8.98	10
Z5	63.97	68.587	70.752	73.683	74.184	74.905	76.358	76.66	77.324	77.91	79.46
Z6	19	19	19	20	20	21	21	21	21	21	24
Z7	24	24.7	25.4	27	27.8	28.5	29.2	30.9	31.6	33.3	36

指标\分值	0	1	2	3	4	5	6	7	8	9	10
Z8	97.67	101.589	106.016	107.953	108.214	110.06	113.916	114.923	116.378	118.634	121.38
Z9	81	85	88	91	95	96	97.2	98.9	100	101	102
Z10	7.34	7.609	7.686	7.77	7.794	7.83	7.886	7.928	7.93	8.2	8.53
Z11	7.53	7.621	7.728	7.773	7.808	7.935	8.258	8.397	8.43	8.521	8.6
Z12	7.37	7.414	7.512	7.573	7.624	7.685	7.706	7.73	7.754	7.86	8.03
Z13	6.33	6.398	6.43	6.47	6.494	6.585	6.738	7.197	7.242	7.69	8.03
Z14	6.37	6.458	6.512	6.576	6.63	6.81	7.338	7.55	7.894	8.121	8.27
Z15	6.6	6.691	6.712	6.776	6.83	6.915	7.514	7.57	7.69	7.913	8.23
Z16	7.53	7.691	7.782	7.807	7.87	7.915	7.966	8.12	8.254	8.3	8.37
Z17	7.4	7.5	7.582	7.634	7.67	7.735	7.814	7.924	8.03	8.079	8.27
Z18	7.2	7.312	7.382	7.413	7.53	7.585	7.69	7.77	7.92	8.079	8.23
Z19	7.37	7.43	7.51	7.576	7.63	7.715	7.738	7.95	8.19	8.33	8.43
Z20	7.33	7.365	7.4	7.473	7.524	7.585	7.696	7.8	8.006	8.1	8.17
Z21	7.33	7.4	7.43	7.47	7.55	7.6	7.682	7.73	7.806	7.951	8.11
Z22	5	6	6.4	7.1	8	8.5	9.2	10.9	11.6	13.3	15
Z23	30	30.7	32	33	33.8	35	35.2	36	37	37.3	38
Z24	18	21.1	23.8	25.1	26	28.5	29	29.9	30.6	31.9	34

注: Z1~Z24分别代表: 下肢长/身高（厘米）、克托莱指数（千克/厘米×1000）、踝围/跟腱长（厘米）、心功指数、肺活量/体重（毫升/千克）、10秒前横踢（次）、20秒前横踢进攻+后横踢反击（次）、Y平衡（分数）、1分钟侧踢+下劈（次）、进攻距离（分数）、进攻时机（分数）、进攻效果（分数）、防守距离（分数）、防守时机（分数）、防守效果（分数）、创造时机（分数）、进攻意识（分数）、把握时机（分数）、战术转换（分数）、反击意识（分数）、防守意识（分数）、个体失败焦虑（分数）、果断性（分数）、运动任务自信（分数）

表3-31 我国优秀女子跆拳道-67kg级运动员竞技能力单项指标评分表（不加权）

指标\分值	0	1	2	3	4	5	6	7	8	9	10
Z1	52	52.554	53.026	53.42	53.734	54.065	54.36	55.014	55.396	55.484	56.22
Z2	345.95	347.633	350.652	353.95	356.352	357.745	360.764	364.789	366.478	367.174	368.72
Z3	87.5	90.167	91.908	93.637	95.53	95.74	98.332	100	101.816	104.322	118.95

续表

分值 指标	0	1	2	3	4	5	6	7	8	9	10
Z4	5.8	5.92	7.12	7.78	8.2	8.25	8.6	9.22	9.4	9.94	10
Z5	62.5	65.891	66.524	66.953	67.31	68.22	69.358	69.881	70.084	72.189	78.73
Z6	18	18.1	19	19	19.4	20	20	20	20	21.8	22
Z7	25	26	26.2	27.3	28	28.5	29.6	30.7	31.8	32	35
Z8	98.64	102.622	107.422	109.093	110.852	113.64	114.598	115.592	118.474	121.908	127.47
Z9	76	83.3	86.2	87.3	88	89.5	92.8	96.8	98.8	101.7	103
Z10	6.670	6.954	7.202	7.432	7.67	7.7	7.73	7.793	7.988	8.075	8.11
Z11	6.770	7.103	7.144	7.29	7.592	7.75	7.89	8.25	8.394	8.427	8.57
Z12	6.700	6.803	7.166	7.442	7.474	7.505	7.548	7.588	7.648	7.669	8.04
Z13	7.530	7.603	7.63	7.651	7.712	7.83	8.032	8.121	8.162	8.377	8.4
Z14	7.470	7.703	7.738	7.8	7.87	7.885	7.912	8.186	8.324	8.42	8.5
Z15	7.500	7.676	7.738	7.779	7.828	8	8.232	8.321	8.49	8.53	8.6
Z16	7.470	7.503	7.558	7.676	7.722	7.835	7.900	7.949	7.97	8.024	8.13
Z17	7.410	7.473	7.506	7.572	7.71	7.8	7.854	7.961	8.016	8.038	8.07
Z18	7.370	7.434	7.51	7.688	7.73	7.74	7.858	7.93	8.01	8.03	8.07
Z19	7.230	7.383	7.514	7.588	7.658	7.715	7.73	7.758	7.954	8.063	8.27
Z20	7.490	7.534	7.576	7.609	7.646	7.72	7.77	7.791	7.96	8.063	8.2
Z21	7.607	7.686	7.83	7.842	7.882	7.915	7.972	8.021	8.086	8.163	8.37
Z22	5	6	6.2	7	7.4	8	8.6	9.7	10.8	11.9	14
Z23	23	28.1	29.2	30.3	31.4	32.5	33.6	35.4	36.8	37.9	39
Z24	20	22.1	23	23.6	25	25.5	27.2	28	29.6	30	33

注：Z1~Z24 分别代表：下肢长/身高（厘米）、克托莱指数（千克/厘米×1000）、踝围/跟腱长（厘米）、心功指数、肺活量/体重（毫升/千克）、10秒前横踢（次）、20秒前横踢进攻+后横踢反击（次）、Y平衡（分数）、1分钟侧踢+下劈（次）、进攻距离（分数）、进攻时机（分数）、进攻效果（分数）、防守距离（分数）、防守时机（分数）、防守效果（分数）、创造时机（分数）、进攻意识（分数）、把握时机（分数）、战术转换（分数）、反击意识（分数）、防守意识（分数）、个体失败焦虑（分数）、果断性（分数）、运动任务自信（分数）

表 3-32 我国优秀女子跆拳道+67kg 级运动员竞技能力单项指标评分表（不加权）

分值 指标	0	1	2	3	4	5	6	7	8	9	10
Z1	51.69	53.456	53.61	54.037	54.18	54.335	54.532	54.836	54.944	55.607	56.76
Z2	370.97	377.05	377.316	378.602	382.664	394.525	403.674	407.258	420.594	431.56	440.41
Z3	90	95.83	96.264	98.6	100	101.82	104.066	104.637	108.224	115.912	119.05
Z4	6.2	6.46	7.12	7.78	8.2	8.25	8.36	8.68	9.12	9.38	11.8
Z5	56.36	57.712	57.824	58.701	60.566	63.745	66.084	66.311	67.782	70.021	80.03
Z6	18	18	18	18.3	19	19.5	20	20	20	20.9	23
Z7	22	23.1	24.2	25.3	26	26.5	27.6	28.7	29.8	30.9	37
Z8	88.88	92.092	100.644	105.158	107.232	108.805	109.574	110.055	110.652	111.273	120.79
Z9	69	72.1	75.8	87.6	90.2	93	94.6	95.7	96.8	97.9	102
Z10	6.67	7.186	7.338	7.4	7.55	7.67	7.79	7.926	7.99	8.063	8.13
Z11	6.4	7.486	7.644	7.751	7.95	8.08	8.174	8.328	8.394	8.49	8.57
Z12	6.37	6.723	7.234	7.37	7.502	7.715	7.814	8.01	8.118	8.229	8.57
Z13	7.8	7.83	7.85	7.951	8.068	8.2	8.23	8.258	8.294	8.363	8.57
Z14	7.77	7.803	7.83	7.851	7.94	8.065	8.31	8.479	8.556	8.597	8.67
Z15	7.64	7.726	7.882	7.93	7.958	8.015	8.132	8.312	8.424	8.467	8.53
Z16	7.37	7.434	7.472	7.537	7.67	7.7	7.772	7.821	7.974	8.118	8.17
Z17	7	7.173	7.226	7.33	7.358	7.415	7.454	7.47	7.654	7.727	7.8
Z18	7.1	7.25	7.438	7.488	7.61	7.765	7.8	7.849	7.918	7.993	8.07
Z19	6.9	6.91	7.02	7.118	7.188	7.23	7.296	7.403	7.542	7.597	7.76
Z20	6.73	7.407	7.482	7.542	7.582	7.615	7.654	7.712	7.786	7.827	7.94
Z21	7.53	7.613	7.744	7.809	7.87	7.965	8.078	8.389	8.58	8.627	8.67
Z22	6	7	7.2	8	8.4	9.5	10	10.7	11.8	12	13
Z23	26	27.1	28.2	29.3	30.4	32	33.6	34	35.6	36	38
Z24	19	20.1	21.2	22.3	23.4	24	24.6	25	26.6	27	30

注：Z1~Z24 分别代表：下肢长/身高（厘米）、克托莱指数（千克/厘米×1000）、踝围/跟腱长（厘米）、心功指数、肺活量/体重（毫升/千克）、10 秒前横踢（次）、20 秒前横踢进攻+后横踢反击（次）、Y 平衡（分数）、1 分钟侧踢+下劈（次）、进攻距离（分数）、进攻时机（分数）、进攻效果（分数）、防守距离（分数）、防守时机（分数）、防守效果（分数）、创造时机（分数）、进攻意识（分数）、把握时机（分数）、战术转换（分数）、反击意识（分数）、防守意识（分数）、个体失败焦虑（分数）、果断性（分数）、运动任务自信（分数）

（2）单项指标评分评价标准（不加权）的评价结果

以上计算出我国优秀女子跆拳道运动员单项指标评分标准，将运动员竞技能力各指标的测试数据按照不同级别分别代入单项指标评分标准，计算出每位运动员各单项指标的得分。不同级别女子运动员单项指标评分结果见（表3-33—3-36）：

表3-33　我国优秀女子跆拳道-49kg级运动员竞技能力单项指标评分结果（不加权）

	SY	FWJ	LZY	CYN	HXY	FNN	ZYP	LYZ	WXL	WR	ZZH	MJY	WSY	TXQ	ZXT	GQ	ZY	LSY	ZYY
Z1	2	2	3	1	0	3	9	8	6	4	4	6	9	7	5	8	10	10	8
Z2	7	9	8	6	7	4	9	4	0	6	8	1	10	1	3	10	5	2	3
Z3	0	4	8	3	5	6	2	9	5	2	6	10	7	10	2	8	7	10	3
Z4	10	8	9	10	5		0	5	9	3	3	8	3	6	0	6	3		4
Z5	1	0	2	8	4	10	6	7	10	3	4	7	2	7	9	5	3	8	9
Z6	8	10	6	8	4	2	4	4	6	2	6	6	6	2	4	4	6	6	
Z7	0	10	4		4	5	2	7	2	9	2	4	9	0	7	8	10	3	
Z8	0	4	4		5	6	5		9	7	10	3	10	2	6	2		2	8
Z9	0	9	8	4	2	4	2	4	8	9	5	6	10	6	1	2	10	7	2
Z10	8	9	7		4	3	2	9	8	5	2	0	10	3	10	2		6	6
Z11	2	6	9	9	8	6	4	3	10	7	2	7	2	10	4	4	6	8	0
Z12	5	3	0	1	4	10	2	2	9	10	4	7	2	9	5	8	6	8	7
Z13	3	5	8	5	9	5	7	9	6	10	7	2	0	8	0	10	3	4	2
Z14	3	3	1		4		2	6		8	9	10	10	5		1	5		0
Z15	5	6	8	3	4	9	5	1	10	10	1	2		0	9		7	7	3
Z16	9	7	8	5	7	4	6	2	2	1	8	0	10	3	10	4		2	5
Z17	9	3	6	4	7		5	6		10	9	3	1	8	2	6	2		6
Z18	8	6	5	4	3	4	5	5	10	9	7	8	10	8	3	2	1		2
Z19	7	2	5	5	8	7	8	10	9	3	10	10	0	5	1	4	2	4	2
Z20	7	2	4	4	3	8	8	8	10	9	5	4	6	10	2	5	1	2	0
Z21	10	2	8	0	1	10	8	3	6										10
Z22	1	0	7	9	9	8	10	8	9	10	3	7	4	6	3	3	6	1	4

	SY	FWJ	LZY	CYN	HXY	FNN	ZYP	LYZ	WXL	WR	ZZH	MJY	WSY	TXQ	ZXT	GQ	ZY	LSY	ZYY
Z23	1	7	5	3	7	4	6	8	8	9	10	2	1	10	4	2	5	0	8
Z24	1	7	9	8	2	4	8	2	5	10	3	5	4	8	4	9	7	0	2

注：Z1～Z24分别代表：下肢长/身高（厘米）、克托莱指数（千克/厘米×1000）、踝围/跟腱长（厘米）、心功指数、肺活量/体重（毫升/千克）、10秒前横踢（次）、20秒前横踢进攻+后横踢反击（次）、Y平衡（分数）、1分钟侧踢+下劈（次）、进攻距离（分数）、进攻时机（分数）、进攻效果（分数）、防守距离（分数）、防守时机（分数）、防守效果（分数）、创造时机（分数）、进攻意识（分数）、把握时机（分数）、战术转换（分数）、反击意识（分数）、防守意识（分数）、个体失败焦虑（分数）、果断性（分数）、运动任务自信（分数）

表3-34 我国优秀女子跆拳道-57kg级运动员竞技能力单项指标评分结果（不加权）

	YH	CZH	SRN	ZTR	GWJ	WJY	LSY	YYH	LKQ	CWX	WXJ	YJL	ZML	ZSQ	ZZ	WHY	LTT	HLY
Z1	1	9	10	0	2	10	8	2	3	5	3	4	7	9	8	5	6	6
Z2	10	0	4	10	8	7	3	5	3	9	8	6	2	1	6	5	2	8
Z3	8	10	10	9	5	5	2	2	6	6	4	1	8	9	8	3	0	3
Z4	10	9	2	10	3	7	5	1	8	5	7	0	9	3	5	0	2	7
Z5	2	7	0	6	1	5	8	5	8	9	5	0	9	3	4	3	4	10
Z6	4	10	6	8	6	6	2	4	2	6	8	4	2	2	2	6	6	6
Z7	3	8	10	6	3	6	5	9	10	2	9	2	8	7	0	3	5	0
Z8	10	7	6	1	0	8	6	10	5	6	5	3	6	4	9	0	0	8
Z9	7	3	6	5	1	8	0	6	10	2	3	9	5	5	8	2	1	1
Z10	3	1	0	2	5	2	8	3	8	6	10	9	10	3	8	5	7	5
Z11	4	2	3	5	7	8	2	8	7	10	9	10	6	6	0	6	3	1
Z12	5	2	1	2	9	2	10	9	3	2	7	5	7	5	4	6	9	3
Z13	6	3	6	5	1	10	2	9	7	8	9	8	10	5	2	2	3	0
Z14	5	3	4	4	2	9	1	10	6	7	9	8	8	3	0	2	6	6
Z15	6	4	5	4	2	10	0	6	10	7	9	7	9	3	3	7	1	2
Z16	2	6	6	2	4	9	3	10	5	8	7	10	0	3	1	4	8	8
Z17	6	5	2	5	3	8	8	10	10	6	7	9	5	3	2	0	1	1
Z18	8	7	6	5	7	6	10	0	9	9	1	10	4	3	2	3	2

	YH	CZH	SRN	ZTR	GWJ	WJY	LSY	YYH	LKQ	CWX	WXJ	YJL	ZML	ZSQ	ZZ	WHY	LTT	HLY
Z19	3	1	5	7	4	8	8	9	6	6	9	3	10	10	0	4	1	2
Z20	7	2	0	5	0	9	5	9	9	7	3	8	10	2	6	6	2	4
Z21	5	5	6	2	0	10	1	5	8	3	8	10	9	9	3	1	2	8
Z22	10	10	8	0	8	10	10	2	7	7	5	3	1	5	4	3	2
Z23	2	3	2	5	8	8	10	8	5	0	2	10	5	3	7	7	7
Z24	0	6	6	10	10	6	5	3	9	8	4	1	2	3	8	2	9	4

注：Z1~Z24分别代表：下肢长/身高（厘米）、克托莱指数（千克/厘米×1000）、踝围/跟腱长（厘米）、心功指数、肺活量/体重（毫升/千克）、10秒前横踢（次）、20秒前横踢进攻+后横踢反击（次）、Y平衡（分数）、1分钟侧踢+下劈（次）、进攻距离（分数）、进攻时机（分数）、进攻效果（分数）、防守距离（分数）、防守时机（分数）、防守效果（分数）、创造时机（分数）、进攻意识（分数）、把握时机（分数）、战术转换（分数）、反击意识（分数）、防守意识（分数）、个体失败焦虑（分数）、果断性（分数）、运动任务自信（分数）

表3-35 我国优秀女子跆拳道-67kg级运动员竞技能力单项指标评分结果（不加权）

	LXJ	LYJ	WZE	LZJ	QCY	HYQ	QXY	FL	SJ	DHM	ZMY	WQZ
Z1	0	2	1	3	6	7	9	4	10	10	5	8
Z2	8	6	10	2	10	9	3	5	7	0	4	1
Z3	4	0	6	8	7	2	10	9	5	4	10	1
Z4	10	0	10	9	5	3	3	4	7	7	0	8
Z5	2	4	0	10	6	10	7	3	5	1	9	8
Z6	4	8	2	8	4	2	4	0	4	2	4	0
Z7	4	1	1	10	7	0	9	9	8	3	6	4
Z8	10	9	1	10	2	4	7	6	6	6	5	2
Z9	10	4	0	10	7	2	9	4	8	6	3	1
Z10	6	3	0	2	10	6	1	8	5	9	4	10
Z11	1	2	7	3	9	10	8	10	5	6	4	0
Z12	5	2	10	9	4	10	2	4	4	9	6	1
Z13	2	0	5	1	7	8	2	4	9	10	10	6
Z14	3	7	2	1	6	10	5	0	8	9	10	4

	LXJ	LYJ	WZE	LZJ	QCY	HYQ	QXY	FL	SJ	DHM	ZMY	WQZ
Z15	6	4	5	1	8	7	2	3	9	9	10	0
Z16	5	10	3	4	6	7	1	10	0	8	8	2
Z17	4	3	3	4	7	8	10	1	6	10	9	0
Z18	4	7	4	1	9	9	0	3	6	7	10	2
Z19	5	1	4	8	10	2	0	6	10	3	9	6
Z20	8	6	3	0	2	6	5	4	10	9	10	1
Z21	3	6	0	2	9	4	0	7	5	10	10	8
Z22	3	6	4	0	10	8	2	10	8	6	10	1
Z23	10	4	7	8	6	0	5	1	10	2	3	9
Z24	1	7	6	9	2	7	0	4	2	10	9	4

注：Z1~Z24分别代表：下肢长/身高（厘米）、克托莱指数（千克/厘米×1000）、踝围/跟腱长（厘米）、心功指数、肺活量/体重（毫升/千克）、10秒前横踢（次）、20秒前横踢进攻+后横踢反击（次）、Y平衡（分数）、1分钟侧踢+下劈（次）、进攻距离（分数）、进攻时机（分数）、进攻效果（分数）、防守距离（分数）、防守时机（分数）、防守效果（分数）、创造时机（分数）、进攻意识（分数）、把握时机（分数）、战术转换（分数）、反击意识（分数）、防守意识（分数）、个体失败焦虑（分数）、果断性（分数）、运动任务自信（分数）

表3-36 我国优秀女子跆拳道+67kg级运动员竞技能力单项指标评分结果（不加权）

	LWJ	ZYH	LJH	LXQ	MWZ	YJQ	YYY	ZYQ	XSN	ZZT	ZZQ	XL
Z1	2	6	9	5	3	10	0	1	4	7	10	8
Z2	7	5	4	0	6	10	9	8	1	1	3	10
Z3	1	5	7	10	2	0	3	8	10	7	10	4
Z4	8	2	5	4	4	9	10	10	7	3	7	1
Z5	2	9	3	10	8	0	1	4	7	6	10	5
Z6	0	6	4	2	0	10	4	0	2	4	4	0
Z7	0	10	4	7	3	1	9	6	2	4	10	8
Z8	1	8	7	2	4	0	3	10	6	10	9	5
Z9	1	2	8	9	10	0	5	10	3	4	7	6
Z10	4	9	0	5	7	3	1	1	2	8	5	10

续表

	LWJ	ZYH	LJH	LXQ	MWZ	YJQ	YYY	ZYQ	XSN	ZZT	ZZQ	XL
Z11	4	3	7	3	9	6	8	10	10	1	5	0
Z12	1	9	5	6	10	10	7	8	2	3	3	0
Z13	1	9	6	0	3	1	4	5	10	10	5	6
Z14	2	6	2	5	1	4	0	8	7	10	9	10
Z15	1	6	0	3	5	3	2	7	9	10	8	10
Z16	6	1	0	3	10	10	2	9	4	8	7	4
Z17	5	7	6	3	0	1	3	10	10	9	7	2
Z18	6	4	2	5	9	0	1	10	8	6	3	10
Z19	3	5	0	4	5	0	10	8	10	2	7	9
Z20	3	1	6	4	5	8	0	10	10	7	2	8
Z21	0	1	3	5	2	6	7	10	10	10	8	4
Z22	0	10	8	5	8	1	5	3	10	6	10	1
Z23	2	10	9	5	9	4	3	7	7	0	6	1
Z24	10	10	5	10	5	0	1	7	7	2	3	4

注：Z1~Z24分别代表：下肢长/身高（厘米）、克托莱指数（千克/厘米×1000）、踝围/跟腱长（厘米）、心功指数、肺活量/体重（毫升/千克）、10秒前横踢（次）、20秒前横踢进攻+后横踢反击（次）、Y平衡（分数）、1分钟侧踢+下劈（次）、进攻距离（分数）、进攻时机（分数）、进攻效果（分数）、防守距离（分数）、防守时机（分数）、防守效果（分数）、创造时机（分数）、进攻意识（分数）、把握时机（分数）、战术转换（分数）、反击意识（分数）、防守意识（分数）、个体失败焦虑（分数）、果断性（分数）、运动任务自信（分数）

以上是我国优秀女子跆拳道运动员竞技能力各指标的评分结果，从数据上显示，单项指标数值越高，说明运动员在该指标上的能力越强。综合所有数据表明，优秀运动员竞技能力各指标能力的发展不同，运动员在某些指标上能力较好，但是在其他指标上存在不足，而从整体上表现出来的竞技能力较强，这比较符合竞技能力非衡结构的补偿效应理论。

2. 综合指标评分评价标准的制定及评价结果

我国优秀女子跆拳道运动员竞技能力综合指标评价标准的建立主要分为以下步骤：

第一步，计算竞技能力各单项指标的加权得分。具体为：各单项指标得分乘以各单项指标权重。

第二步，计算一级指标得分。具体为：将每个一级指标所属下的所有三级指标的加权得分相加，如身体形态得分=下肢长/身高得分（加权）+克托莱指数得分（加权）+踝围/跟腱长得分（加权）。

第三步，计算一级指标加权得分。具体为：将各一级指标得分乘以各一级指标的权重。

第四步，计算竞技能力综合指标得分。将各项一级指标加权得分相加，即竞技能力指标综合得分。竞技能力指标综合得分=身体形态得分（加权）+生理机能得分（加权）+身体素质得分（加权）+技术能力（加权）+战术能力（加权）+心理能力（加权）。

我国优秀女子跆拳道运动员竞技能力单项指标评分评价结果（加权），可参考《我国优秀女子跆拳道运动员竞技能力单项指标等级评分表》（见附录I）。

我国优秀女子跆拳道运动员竞技能力指标综合评分评价结果见表3-37—3-40：

表3-37 我国优秀女子跆拳道-49kg级运动员竞技能力指标综合评分评价结果（加权）

	身体形态	身体机能	身体素质	技术能力	战术能力	心理能力	综合能力
SY	0.23	0.81	0.57	0.65	1.13	0.30	3.68
FWJ	0.34	0.59	1.71	0.80	0.50	1.26	5.19
LZY	0.41	0.81	1.11	0.82	0.82	2.06	6.02
CYN	0.22	1.32	1.04	0.72	0.50	2.01	5.81
HXY	0.24	0.66	0.89	0.89	0.66	1.86	5.20
FNN	0.29	1.03	0.74	0.94	0.95	1.64	5.59
ZYP	0.55	0.44	0.94	0.57	0.88	2.40	5.79
LYZ	0.51	0.88	0.75	0.57	0.95	1.83	5.50
WXL	0.29	1.39	1.23	1.29	0.95	2.21	7.36
WR	0.31	0.44	1.59	1.34	0.66	2.86	7.20
ZZH	0.41	0.51	0.74	0.67	0.79	1.54	4.67
MJY	0.39	1.10	1.46	0.72	1.11	1.43	6.21

续表

	身体形态	身体机能	身体素质	技术能力	战术能力	心理能力	综合能力
WSY	0.65	0.66	1.15	0.27	0.59	0.90	4.23
TXQ	0.42	1.10	1.51	1.39	0.86	2.32	7.60
ZXT	0.27	1.10	0.27	0.75	0.59	1.07	4.04
GQ	0.63	0.37	0.94	1.09	0.61	1.32	4.96
ZY	0.57	0.66	1.15	0.52	0.36	1.77	5.03
LSY	0.55	0.81	1.26	0.94	0.36	0.11	4.03
ZYY	0.39	0.95	0.99	0.45	0.52	1.38	4.68

表 3-38 我国优秀女子跆拳道-57kg 级运动员竞技能力指标综合评分评价结果（加权）

	身体形态	身体机能	身体素质	技术能力	战术能力	心理能力	综合能力
YH	0.39	0.88	1.14	0.72	0.70	1.33	5.16
CZH	0.47	1.17	1.28	0.37	0.59	1.95	5.84
SRN	0.59	0.15	1.38	0.47	0.57	1.63	4.79
ZTR	0.37	1.17	0.99	0.67	0.57	1.34	5.11
GWJ	0.33	0.29	1.04	0.40	0.36	2.26	4.69
WJY	0.59	0.73	1.07	1.22	1.16	2.41	7.18
LSY	0.38	0.73	0.65	0.37	0.70	2.33	5.17
YYH	0.21	0.66	1.14	1.14	1.20	1.42	5.78
LKQ	0.27	1.17	1.35	1.29	0.95	2.33	7.37
CWX	0.47	0.73	1.00	0.92	0.82	1.97	5.91
WXJ	0.35	1.17	1.17	1.29	1.00	1.15	6.14
YJL	0.29	1.03	0.74	1.19	0.86	0.66	4.77
ZML	0.41	1.39	1.52	1.24	1.32	0.70	6.59
ZSQ	0.47	0.37	0.94	0.80	0.68	1.31	4.56
ZZ	0.54	1.03	0.60	0.67	0.41	1.74	4.99
WHY	0.34	0.22	0.78	0.45	0.36	0.91	3.06
LTT	0.26	0.44	1.12	0.55	0.27	1.78	4.42
HLY	0.44	1.25	0.81	0.57	0.57	1.23	4.86

表 3-39   我国优秀女子跆拳道-67kg 级运动员竞技能力指标综合评分评价结果（加权）

	身体形态	身体机能	身体素质	技术能力	战术能力	心理能力	综合能力
LXJ	0.24	0.88	1.31	0.57	0.66	1.36	5.02
LYJ	0.21	0.29	1.16	0.45	0.75	1.67	4.53
WZE	0.36	0.73	0.23	0.72	0.39	1.63	4.06
LZJ	0.27	1.39	1.86	0.42	0.43	1.53	5.92
QCY	0.55	0.81	1.10	1.09	0.98	1.88	6.40
HYQ	0.48	0.95	0.23	1.27	0.82	1.53	5.27
QXY	0.54	0.73	1.36	0.62	0.36	0.69	4.31
FL	0.39	0.51	0.91	0.62	0.70	1.59	4.73
SJ	0.59	0.88	1.11	0.99	0.84	2.02	6.43
DHM	0.41	0.59	0.61	1.29	1.07	1.75	5.72
ZMY	0.42	0.66	0.94	1.09	1.27	2.21	6.59
WQZ	0.32	1.17	0.39	0.52	0.43	1.30	4.14

表 3-40   我国优秀女子跆拳道+67kg 级运动员竞技能力指标综合评分评价结果（加权）

	身体形态	身体机能	身体素质	技术能力	战术能力	心理能力	综合能力
LWJ	0.25	0.73	0.08	0.32	0.52	1.06	2.97
ZYH	0.40	0.81	1.30	1.04	0.43	2.95	6.94
LJH	0.51	0.59	1.09	0.50	0.39	2.19	5.27
LXQ	0.33	0.81	0.92	0.55	0.54	1.91	5.06
MWZ	0.27	0.88	0.72	0.87	0.70	2.19	5.64
YJQ	0.58	0.66	0.76	0.67	0.57	0.49	3.72
YYY	0.25	0.81	1.03	0.55	0.52	0.94	4.09
ZYQ	0.34	1.03	1.11	1.04	1.29	1.61	6.42
XSN	0.32	1.03	0.61	0.99	1.18	2.41	6.54
ZZT	0.37	0.66	1.06	1.04	0.95	0.86	4.95
ZZQ	0.57	1.25	1.41	0.87	0.77	1.96	6.83
XL	0.57	0.44	0.82	0.89	0.84	0.56	4.13

通过建立我国优秀女子跆拳道运动员竞技能力综合指标的评分评价结果，可以清晰看出优秀女子运动员竞技能力的综合水平，从整体上反映运动员的竞技能力，并发现单项指标存在的不足，为运动员训练、比赛提供参考，同时便于在运动训练监控过程中进行有效评估及诊断。

二、等级评价标准的制定与评价结果

1. 单项指标等级评价标准的制定及评价结果

（1）竞技能力单项指标等级评价标准的制定

本书中制定我国优秀女子跆拳道运动员竞技能力单项指标等级评价标准采用百分位数法，根据运动员各项指标的实测值进行等级划分。具体步骤如下：

第一步，将运动员竞技能力评价指标体系中各项指标的实测值排序，分别找出90%、70%、30%、10%的百分位数点的数据。

第二步，根据4个百分点划分成绩区间，分别为 P_{90} 以上、P_{70}—P_{90}、P_{30}—P_{70}、P_{10}—P_{30}、P_{10} 以下5个区间，并对应为一级至五级5个等级。

第三步，计算各项指标4个百分点位对应的加权分值，将各指标的总分算为100分，与等级区间对应划分为100分、80分、60分、40分、20分。将区间得分与评价指标体系中各指标的权重值相乘，得出加权分值。

《我国优秀女子跆拳道运动员竞技能力单项指标等级评分表》（见附录I）。

（2）竞技能力单项指标等级评价结果的制定（见附录I）

表3-41 单项指标等级评定标准及得分划分表

百分位数	高优指标		低优指标	
	等级	得分	等级	得分
P_{90} 以上	一级	100	五级	20
P_{70}—P_{90}	二级	80	四级	40
P_{30}—P_{70}	三级	60	三级	60
P_{10}—P_{30}	四级	40	二级	80
P_{10} 以下	五级	20	一级	100

2. 综合指标等级评价标准的制定及评价结果

(1) 综合指标等级评价标准的制定

跆拳道运动员竞技能力综合指标等级评价标准是在单项指标等级评价标准的基础上制定的，综合指标等级评价标准采用百分位数法，具体分为以下步骤：

第一步，将评价体系中竞技能力各项三级指标的实测数据转化为得分。分别找出10%、30%、70%、90%的百分位数点的数据，进行等级区间划分，将各项指标的总分算为100分，与等级区间对应划分为20分、40分、60分、80分、100分，计算各项指标的得分。

第二步，计算三级指标的加权得分。各单项指标得分乘以各单项指标的权重值；

第三步，计算一级指标得分。将每个一级指标所属下的全部三级指标加权得分相加，如身体形态得分=下肢长/身高得分（加权）+克托莱指数得分（加权）+踝围/跟腱长得分（加权）。

第四步，划分综合指标等级评价区间。分别找出各项一级指标得分10%、30%、70%、90%的百分位数点的数据，进行等级区间划分，相应的等级划分为差、及格、中等、良好、优秀。综合指标等级评价表（见表3-42—3-45）

表3-42 我国优秀女子跆拳道-49kg级运动员竞技能力综合指标等级评价表（加权）

	优秀（P_{90}以上）	良好（P_{70-90}）	中等（P_{30-70}）	及格（P_{10-30}）	差（P_{10}以下）
身体形态	>5.93	5.93-5.07	5.07-3.84	3.84-3.05	≤3.05
身体机能	>11.76	11.76-10.29	10.29-7.94	7.94-7.06	≤7.06
身体素质	>14.58	14.58-12.91	12.91-9.75	9.75-8.26	≤8.26
技术能力	>12.54	12.54-9.95	9.95-7.66	7.66-6.37	≤6.37
战术能力	>10.08	10.08-9.36	9.36-6.81	6.81-6.36	≤6.36
心理能力	>24.05	24.05-20.31	20.31-16.21	16.21-11.69	≤11.69
综合得分	>71.42	71.42-66.41	66.41-54.46	54.46-50.88	≤50.88

表3-43　我国优秀女子跆拳道-57kg级运动员竞技能力综合指标等级评价表（加权）

	优秀（P$_{90}$以上）	良好（P$_{70-90}$）	中等（P$_{30-70}$）	及格（P$_{10-30}$）	差（P$_{10}$以下）
身体形态	>5.49	5.49-4.52	4.52-4.14	4.14-3.35	≤3.35
身体机能	>11.45	11.45-10.5	10.5-7.35	7.35-5.21	≤5.21
身体素质	>14.23	14.23-12.01	12.01-9.84	9.84-8.54	≤8.54
技术能力	>12.09	12.09-10.8	10.8-6.52	6.52-5.97	≤5.97
战术能力	>11.17	11.17-8.59	8.59-6.81	6.81-5.45	≤5.45
心理能力	>21.99	21.99-20.34	20.34-16.03	16.03-13.38	≤13.38
综合得分	>68.69	68.69-60.6	60.6-54.98	54.98-51.67	≤51.67

表3-44　我国优秀女子跆拳道-67kg级运动员竞技能力综合指标等级评价表（加权）

	优秀（P$_{90}$以上）	良好（P$_{70-90}$）	中等（P$_{30-70}$）	及格（P$_{10-30}$）	差（P$_{10}$以下）
身体形态	>5.28	5.28-4.95	4.95-3.65	3.65-3.45	≤3.45
身体机能	>11.61	11.61-9.85	9.85-7.35	7.35-6.03	≤6.03
身体素质	>13.88	13.88-12.8	12.80-7.75	7.75-5.15	≤5.15
技术能力	>11.94	11.94-10.45	10.45-7.12	7.12-6.52	≤6.52
战术能力	>10.45	10.45-9.13	9.13-6.77	6.77-5.91	≤5.91
心理能力	>21.73	21.73-19.14	19.14-16.43	16.43-15.15	≤15.15
综合得分	>66.48	66.48-62.72	62.72-54.79	54.79-50.64	≤50.64

表3-45　我国优秀女子跆拳道+67kg级运动员竞技能力综合指标等级评价表（加权）

	优秀（P$_{90}$以上）	良好（P$_{70-90}$）	中等（P$_{30-70}$）	及格（P$_{10-30}$）	差（P$_{10}$以下）
身体形态	>5.98	5.98-4.86	4.86-3.55	3.55-3.16	≤3.16
身体机能	>11.61	11.61-8.82	8.82-7.79	7.79-7.35	≤7.35
身体素质	>13.16	13.16-12.02	12.02-9.75	9.75-7.6	≤7.6
技术能力	>10.9	10.9-9.95	9.95-7.27	7.27-6.52	≤6.52
战术能力	>10.81	10.81-9.4	9.4-6.5	6.5-5.54	≤5.54
心理能力	>24.02	24.02-23.3	23.3-12.55	12.55-11.95	≤11.95
综合得分	>67.91	67.91-64.29	64.29-53.8	53.8-48.41	≤48.41

（2）综合指标等级评价标准的结果

竞技能力综合指标等级评价结果是对运动员的身体形态、身体机能、身体素质、技术能力、战术能力和心理能力等各项一级指标的得分以及综合指标得分进行等级评价，能够清晰地反映我国优秀女子跆拳道运动员竞技能力单因素以及综合因素的水平（见表3-46—3-49）

表3-46　我国优秀女子跆拳道-49kg级运动员竞技能力综合指标等级评价结果

	身体形态	身体机能	身体素质	技术能力	战术能力	心理能力	综合得分
SY	及	中	及	中	优	差	差
FWJ	中	及	优	中	及	及	中
LZY	中	中	中	中	中	良	良
CYN	差	优	中	中	中	中	中
HXY	差	中	及	中	及	中	中
FNN	及	良	及	良	良	中	中
ZYP	良	良	及	及	良	良	良
LYZ	良	中	及	及	良	中	中
WXL	中	优	良	良	优	良	优
WR	及	差	良	优	中	优	优
ZZH	中	及	及	及	中	中	及
MJY	中	良	优	中	良	良	良
WSY	优	及	中	差	及	及	及
TXQ	中	中	良	优	中	良	良
ZXT	及	中	差	中	及	及	及
GQ	优	差	及	良	中	及	中
ZY	良	及	中	及	差	中	及
LSY	良	中	良	中	及	差	差
ZYY	中	中	中	差	及	中	中

表 3-47　我国优秀女子跆拳道-57kg 级运动员竞技能力综合指标等级评价结果

	身体形态	身体机能	身体素质	技术能力	战术能力	心理能力	综合得分
YH	中	中	中	中	中	中	中
CZH	良	中	良	差	及	良	良
SRN	优	差	优	及	及	中	中
ZTR	中	良	中	中	中	中	中
GWJ	中	差	中	及	及	优	及
WJY	优	及	中	良	良	良	良
LSY	中	中	及	及	中	优	中
YYH	及	及	中	良	优	中	良
LKQ	差	良	良	优	良	良	优
CWX	良	中	中	中	中	及	中
WXJ	中	优	良	良	良	差	良
YJL	及	中	差	良	良	差	及
ZML	中	优	优	优	优	良	优
ZSQ	中	及	及	中	中	及	中
ZZ	良	良	差	中	差	中	中
WHY	及	及	及	及	差	及	差
LTT	差	及	良	及	差	中	差
HLY	良	良	及	中	中	及	及

表 3-48　我国优秀女子跆拳道-67kg 级运动员竞技能力综合指标等级评价结果

	身体形态	身体机能	身体素质	技术能力	战术能力	心理能力	综合得分
LXJ	差	良	优	及	中	及	中
LYJ	差	差	良	差	中	中	及
WZE	中	中	差	中	及	中	差
LZJ	及	优	优	差	及	中	良
QCY	优	中	中	中	良	良	良
HYQ	中	良	差	优	中	及	中
QXY	良	及	良	中	差	差	差

	身体形态	身体机能	身体素质	技术能力	战术能力	心理能力	综合得分
FL	中	及	中	中	中	中	中
SJ	优	中	中	中	优	优	优
DHM	中	差	及	良	优	良	中
ZMY	良	及	中	良	优	优	优
WQZ	及	优	及	及	及	差	及

表 3-49　我国优秀女子跆拳道+67kg 级运动员竞技能力综合指标等级评价结果

	身体形态	身体机能	身体素质	技术能力	战术能力	心理能力	综合得分
LWJ	差	中	差	差	及	中	差
ZYH	中	中	优	中	差	优	良
LJH	良	及	中	差	差	良	中
LXQ	中	中	及	及	中	中	中
MWZ	及	良	中	中	中	良	良
YJQ	优	及	及	中	中	差	中
YYY	差	中	中	及	及	及	差
ZYQ	中	优	良	优	优	中	优
XSN	中	中	差	良	优	中	中
ZZT	及	及	良	优	中	及	中
ZZQ	良	优	优	中	良	优	优
XL	优	差	中	中	良	差	及

　　根据以上对我国优秀女子跆拳道运动员竞技综合指标的等级评价结果可以明确不同级别运动员的竞技能力哪些一级指标存在不足和优势，通过单项一级指标的诊断可以明确今后训练中需要强化和提高的内容，并且可以通过综合得分的评价结果清晰了解运动员竞技能力所处的等级水平。

第六节　我国优秀女子跆拳道运动员竞技能力评价标准的检验

一、竞技能力评价标准的回代检验

为了检验跆拳道优秀女子运动员竞技能力评价标准的有效性与客观性，将优秀组所有运动员和普通组所有运动员的测试数据按照不同等级分别代入相应的评价标准中，对两组运动员的测试结果进行回代检验，具体步骤如下：

第一步，分别整理优秀组和普通组运动员的原始测试数据。

第二步，将运动员的单项指标数据代入单项等级评价标准中计算出得分。

第三步，将运动员的单项指标得分乘以相应的权重，获得各项指标的加权得分。

第四步，将各项一级指标所属下的所有三级指标相加，得出一级指标得分与综合得分。

最后，将运动员一级指标得分与综合指标得分代入制定的综合指标评价标准中，对运动员的等级进行评价。

表 3-50　不同水平女子跆拳道运动员竞技能力综合评价回代检验结果

等级	优秀组		普通组	
优秀	8	13.11%	0	0.00%
良好	12	19.67%	5	8.06%
中等	21	34.43%	10	16.13%
及格	12	19.67%	25	40.32%
不及格	8	13.11%	22	35.48%
合计	61	100.00%	62	100.00%

根据表 3-51 数据显示，优秀组跆拳道女子运动员达到中等及以上水平共 41 人，占优秀组样本总量的 67.21%，而普通组运动员达到中等及以上水平的共 15 人，占普通组样本总量的 24.19%。通过比较两组运动员达到中等及以

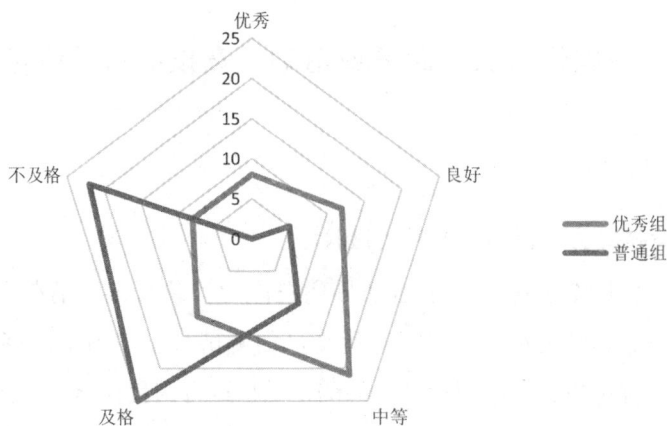

图 3-8　我国不同水平跆拳道女子运动员竞技能力综合评价回代检验结果雷达图

上水平的数据，可以清晰看出在竞技能力综合成绩上，优秀组女子跆拳道运动员明显高于普通组女子运动员。从雷达图 3-8 的分布情况可以看出，优秀组女子跆拳道运动员的竞技能力综合成绩主要分布在中等与良好两个区域内，而普通组运动员主要分布在及格与不及格两个区域内，说明回代检验结果与测试运动员的竞技能力水平相吻合，本书中制定的我国优秀女子跆拳道运动员竞技能力评价标准能够准确、有效地反映不同级别运动员的竞技能力水平，可以有效诊断跆拳道女子运动员的竞技能力水平，为运动员的训练与比赛提供客观、有效的参考意见。

二、竞技能力评价标准的个体检验及评价

为了能够更加客观地体现跆拳道运动员竞技能力评价标准的有效性以及该评价标准对运动员个体诊断的应用价值，从直观上了解运动员竞技能力综合水平以及各项子能力的发展情况，以便为今后的训练及比赛提供符合运动员个性化的训练内容，本书对女子运动员的竞技能力发展水平进行综合评价。鉴于篇幅有限，本书分别选取综合评分在优秀水平的不同级别的 4 位运动员进行个案分析，4 位运动员的基本信息见表 3-51：

表 3-51 运动员基本信息表

运动员	级别	综合得分	评价结果	最好成绩
WXL	49kg	74.48	优秀	全运会第二名
ZML	57kg	79.12	优秀	世界杯冠军
SJ	67kg	68.82	优秀	世界杯混双冠军
ZZQ	67kg	74.92	优秀	世界杯团体第三名

通过雷达分析法对我国优秀女子跆拳道运动员竞技能力各项一级指标与三级指标进行态势分析。依据钟添发、田麦久等学者构建的优秀运动员竞技能力结构模型理论①，将各指标的优势值和劣势值作为评价标准（优势值=平均值+标准差，劣势值=平均值-标准差）。以优秀女子跆拳道运动员竞技能力各指标得分为基础，分别建立女子-49kg级、女子-57kg级、-67kg级、女子+67kg级运动员竞技能力各指标得分的优势值和劣势值，并运用雷达分析法对4名优秀女子跆拳道运动员竞技能力各单项指标进行个案分析，具体步骤如下：

第一步，以61名优秀女子跆拳道运动员竞技能力单项指标测试成绩为基础，分别计算4个公斤级别中每名女子跆拳道运动员竞技能力各单项指标的得分（指标加权得分）。

第二步，以61名优秀女子跆拳道运动员竞技能力单项指标加权得分为基础，分别计算4个公斤级别的竞技能力各单项得分的平均值和标准差。

第三步，以61名优秀女子跆拳道运动员竞技能力单项加权指标得分的均值与标准差为基础，计算4个公斤级别的竞技能力各单项指标得分的优势值（均值+标准差）和劣势值（均值-标准差）（见表3-52—3-53）；

第四步、根据雷达分析法要求，将上述建立的不同级别优秀女子跆拳道运动员竞技能力各指标得分的优势值和劣势值，以及4个级别4名运动员的竞技能力各指标的加权得分值，分别制作一级指标和三级指标的雷达图（见图3-9—3-16），并进行分析与归纳，总结跆拳道女子运动员竞技能力发展中存在的优势和劣势。

---

① 钟添发，田麦久，王路德，等. 运动员竞技能力结构模型与选材标准［M］. 北京：人民体育出版社，1994.

表 3-52 优秀女子跆拳道运动员竞技能力一级指标优势、劣势值

	49kg		57kg		67kg		67kg	
	劣势值	优势值	劣势值	优势值	劣势值	优势值	劣势值	优势值
身体形态	5.54	3.32	5.28	3.53	5.22	3.57	5.49	3.23
身体机能	11.33	7.08	11.08	6.56	11.23	6.31	10.59	7.05
身体素质	14.31	8.49	14.56	6.42	13.40	8.99	13.06	7.63
技术能力	11.33	6.59	11.33	6.50	11.37	6.27	10.91	6.75
战术能力	9.88	6.52	10.17	6.04	10.18	5.82	10.37	5.83
心理能力	23.48	12.35	20.77	14.84	21.51	14.02	23.58	12.41

表 3-53 优秀女子跆拳道运动员竞技能力三级指标优势、劣势值

	49kg		57kg		67kg		67kg	
	劣势值	优势值	劣势值	优势值	劣势值	优势值	劣势值	优势值
Z1	2.95	1.31	3.03	1.15	2.92	1.26	3.03	1.15
Z2	1.90	0.84	1.98	0.76	1.91	0.83	1.99	0.67
Z3	1.31	0.56	1.34	0.54	1.30	0.57	1.38	0.50
Z4	6.48	3.11	6.39	2.43	6.16	2.66	6.39	2.43
Z5	6.11	2.71	6.39	2.43	6.16	2.66	6.39	2.43
Z6	5.18	2.14	4.19	1.02	5.25	1.85	4.30	0.91
Z7	3.76	1.67	4.07	1.65	3.76	1.57	3.93	1.49
Z8	3.52	1.57	3.69	1.40	3.55	1.54	3.69	1.40
Z9	3.44	1.53	3.60	1.37	3.55	1.32	3.60	1.37
Z10	2.07	0.92	2.16	0.82	2.07	0.86	2.16	0.82
Z11	2.08	0.96	2.16	0.82	2.08	0.9	2.16	0.82
Z12	2.07	0.92	2.16	0.82	2	0.88	2.14	0.77
Z13	2.07	0.92	2.16	0.82	2.07	0.86	2.17	0.73
Z14	2.06	0.98	2.16	0.82	2.08	0.9	2.16	0.82
Z15	2.06	0.82	2.07	0.84	2.04	0.89	2.14	0.77
Z16	1.89	0.84	1.98	0.75	1.9	0.82	1.98	0.75
Z17	1.89	0.84	1.98	0.75	1.9	0.82	1.89	0.68

续表

	49kg		57kg		67kg		67kg	
	劣势值	优势值	劣势值	优势值	劣势值	优势值	劣势值	优势值
Z18	1.89	0.84	1.83	0.74	1.87	0.81	1.98	0.75
Z19	1.94	0.83	1.98	0.75	1.91	0.76	1.98	0.75
Z20	1.89	0.84	1.98	0.75	1.8	0.82	1.98	0.75
Z21	1.89	0.84	1.98	0.75	1.85	0.72	1.98	0.75
Z22	10.55	4.15	10.61	3.89	10.16	4.09	10.55	4.34
Z23	7.52	3.25	8.08	3.07	7.57	3.17	8.2	2.95
Z24	7.08	3.29	7.08	2.88	7.36	3.19	7.08	2.88

注：Z1~Z24 分别代表：下肢长/身高（厘米）、克托莱指数（千克/厘米×1000）、踝围/跟腱长（厘米）、心功指数、肺活量/体重（毫升/千克）、10秒前横踢（次）、20秒前横踢进攻+后横踢反击（次）、Y平衡（分数）、1分钟侧踢+下劈（次）、进攻距离（分数）、进攻时机（分数）、进攻效果（分数）、防守距离（分数）、防守时机（分数）、防守效果（分数）、创造时机（分数）、进攻意识（分数）、把握时机（分数）、战术转换（分数）、反击意识（分数）、防守意识（分数）、个体失败焦虑（分数）、果断性（分数）、运动任务自信（分数）

（1）WXL运动员竞技能力发展水平的评价

图3-9中WXL一级指标等级评价的雷达图显示，在身体形态、身体素质两项指标上与优势值相比存在一定差距，在身体机能、战术能力指标上具有较高的发展水平，技术能力和心里能力与优势值的水平相当，表明该运动员拥有较好的技术能力以及良好的心理状态。进一步分析WXL身体形态的三级指标，下肢长/身高指标与优势值相比存在较大提升空间，但是该指标受先天因素影响较大，后天训练提升空间有限，可通过其他优势指标在一定程度上进行弥补。克托莱指数、踝围/跟腱长两项指标与优势值相比存在一定的提升空间。心功指数和肺活量/体重两项指标略低于优势值，远高于劣势值。说明WXL在心肺能力方面的发展较好，同时还需要进一步提升。身体素质中10秒前横踢、20秒前横踢进攻+后横踢反击、Y平衡、1分钟侧踢+下劈四项指标与优势值存在一定差距，说明WXL的专项快速力量以及协调灵敏能力有待提升，以及整体的身体素质能力有待加强。在技术上该运动员表现出较好的进攻技术应用能力，但是防守能力有待加强训练。WXL在战术上能够很好地把握时机，同时具有较强的反击意识，而在防守意识上需要通过实战不断强化。

WXL的心理能力相对稳定，需要进一步提升其自信心水平，尤其是成功完成比赛任务的自信心。

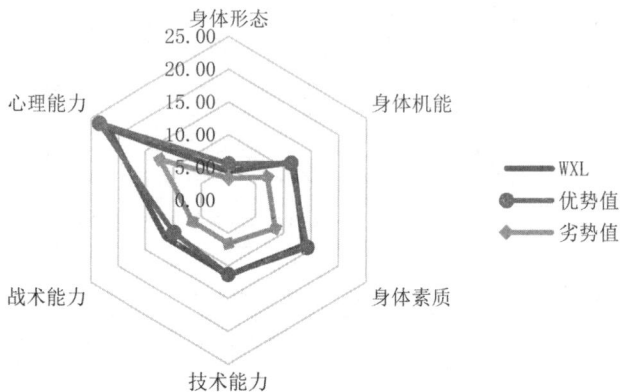

图 3-9 优秀女子跆拳道运动员 WXL 竞技能力一级指标等级评价结果雷达图

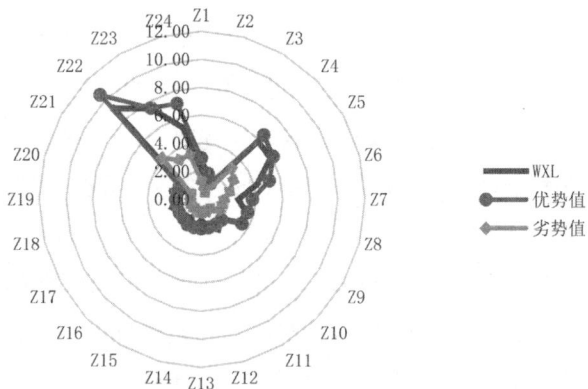

图 3-10 优秀女子跆拳道运动员 WXL 竞技能力三级指标等级评价结果雷达图

（2）ZML 运动员竞技能力发展水平的评价

图 3-11 中 ZML 一级指标等级评价的雷达图显示，身体形态指标与优势值相比存在一定的提升空间；身体机能、身体素质和心理能力略高于优势值，这三个指标发展相对较好；技术能力以及战术能力均高于优势值，且从图中看出二者具有明显的差距，说明 ZML 运动员的六项一级指标中，除了在心理能力方面需要强化和提高外，其余各项竞技能力均具备较好的发展，尤其是技术能力和战术能力发展突出。进一步分析 ZML 的各项三级指标发现，下肢长/身高、克托莱指数以及踝围/跟腱长三项指标得分均低于优势值，但是高于劣势值。心功指数、肺活量/体重两项指标得分与优势值接近，说明 ZML 具有良好的心肺能力。10 秒前横踢指标高于优势值，说明 ZML 在专项快速力量素质上具有较好的发展，而 20 秒前横踢进攻+后横踢反击、Y 平衡和 1 分钟侧踢+下劈三项指标得分略低，因此，在训练中需要加强协调灵敏能力、平衡能力以及专项肌肉耐力能力等素质的练习。在技术能力上，进攻距离、进攻时机、进攻效果以及防守距离能力较为突出，技术的防守能力需要进一步提升，尤其是防守时机和防守效果。综合技术能力来说，具有良好的技术运用能力；战术上能够创造良好的攻击时机，并且恰当地把握战机，善于发现对手的防守漏洞，同时能够灵活转换战术，反击意识强，需要在实战中加强防

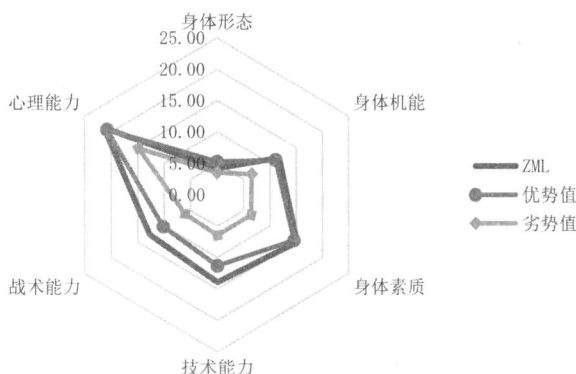

图 3-11 优秀女子跆拳道运动员 ZML 竞技能力一级指标等级评价结果雷达图

守意识的能力，保持比赛时的高度专注性；在心理能力上，需要加强稳定的情绪训练，培养其在比赛中果断决策的意志品质，增加运动员的自信心。

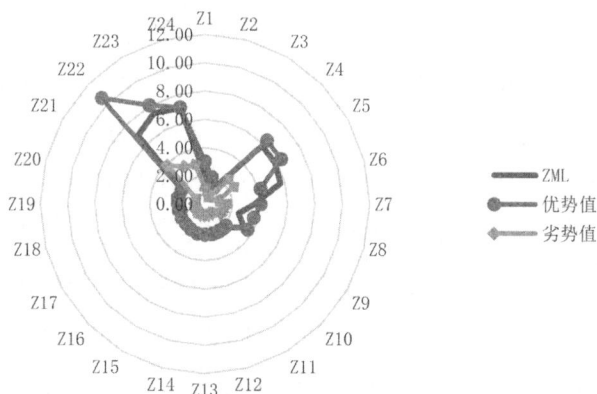

图 3-12 优秀女子跆拳道运动员 ZML 竞技能力三级指标等级评价结果雷达图

（3）SJ 运动员竞技能力发展水平的评价

图 3-13 中 SJ 一级指标等级评价的雷达图显示，身体形态、战术能力两项指标能力发展比较好，均高于优势值，而身体机能、身体素质和技术能力三项指标的得分相对低，仍然存在一定的提升空间，心理能力指标得分与优势值相近，表明 SJ 拥有良好的心理能力。进一步分析 SJ 三级指标得分情况，身体形态中的踝围/跟腱长指标和克托莱指数两项指标与优势值相比存在一定差距，但是下肢长/身高指标得分较高，弥补了得分少的两项指标，使得身体形态综合得分较高；在身体机能指标中，心功指数指标和肺活量/体重指标均低于优势值，说明 SJ 的心肺能力有待加强；身体素质指标中，Y 平衡指标得分接近劣势值，说明其平衡能力需要加大训练力度，专项速度力量能力和协调灵敏能力也存在一定的提升空间。技术能力指标中，进攻技术三项指标与优势值相比存在较大差距，说明在训练和比赛中需要加强进攻技术的应用能力，其防守技术得分与优势值相近，需要继续保持优势；战术上具有较强的战术转换能力以及反击意识，但需要强化进攻意识以及把握时机的能力；心理能力方面，在情绪、意志品质以及自信三项指标上均存在一定的提升空间，在训练和比赛中需要关注心理能力的提升。

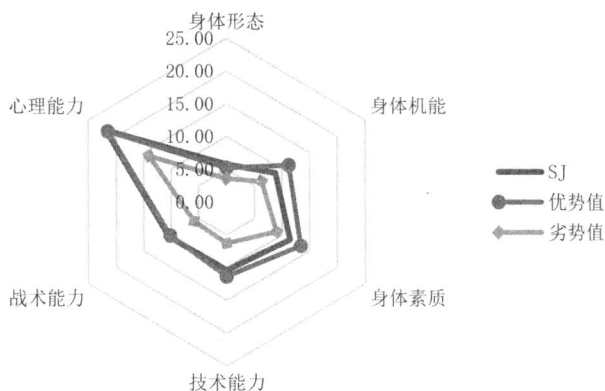

图 3-13 优秀女子跆拳道运动员 SJ 竞技能力一级指标等级评价结果雷达图

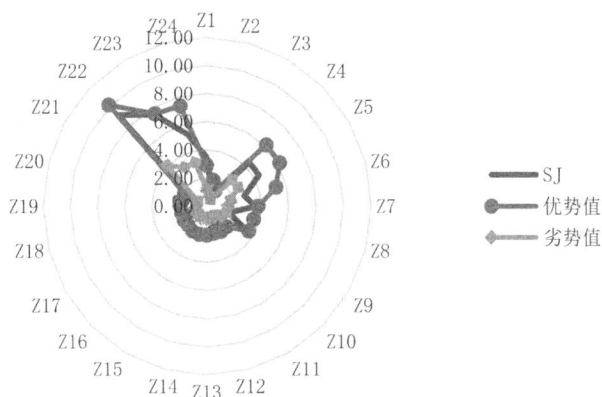

图 3-14 优秀女子跆拳道运动员 SJ 竞技能力三级指标等级评价结果雷达图

（4）ZZQ 运动员的竞技能力发展水平评价

图 3-15 中 ZZQ 一级指标等级评价的雷达图显示，各项一级指标得分均略微高于或低于优势值，说明 ZZQ 的各项竞技能力得到了较好的发展，并且各项能力发展较为均衡。进一步对 ZZQ 三级指标进行分析，克托莱指数指标得分与优势值存在一定差距，但下肢长/身高和踝围/跟腱长两项指标均高于优势值，发展较好，在一定程度上弥补了克托莱指数得分，使得身体形态综合

得分高于优势值；身体机能指标中，心功指数低于优势值，而肺活量/体重高于优势值，综合来讲 ZZQ 的心肺能力发展较好；身体素质指标中，专项速度力量与专项肌肉力量耐力需要在训练中加强，专项协调灵敏能力发展较好；技术上，比赛中需要提升技术的得分能力，加强进攻距离和进攻时机的技术

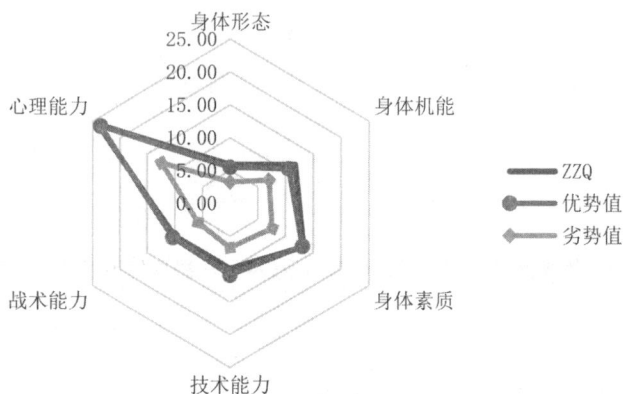

图 3-15　优秀女子跆拳道运动员 ZZQ 竞技能力一级指标等级评价结果雷达图

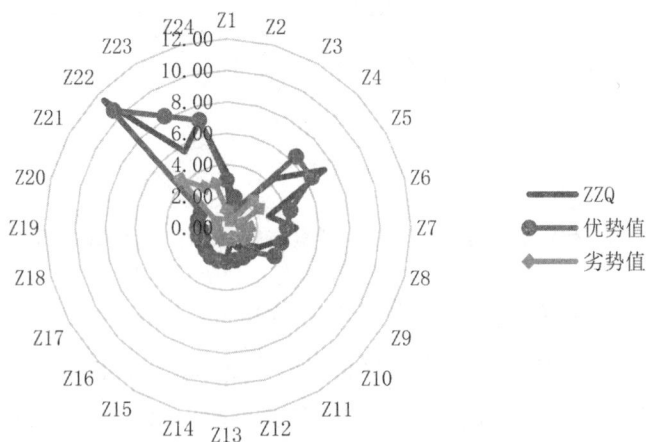

图 3-16　优秀女子跆拳道运动员 ZZQ 竞技能力三级指标等级评价结果雷达图

应用，防守技术的应用能力相对较为稳定，在保持现有基础上需要进一步提升；战术上具有良好的反击意识和防守意识，但是需要加强进攻意识，提高比赛中时机的把握能力以及战术转换能力；心理上，比赛前具有稳定的情绪，这是运动员技战术能力很好发挥的保障，需要在比赛中锻炼快速决策能力以及成功完成比赛任务的信心。

（5）4名优秀女子运动员竞技能力发展水平总结

通过对我国4名优秀女子运动员竞技能力发展水平的分析结果来看，4名运动员整体竞技能力发展存在个体差异。总体来说，运动员普遍在技术和战术能力上具有较好的发展水平，在身体素质上发展相对较弱，心理能力水平还有待提升。从各单项指标来看，运动员的个体差异较为明显，在不同因素上存在不同程度的优势与不足。在训练及比赛中应针对运动员竞技能力存在的个体差异进行有针对性的提升。研究结果也清晰表明，每一名优秀的跆拳道运动员竞技能力发展水平都不是完全均衡的，普遍会存在不同程度的优势和不足，训练的目是从整体上提升运动员的竞技水平。

研究结论及建议

一、本书总结

本书旨在分析总结我国优秀女子跆拳道运动员竞技能力的特征，以及制定我国优秀女子跆拳道运动员竞技能力评价标准。通过文献综述、专家访谈、实地测试、德尔菲法和数理统计等多元化研究手段，深入剖析了我国优秀女子跆拳道运动员的竞技能力特征，为选拔和培养跆拳道人才提供理论支撑。并成功地构建了一套科学、客观的竞技能力评价体系，帮助教练员准确评估运动员的实力，诊断运动员的优势与不足。研究结论如下。

1. 建立了我国优秀女子跆拳道运动员竞技能力评价指标体系。本书遵循科学性原则、客观性原则、全面性原则、可行性原则对评价指标进行筛选和剔除，通过指标初选、专家访谈、问卷调查、专家德尔菲筛选以及统计学优化等方法，确立了我国优秀女子跆拳道运动员竞技能力评价指标体系。该评价体系中包含6项一级指标和24项三级指标，分别是身体形态3项指标、身体机能2项指标、身体素质4项指标、技术能力6项指标、战术能力6项指标以及心理能力3项指标，这些指标能够客观、全面地反映我国优秀女子跆拳道运动员竞技能力特征。

2. 分析了我国优秀女子跆拳道运动员的竞技能力特征。本书分别对不同水平、不同级别运动员的竞技能力综合指标以及单项指标的测试结果进行比较，分别从身体形态、身体机能、身体素质、技术能力、战术能力以及心理能力六方面进行分析，结果如下。

（1）身体形态特征表现为，优秀运动员的小腿和跟腱较长、骨盆宽、踝围/跟腱长比例小、体型匀称、瘦体重大；不同级别优秀运动员随着体重级别的增加，在充实度、围度以及宽度指标上呈现增加趋势，而在身体比例上无明显差异。因此，在制定跆拳道运动员身体形态指标评价标准时，要考虑运动员的体重级别因素，不同级别运动员表现出不同的身体形态特征。

（2）身体机能特征表现为，优秀运动员的有氧能力强，具有较大的肺活量，同时单位体重肺活量相对值较高、心功指数小，表明优秀女子运动员的心肺能力较好。不同级别优秀运动员在肺活量指标上随着体重级别的增加呈现递增趋势，而肺活量/体重指标却呈现递减趋势。

（3）身体素质特征表现为，优秀运动员具有较强的下肢爆发力、上肢相对力量好，同时在专项有氧肌肉耐力、专项快速力量、专项协调灵敏以及平衡上表现出较为突出的素质能力，表明优秀女子运动员的身体素质能力发展比较全面。不同级别优秀女子跆拳道运动员在专项肌肉耐力、专项快速力量以及灵敏性指标上存在较为显著的差异，随着级别的增加专项耐力与协调灵敏素质呈现下降趋势。

（4）技术能力特征表现为，在攻击技术应用上，优秀运动员比赛中使用前腿技术组织技战术的特征明显，横踢和侧踢两项技术是主要运用技术的得分技术；推+后横踢组合技术运用灵活巧妙，是重要的得分技术；变线技术运用形式多样，主要以横踢、侧踢的前腿进行启动踢击，中位启动应用广泛；转身等高难度技术应用少，实战中通过步法调整距离与防守。

（5）战术能力特征表现为，优秀运动员战术应用上表现为积极主动，以直接进攻、迎击防守战术为主，战术转换能力较强，技术战术连续能力以及追击能力强；不同级别运动员在间接进攻、连续战术、转换战术应用上存在明显差异；优秀运动员具有较强的创造时机和把握时机的能力，同时其反击意识和防守意识强；不同级别运动员在进攻意识、战术转换以及防守意识上存在显著性差异。

（6）心理能力特征表现为，优秀运动员具有较为稳定的赛前情绪、强烈的物质自信，以及为获取比赛胜利顽强战斗的意志品质，比赛中具有快速决策的果断反应能力，同时具有良好的自信心水平，相信自己能够很好地应对比赛中的各种状况以及成功地完成比赛任务。不同级别优秀运动员在心理能力上不存在明显差异，均具备较为稳定的情绪，目标清晰、信念坚定、坚韧果断的意志品质，以及能够成功完成比赛任务的自信心水平。

3. 确定了我国优秀女子跆拳道运动员竞技能力评价指标体系中一级指标的权重值。本书通过主客观相结合的层次分析法确定了优秀女子跆拳道运动员竞技能力评价体系一级指标权重：身体形态（0.073）、身体机能（0.147）、身体素质（0.200）、技术能力（0.149）、战术能力（0.136）、心理能力（0.295）。结合一级指标权重值，通过因子分析中各项指标方差贡献率和累计贡献率的计算，最后确定了三级指标在整个指标评价体系中的权重值。

4. 构建了我国优秀女子跆拳道运动员竞技能力评价标准的模型。本书采用百分位数法分别确立了优秀女子跆拳道不同级别运动员竞技能力单项指标、综合指标的评分评价标准与等级评价标准，该标准能够反映女子跆拳道运动员竞技能力发展水平的特征和问题。回代检验结果证实了所建立的评价标准具有较高的准确性，该评价标准能够对运动员个体竞技能力水平进行评价，诊断各因素存在的优势与不足，可将其用于我国女子跆拳道运动员竞技能力单项指标与综合指标的评价。

5. 通过建立的评价标准对我国跆拳道优秀女子不同级别选手进行了个案分析。分析结果表明，四位选手的竞技能力综合水平发展较好，同时存在个体差异；优秀选手在心理能力、体能尤其是身体素质能力上需要进一步强化。

二、本书建议

跆拳道运动处于不断发展中，运动员的竞技能力也会随之发展而不断变化与提高，所建立的竞技能力评价体系与标准应根据项目的发展、规则的调整、设备的更新以及运动员水平的提高不断调整与修订，从而适应训练实践的现实需求与项目不断发展的需要。

跆拳道竞技能力评价指标体系与评价标准是在优秀运动员的测试成绩基础上建立的，优秀运动员属于少数群体且分布地区较分散，因疫情以及样本条件限制，导致测试的样本数量有限，个别数据可能存在一定的偶然性。因此，后续研究中在条件允许的情况下，应继续扩充优秀运动员数量，优化评价指标体系，保证评价标准与项目发展的现实协同性。

参考文献

一、中文文献

（一）专著

[1] 杜七一. 现代跆拳道教程 [M]. 武汉：湖北科学技术出版社，2007.

[2] 过家兴. 运动训练学 [M]. 北京：北京体育学院出版社，1986.

[3] 哈雷. 训练学：运动训练的理论与方法学导论 [M]. 北京：人民体育出版社，1985.

[4] 黄光杨. 教育测量与评价 [M]. 上海：华东师范大学出版社，2002.

[5] 李洁陈. 人体运动能力检测与评定 [M]. 北京：人民体育出版社，2005.

[6] 刘大庆，周爱国，刘刚. 运动员竞技能力的结构特点与基础训练方法 [M]. 北京：北京体育大学出版社，2006.

[7] 刘星亮罗，张金春，等. 体育测量与评价 [M]. 北京：北京体育大学出版社，2006.

[8] 普拉托诺夫. 运动训练的理论与方法 [M]. 陆绍中，张人民，译. 北京：人民教育出版社，1984.

[9] 孙庆祝. 体育测量与评价 [M]. 北京：高等教育出版社，2006.

[10] 体育院校成人教育协作组《体育测量与评价》教材编写组. 体育测量与评价 [M]. 北京：人民体育出版社，1992.

[11] 田麦久. 高水平竞技选手的科学训练与成功参赛 [M]. 北京：人民体育出版社，2014.

[12] 田麦久，刘大庆．运动训练学［M］．北京：人民体育出版社，2012.

[13] 田麦久，武福全．运动训练科学化探索［M］．北京：人民体育出版社，1988.

[14] 田麦久．运动训练学：2版［M］．北京：人民体育出版社，2000.

[15] 邢文华．奥运优秀运动员科学选材的研究［M］．北京：北京体育大学出版社，2008.

[16] 邢文华，李晋裕，马志德，等．体育测量与评价［M］．北京：北京体育学院出版社，1985.

[17] 徐本力．运动训练学［M］．山东：山东教育出版社，1990.

[18] 姚家新．运动心理学［M］．北京：高等教育出版社，2020.

[19] 袁尽州，黄海．体育测量与评价［M］．北京：人民体育出版社，2011.

[20] 曾于九．竞技跆拳道训练［M］．北京：人民教育出版社，2014.

[21] 张奇．SPSS for Windows：在心理学与教育学中的应用［M］．北京：北京大学出版社，2009.

[22] 钟添发，田麦久，王路德，等．运动员竞技能力结构模型与选材标准［M］．北京：人民体育出版社，1994.

[23] 周西宽．体育学［M］．成都：四川教育出版社，1988.

（二）期刊

[1] 鲍善军．灵敏素质训练对不同水平拳击运动员技、战术运用效果的影响研究［J］．中国体育科技，2012，48（6）：72-76.

[2] 陈海春，陈慧娟，邱应龙，等．奥运优秀后备轻量级男子举重运动员选材模型研究［J］．北京体育大学学报，2012，35（4）：137-140.

[3] 陈亮．对运动员竞技能力非衡结构补偿理论的几点思考［J］．山东体育学院学报，2008，7（11）：69-72.

[4] 程勇民，许伟民．竞技能力、竞技能力结构及其项群划分：传统训练学理论的不足与完善［J］．山东体育学院学报，2004，20（5）：35-37.

[5] 董晓冰，代中善．再论竞技能力：对若干理论误区的审思［J］．山东体育学院学报，2009，25（10）：63-67.

[6] 董新光，晓敏，丁鹏，等．农村体育评价指标体系的研究［J］．体

育科学, 2007, 27 (10): 49-55.

[7] 杜健康. 跆拳道运动员核心力量训练的技术视域兼谈与专项训练的融合 [J]. 运动, 2013 (11): 44-46.

[8] 杜七一, 杨梦溪, 管建民. 我国优秀跆拳道运动员赵帅技战术特点研究: 以2016年里约奥运会为例 [J]. 武汉体育学院学报, 2017, 51 (11): 85-89.

[9] 方率, 汪志刚. 大型体育赛事现场观众满意度评价指标体系的构建 [J]. 体育成人教育学刊, 2017, 33 (4): 30-33.

[10] 冯星, 张国宝, 张楠. 里约奥运会跆拳道女子67kg以上级冠军郑姝音技战术特征 [J]. 中国体育教练员, 2018, 26 (2): 30-33.

[11] 高炳宏. 跆拳道比赛时间结构与能量代谢特点的研究 [J]. 北京体育大学学报, 2004, 16 (5): 639-641.

[12] 高亮, 朱瑞琪, 陈超. 我国优秀男子散打运动员形态特征研究 [J]. 北京体育大学学报, 2009, 32 (2): 139-141.

[13] 高平, 胡亦海. 女子跆拳道项目运动竞赛结构特征研究 [J]. 中国体育科技, 2013, 49 (4): 55-59.

[14] 高平, 余银, 鲁凡. 新规则下我国女子跆拳道运动员吴静钰技战术特征分析 [J]. 北京体育大学学报, 2013, 36 (10): 136-139, 44.

[15] 高志红, 艾康伟, 王志杰. 韩国跆拳道运动员防守技战术应用特点分析 [J]. 中国体育科技, 2008 (1): 135-139.

[16] 高志红, 冯巨涛, 任文岗, 等. 新规则和电子护具的使用对跆拳道技术应用的变化与影响 [J]. 中国体育科技, 2010, 46 (4): 86-89, 98.

[17] 何强, 唐丽莉. 我国优秀男子跆拳道运动员体能特征的研究 [J]. 中国体育科技, 2013, 49 (4): 48-54.

[18] 何芸, 庞俊鹏. 新规则视角下男子跆拳道技战术发展趋势: 以世界冠军李大勋为例 [J]. 武汉体育学院学报, 2019, 53 (12): 82-87.

[19] 胡卫东, 徐玄冲, 王卫星, 等. 我国优秀跆拳道运动员体能训练中的几个关键点研究 [J]. 中国体育科技, 2014, 50 (1): 136-145.

[20] 黄宝宏, 王卫星. 竞技跆拳道项目体能训练特征研究 [J]. 北京体育大学学报, 2008, 31 (10): 1419-1421.

[21] 李长沙，廖金琳，林锦福．运动员竞技能力结构动态变化模型研究 [J]．体育研究与教育，2012，27（4）：77-80．

[22] 李景莉．运动员协调能力的竞技价值之探讨 [J]．中国体育科技，2003，39（12）：7-9．

[23] 李凯．"合金理论"初探：试论运动素质与运动能力的关系 [J]．山东体育学院学报，2000，6（1）：1-4．

[24] 李可峰，周长涛，董贵俊．优秀跆拳道运动员静态平衡特征定量分析 [J]．沈阳体育学院学报，2012，31（4）：130-133．

[25] 李龙飞．竞技跆拳道运动员应具有的智能条件 [J]．新西部（理论版），2014，7（9）：163-164．

[26] 李双玲，杨光，朱宝峰，等．基于结构熵和因子分析的我国优秀男子冰球运动员专项体能关键指标研究 [J]．北京体育大学学报，2021，44（12）：110-124．

[27] 李香君．新规则下第16届亚运会跆拳道比赛得分技术分析 [J]．沈阳体育学院学报，2012，31（2）：122-123，37．

[28] 李亚慰．基于物质形态视域的运动员竞技能力结构"胶泥模型"实证研究 [J]．西南师范大学学报（自然科学版），2015，40（6）：140-144．

[29] 李岩，董云振，李珂．竞技能力结构模型的分析与新议：皮球理论模型的建立 [J]．北京体育大学学报，2010，33（2）：116-118．

[30] 李艳，刘少辉．女子跆拳道优秀运动员主要身体形态选材初探 [J]．西安体育学院学报，2003，3（2）：68-69．

[31] 李佑发，王婷婷．意志品质的质性分析及模型建构 [J]．北京体育大学学报，2011，34（3）：75-78．

[32] 李志敢，罗兴华，陈润麟，佟亮．跆拳道比赛各局心理特征、运动能力变化的研究 [J]．体育学刊，2000，23（4）：114-117．

[33] 练碧贞，高国贤．我国青少年篮球运动员选材标准的研制 [J]．北京体育大学学报，2019，42（7）：33-42．

[34] 梁承谋，付全，程勇民，等．BTL-YZ-1.1高级运动员意志量表的研制及运用 [J]．武汉体育学院学报，2005，39（12）：44-47．

[35] 梁洪生，佟胜志．对跆拳道运动员赛前心理训练的研究 [J]．哈尔

滨体育学院学报，2008，62（2）：128-130.

[36] 林大参，高志红，吴建忠．新规则和电子护头下跆拳道比赛击头技战术运用特征分析 [J]．中国体育科技，2015，51（6）：103-107.

[37] 刘宏伟．论跆拳道的进攻策略 [J]．沈阳体育学院学报，2006，25（5）：123-125.

[38] 刘宏伟．跆拳道反击战术的结构与应用策略 [J]．成都体育学院学报，2012，38（8）：56-58，75.

[39] 刘宏伟．跆拳道腿法技术的变化、创新与体系构建 [J]．沈阳体育学院学报，2022，41（2）：129-137.

[40] 刘奇．中国女子跆拳道奥运冠军技能特征研究 [J]．成都体育学院学报，2015，41（4）：102-106.

[41] 刘尚礼，尹燕涛，陈旭．不同状态焦虑水平下跆拳道运动员的视觉搜索特征：来自 ERP 的证据 [J]．天津体育学院学报，2018，33（1）：39-43.

[42] 陆乐，李刚，黄海燕．全球城市体育产业发展评价指标体系的构建与实证 [J]．上海体育学院学报，2019，43（3）：39-45.

[43] 马波，黄海．我国优秀男子跆拳道运动员体能水平测量指标与评价方法的研究 [J]．北京体育大学学报，2007（10）：1415-1417.

[44] 马波．我国优秀男子跆拳道运动员身体素质测量指标与评价标准研究 [J]．天津体育学院学报，2006，21（1）：69-71.

[45] 马涛，杨露露，李腾飞，等．跆拳道运动对大学生心肺适能、柔韧性及体成分的影响 [J]．中国应用生理学杂志，2018，34（6）：506-509.

[46] 马晓利，刘卫军．2013 年世界跆拳道锦标赛女子决赛运动员技术特征分析 [J]．北京体育大学学报，2015，38（2）：117-121.

[47] 宁自军．多种综合评价方法的综合应用 [J]．数理统计与管理，2000，19（3）：13-16.

[48] 乔长泽，李来．论电子护头使用下跆拳道击头技术的攻防理论体系 [J]．中国体育科技，2016，52（3）：124-131，39.

[49] 尚迎秋，陈立人．我国跆拳道运动科研现状综述 [J]．北京体育大学学报，2002，3（5）：605-607.

[50] 田麦久，刘大庆，熊焰.竞技能力结构理论的发展与"双子模型"的建立 [J].体育科学，2007，8（7）：3-6.

[51] 田麦久.论竞技能力决定因素之分析 [J].体育科技，1984，6（3）：1-4.

[52] 田麦久，姚家新.运动员选材基本理论的再认识（一） [J].山西体育科技，1995，6（2）：16-19.

[53] 田学礼，赵修涵.体医融合示范区建设评价指标体系研究 [J].成都体育学院学报，2021，47（5）：59-64.

[54] 汪俊峰.我国少年男子排球运动员身体形态与身体素质特征 [J].武汉体育学院学报，2015，49（8）：91-95.

[55] 王炳洁，王莉.中国足球协会超级联赛俱乐部社会责任评价指标体系构建 [J].首都体育学院学报，2021，33（3）：308-315.

[56] 王长生，邓梅花，陈立人.不同逻辑背景下知识表征方式对跆拳道运动员直觉思维决策效果影响的实验研究 [J].北京体育大学学报，2011，34（4）：115-119.

[57] 王法涛，窦海波.基于文献计量的我国竞技能力理论研究进展与展望 [J].山东体育学院学报，2018，34（5）：126-130.

[58] 王卫星，黄宝宏，吴星亮.中国优秀女子跆拳道运动员体能训练中运动素质指标的构建及效果评价 [J].北京体育大学学报，2008，6（4）：433-436.

[59] 王智慧，池建.体育强国的指标评价体系研究 [J].北京体育大学学报，2014，37（11）：15-22.

[60] 温祝英.跳远运动员身体形态的选材研究 [J].西安文理学院学报（自然科学版），2011，14（4）：116-119.

[61] 吴春菊，吴家舵.对跆拳道运动员赛前集训期部分心理疲劳指标的监测与分析 [J].军事体育进修学院学报，2008，27（2）：114-116.

[62] 吴建忠，王丹，吴素英.DaeDo电子护具下跆拳道新得分技术的研究 [J].北京体育大学学报，2014，37（10）：119-124.

[63] 吴键，袁圣敏.1985—2014年全国学生身体机能和身体素质动态分析 [J].北京体育大学学报，2019，42（6）：23-32.

［64］肖存翕.一对一格斗对抗性项群心理制胜因素的分析［J］.山东体育科技，2010，32（4）：37-39.

［65］徐福振，王三保.竞技跆拳道制胜因素宏观架构及微观理论解读［J］.沈阳体育学院学报，2013，32（5）：120-124.

［66］薛新轩.对跆拳道运动员"感知觉""反应和反应时"及心理特征的分析［J］.武汉体育学院学报，2004，38（1）：146-148.

［67］杨煜琳，潘冬，周薇，等.跆拳道运动员身体形态机能指标的研究［J］.成都体育学院学报，1999，4（2）：64-66，97.

［68］杨志军.新规则下我国优秀跆拳道运动员技战术运用现状及对策研究［J］.中国体育科技，2010，46（6）：77-81.

［69］印春力，李靖.跆拳道运动员竞赛状态焦虑、实战比赛临场技术发挥及其相关关系的分析研究［J］.西安体育学院学报，2003，20（2）：107-109.

［70］由文华，吴子鹏，陈晓巍，等.高质量发展背景下我国体育场地标准实施评价研究［J］.西安体育学院学报，2021，38（5）：580-590.

［71］岳建军，阎智力，杨尚剑.个体竞技能力结构分析［J］.体育学刊，2013，20（3）：97-102.

［72］曾庆国.析跆拳道运动成就心理控制与自信心关系［J］.广州体育学院学报，2001，21（3）：46-48.

［73］张大超，李敏.我国公共体育设施发展水平评价指标体系研究［J］.体育科学，2013，33（4）：3-23.

［74］张大超，苏妍欣，李敏.我国城乡公共体育资源配置公平性评估指标体系研究［J］.体育科学，2014，34（6）：18-33.

［75］张江龙.竞技跆拳道运动核心竞技能力及制胜对策的分析研究［J］.中华武术（研究），2012，1（12）：56-60.

［76］张楠，管健民.2016年里约奥运会跆拳道男子58kg冠军赵帅技战术特征［J］.北京体育大学学报，2017，40（2）：95-99.

［77］张启华，邱建华.跆拳道优秀运动员选材标准［J］.山东体育学院学报，2000，（1）：56-61，95.

［78］赵发田.我国优秀男子散打运动员不同级别身体形态的研究［J］.

北京体育大学学报，2007，24（2）：215-217.

[79] 郑辉.关于少年田径运动员心功指数评价标准的研究［J］.体育科学，1992，8（2）：37-40，94.

[80] 郑念军，刘新民，刘兴.竞技能力新论［J］.西安体育学院学报，2001，5（1）：51-53.

[81] 钟军.核心力量训练对跆拳道运动员快速力量发展影响的实证研究［J］.武汉体育学院学报，2015，49（5）：92-95.

[82] 周登嵩，余道明.首都体育现代化指标体系的研究［J］.北京体育大学学报，2007，30（5）：581-585.

[83] 周帆扬，王晓琨.国家跆拳道运动员在全国锦标赛中实时心率监控和血乳酸变化特点的研究［J］.首都体育学院学报，2017，29（1）：67-71.

[84] 周嘉琳，罗冬梅，陈皆播.幼儿灵敏协调能力评价方法的改良［J］.中国体育科技，2017，53（1）：83-89.

[85] 祝大鹏.我国优秀女子跆拳道运动员人格、意志品质、心理坚韧性和赛前情绪的关系研究［J］.山东体育学院学报，2013，29（6）：73-77.

（三）学位论文

[1] 安槿雅.中韩跆拳道国家队男子选手竞技能力的比较研究［D］.上海：上海体育学院，2009.

[2] 巴义名.我国优秀男子拳击运动员竞技能力特征及选材标准的研究［D］.北京：北京体育大学，2007.

[3] 高国贤.我国青少年篮球运动员选材标准的研制［D］.北京：北京体育大学，2019.

[4] 高亮.我国优秀男子武术散打运动员竞技能力特征与评价研究［D］.北京：北京体育大学，2008.

[5] 顾李妍.上海市老年医疗护理机构护理质量评价体系的建立［D］.上海：第二军医大学，2017.

[6] 韩夫苓.我国优秀女子自由式摔跤运动员专项体能评价与诊断研究［D］.上海：上海体育学院，2010.

[7] 何钢.我国优秀女子摔跤运动员运动素质特征和评价指标的研究［D］.太原：山西大学，2012.

［8］何强.我国优秀女子摔跤运动员体能特征与评价体系的研究［D］.北京：北京体育大学，2010.

［9］黄宝宏.我国优秀跆拳道运动员体能训练的诊断与评价［D］.北京：北京体育大学，2010.

［10］金宗强.我国优秀排球运动员专项体能评价体系与诊断方法的研究［D］.北京：北京体育大学，2004.

［11］雷军蓉.我国高桩舞狮优秀运动员竞技能力特征及其评价研究［D］.北京：北京体育大学，2013.

［12］刘畅.优秀男子单打网球运动员在三种场地比赛中技战术水平评价模型的构建与应用［D］.北京：北京体育大学，2020.

［13］陆国田.我国12~17岁中长跑运动员选材指标体系构建与评价标准研制［D］.北京：北京体育大学，2018.

［14］毛勋.我国优秀女子跆拳道运动员主要竞技能力特征研究［D］.昆明：云南师范大学，2016.

［15］彭理娟.新规则下男子跆拳道"推+踢"技术特征与运用研究［D］.武汉：武汉体育学院，2019.

［16］邱宪祥.中国优秀羽毛球运动员竞技能力结构特征及台湾羽毛球运动员选材标准［D］.北京：北京体育大学，2006.

［17］申霖.优秀皮划艇运动员竞技能力特征模型的研究［D］.武汉：武汉体育学院，2015.

［18］吴飞.我国优秀跆拳道大级别运动员体能评价研究［D］.北京：北京体育大学，2013.

［19］吴云龙.我国男子优秀武术散打运动员体能核心要素构成与评价标准研究［D］.北京：北京体育大学，2012.

［20］杨晓郢.多元智能理论在体育教育专业跆拳道教学中应用效果的实验研究［D］.西安：西安体育学院，2010.

［21］叶伟.我国徒手格斗项目（散打）优秀男子运动员核心竞技能力评价体系的研究［D］.北京：北京体育大学，2005.

［22］殷怀刚.中国高水平高尔夫球运动员核心竞技能力特征及其评价体系研究［D］.上海：上海体育学院，2019.

　　[23] 张辉.拳击运动员竞技能力网络结构特征的实证研究 [D].北京：北京体育大学，2016.

　　[24] 张楠.我国优秀女子空手道组手运动员体能特征及评价体系构建的研究 [D].北京：北京体育大学，2018.

　　[25] 郑宇.跆拳道运动员智能训练的研究 [D].武汉：武汉体育学院，2007.

　　[26] 周小青.我国优秀男子散打运动员竞技能力特征及选材标准的研究 [D].北京：北京体育大学，2012.

　　[27] 周星栋.乒乓球9~14岁运动员阶段评价选材模型的构建 [D].北京：北京体育大学，2020.

　　[28] 庄勤.电子护具与规则更变下直拳技术使用情况及趋势研究 [D].武汉：武汉体育学院，2020.

二、英文文献

（一）专著

　　[1] LAWLER P. Nsca's Guide to Tests and Assessments [M]. America：Modern Athlete，2013.

（二）期刊

　　[1] AL. PADAFBGPE. Development and Reliability of Technical – Tactical and Time－Motion Real－Time Analysis in the World Taekwondo Grand Prix [J]. Journal of Martial Arts Anthropology，2021，21（4）：20-27.

　　[2] ALP M，GORUR B. Comparison of Explosive Strength and Anaerobic Power Performance of Taekwondo and Karate Athletes [J]. Journal of Education and Learning，2020，9（1）：149-155.

　　[3] ANTUNEZ BFP J，DEL VECCHIO AHM，DEL VECCHIO，FB. Perfil Antro Pométrico e Aptidão Física de lutadores de Elite de Taekwondo [J]. Conexões，2012，10（3）：61-76.

　　[4] ARABACI R，GÖRGÜLÜ R，ÇATIKKAS F. Relationship Between Agility，Speed，Reaction Time and Body Mass Index in Taekwondo Athletes [J].

e-Journal of New World Sciences Academy, 2010, 5 (2): 71-77.

[5] ARAZI H, HOSSEINZADEH Z, IZADI M. Relationship Between Anthropometric, Physiological and Physical Characteristics with Success of Female Taekwondo Athletes [J]. Turkish Journal of Sport Exercise, 2016, 18 (2): 69-75.

[6] BAEK S, PARK J B, CHOI S H, et al. Effects of Taekwondo Training on Body Composition: A Systematic Review and Meta-Analysis [J]. International Journal of Environmental Research, 2021, 18 (21): 11550.

[7] BAHARUDDIN M Y, SAHRUDIN F A, AMINUDIN S N A. Injury Profile of Taekwondo Athletes During Training [J]. American Journal of Sciences and Engineering Research, 2021, 4 (6): 70-75.

[8] BALL N, NOLAN E, WHEELER K. Anthropometrical, Physiological, and Tracked Power Profiles of Elite Taekwondo Athletes 9 Weeks Before the Olympic Competition Phase [J]. Journal of Strength Conditioning Research, 2011, 25 (10): 2752-2763.

[9] BAYIOS I A, BERGELES N K, APOSTOLIDIS N G, et al. Anthropometric, Body Composition and Somatotype Differences Of Greek Elite Female Basketball, Volleyball and Handball Players [J]. Journal of Sports Medicine Physical Fitness, 2006, 46 (2): 271-278.

[10] BEŠLIJA T, MARINKOVIĆ D, ĆULAR D. Postural Stability Assessment in Elite Taekwondo Athletes: Comparative Study Between Different Age Group [J]. Acta Kinesiologica, 2017, 11 (2): 98-104.

[11] BOUHLEL E, JOUINI A, GMADA N, et al. Heart Rate and Blood Lactate Responses During Taekwondo Training and Competition [J]. Science & Sports, 2006, 21 (5): 36-41.

[12] BRIDGE C A, JONES M A, DRUST B, et al. Physiological Responses and Perceived Exertion During International Taekwondo Competition [J]. International Journal of Sports Physiology, 2009, 4 (4): 485-489.

[13] BRIDGE C A, JONES M A, DRUST B. The Activity Profile in International Taekwondo Competition is Modulated by Weight Category [J]. Int J Sports Physical Perform, 2011, 6 (3): 344-357.

[14] BRIDGE C A, SANTOS J F D S, CHAABÈNE H, et al. Physical and Physiological Profiles of Taekwondo Athletes [J]. Sports Medicine, 2014, 44 (6): 713-733.

[15] CAMPOS F A D, BERTUZZI R, DOURADO A C, et al. Energy Demands in Taekwondo Athletes During Combat Simulation [J]. European Journal of Applied Physiology, 2012, 112 (8): 1221-1228.

[16] CASOLINO E, CORTIS C, LUPO C, et al. Physiological Versus Psychological Evaluation in Taekwondo Elite Athletes [J]. Int J Sports Physiol Perform, 2012, 7 (4): 322-331.

[17] CETIN C, KEECI A D, ERDOAN A, et al. Influence of Custom-Made Mouth Guards on Strength, Speed and Anaerobic Performance of Taekwondo Athletes [J]. Dental Traumatology, 2009, 25 (3): 272-276.

[18] CHAABENE H, NEGRA Y, CAPRANICA L, et al. Validity And Reliability Of A New Test Of Planned Agility In Elite Taekwondo Athletes [J]. Journal of Strength Conditioning Research, 2017, 32 (9): 1-6.

[19] CHAABèNE H, HACHANA Y, FRANCHINI E, et al. Physical and Physiological Profile of Elite Karate Athletes [J]. Sports Medicine, 2012, 42 (10): 829-843.

[20] CHEN Y, ZHU D, LI C. Applications of the Delphi Method in China [J]. Technological Forecasting and Social Change, 1990, 38 (3): 285-305.

[21] CHIODO S T A, CORTIS C, ET AL. Stress-Related Hormonal and Psychological Changes to Official Youth Taekwondo Competitions [J]. Scand J Med Sci Sports, 2011, 21 (7): 111-1119.

[22] DADGOSTAR H, GHANBARNASAB M, NAZARI A. Physical Fitness and Cardiovascular Endurance Status of Iranian Elite Female Taekwondo Athletes [J]. Asian J Sports Med, 2020, 6 (3): 1-5.

[23] EATEVAN I, ALVAREZ O, FALCO C, et al. Impact Force and Time Analysis Influenced by Execution Distance in a Roundhouse Kick to the Head in Taekwondo [J]. Journal of Strength Conditioning Research, 2011, 25 (10): 2851-2856.

［24］ERCI S. Comparison of Mental Skills of Elite and Non-Elite Athletes ［J］. Journal of Education Training Studies, 2018, 6 (4a): 72-79.

［25］FALCO C, LANDEO R, MENESCARDI C, et al. Match Analysis in a University Taekwondo Championship ［J］. Advances in Physical Education, 2012, 2 (1): 28-31.

［26］FONG S, FU S N, NG G. Taekwondo Training Speeds up the Development of Balance and Sensory Functions in Young Adolescents ［J］. Journal of Science Medicine in Sport, 2012, 15 (1): 64-68.

［27］FORMALIONI A, ANTUNEZ B, VECCHIO F D, et al. Anthropometric Characteristics and Physical Performance of Taekwondo Athletes ［J］. Revista Brasileira de Cineantropometria e Desempenho Humano, 2020, 22 (3): 227-232.

［28］FUENTE A D L, GÓMEZ-LANDERO L A. Motor Differences in Cadet Taekwondo Athletes According to Competition Level ［J］. Revista Internacional de Medicina y Ciencias de la Actividad Fisica y del Deporte, 2017, 19 (73): 63-75.

［29］GABBETT T, GEORGIEFF B. Physiological and Anthropometric Characteristics of Australian Junior National, State, and Novice Volleyball Players ［J］. Journal of Strength Conditioning Research, 2007, 21 (3): 902-908.

［30］GABRIELE M, JORGE C-O, ALFREDO I, et al. Differences Between the Sexes in Athletes' Body Composition and Lower Limb Bioimpedance Values ［J］. Muscles, Ligaments and Tendons Journal, 2017, 7 (4) 26-31.

［31］HELLER J, PERIC T, DLOUHA R, et al. Physiological Profiles of Male and Female Taekwon-Do (ITF) Black Belts ［J］. Journal of Sports Sciences, 1998, 16 (8): 243-249.

［32］HERRERA-VALENZUELA T. Physical and Physiological Profile of Young Female Taekwondo Athletes During Simulated Combat ［J］. Ido Movement for Culture Journal of Martial Arts Anthropology, 2015, 15 (4): 58-64.

［33］HOYT K S, COYNE E A, RAMIREZ E G, et al. Nurse Practitioner Delphi Study: Competencies for Practice in Emergency Care-ScienceDirect ［J］. Journal of Emergency Nursing, 2010, 36 (5): 439-449.

［34］JANOWSKI M, ZIELINSKI J, KUSY K. Exercise Response to Real

Combat in Elite Taekwondo Athletes Before and After Competition Rule Changes [J]. The Journal of Strength Conditioning Research, 2021, 35 (8): 2222-2229.

[35] JEONGWEON K, SANGSEOK N. Physical Characteristics and Physical Fitness Profiles of Korean Taekwondo Athletes: A Systematic Review [J]. International Journal of Environmental Research and Public Health, 2021, 18 (18): 96-101.

[36] JONATASF D S, HELMI C. Physical and Physiological Profiles of Taekwondo Athletes [J]. Sports Medicine (Auckland, NZ), 2014, 44 (6): 23-29.

[37] KAZEMI M, PERRI G, SOAVE D. A Profile of 2008 Olympic Taekwondo Competitors [J]. Journal of the Canadian Chiropractic Association, 2010, 54 (4): 243-249.

[38] KAZEMI M, WAALEN J, MORGAN C, et al. A Profile of Olympic Taekwondo Competitors [J]. Journal of the Canadian Chiropractic Association, 2006, 5 (6): 24-28.

[39] KIM E, SINGH H, OH H, et al. Hormonal Responses to Taekwondo Fighting Simulation Versus Conventional Resistance Exercise in Young Elite Taekwondo Athletes [J]. Archives of Budo, 2019, 15 (6): 75-82.

[40] KIM H B, STEBBINS C L, CHAI J H, et al. Taekwondo Training and Fitness in Female Adolescents [J]. J Sports, 2011, 29 (2): 133-138.

[41] KIM J W, KWON M S, YENUGA S S, et al. The Effects of Target Distance on Pivot Hip, Trunk, Pelvis, and Kicking Leg Kinematics in Taekwondo Roundhouse Kicks [J]. Sports Biomech, 2010, 9 (2): 98-114.

[42] KIM J W, NAM S S. Physical Characteristics and Physical Fitness Profiles of Korean Taekwondo Athletes: A Systematic Review [J]. International Journal of Environmental Research and Public Health, 2021, 18 (18): 96-102.

[43] KO M, SARITA N. The Effect of Respiratory Muscle Training on Aerobic and Anaerobic Strength in Adolescent Taekwondo Athletes [J]. Journal of Education Training Studies, 2019, 7 (2): 103-109.

[44] KWOK H. Discrepancies in Fighting Strategies Between Taekwondo Medalists and Non-Medalists [J]. Journal of Human Sport Exercise, 2012, 7

（4）: 806-814.

［45］LATIF R A, MOHAMED R, DAHLAN A, et al. Using Delphi Technique: Making Sense of Consensus in Concept Mapping Structure and Multiple Choice Questions（MCQ）［J］. Education in Medicine Journal, 2016, 8（3）: 89-98.

［46］LIN W L, YEN K T, LU C Y D, et al. Anaerobic Capacity of Elite Taiwanese Taekwondo Athletes［J］. Science & Sports, 2006, 21（5）: 291-293.

［47］ÖLMEZ C. Determining the Motor Skills Affecting the Distance to the Opponent in Taekwondo［J］. Pakistan Journal of Medical and Health Sciences, 2021, 15（10）: 2999-3003.

［48］MARKOVIĆ G, MIŠIGOJ-DURAKOVIĆ M, TRNINIĆ S. Fitness Profile of elite Croatian Female Taekwondo Athletes［J］. Coll Antropol, 2005, 29（1）: 3-9.

［49］MATSUSHIGUEK A, HARTMANN K, FRANCHINI E. Taekwondo: Physiological Responses and Match Analysis［J］. The Journal of Strength Conditioning Research, 2009, 23（4）: 1112-1117.

［50］MENESCARDI C, ESTEVAN I. Detection of Behavioural Patterns in Olympic Male Taekwondo Athletes［J］. Journal of Human Sport and Exercise, 2017, 12（2）: 435-445.

［51］MENESCARDI C, FALCO C, HERNáNDEZ - MENDO A, et al. Design, Validation, and Testing of an Observational Tool for Technical and Tactical Analysis in the Taekwondo Competition at the 2016 Olympic Games［J］. Physiology Behavior, 2020, 224（11）: 112-129.

［52］MENESCARDI C, LOPEZ-LOPEZ J A, FALCO C, et al. Tactical Aspects of a National University Taekwondo Championship in Relation to Round and Match Outcome［J］. Journal of Strength Conditioning Research, 2015, 29（2）: 466-471.

［53］MILLER T A. National Strength and Conditioning Association（NSCA）'s Guide to Tests and Assessments［M］. Champaign: Human Kinetics, 2012.

［54］MIRALI M, MEVALOO S F, BRIDGE C, et al. Anthropometric Profile and Physical Performance of Elite Teakwondo Players［J］. Campinas, 2012, 10

（3）：61-76.

［55］MIRCICA M L, GRIGORE V, PĂUNESCU C. Comparative Study on the Manifestation of Balance Ability in Taekwondo and Karate ［J］. International Congress of Physical Education, Sports and Kinetotherapy, 2019：377-3784

［56］MOHSEN K, JUDITH W, CHRISTOPHER M, et al. A Profile of Olympic Taekwondo Competitors ［J］. Journal of Sports Science Medicine, 2006, 5 （5）：114-121.

［57］NAM J H, KIM E J, CHO E H. Sport Psychological Skill Factors and Scale Development for Taekwondo Athletes ［J］. Int J Environ Res Public Health, 2022, 19 （6）：1-14.

［58］NOORUL H R, WILLY P, ERIE Z Z. Physical Fitness of Recreational Adolescent Taekwondo Athletes ［J］. Brazilian Journal of Biomotricity, 2008, 2 （4）：230-240.

［59］PALOMO A C, SORIANO B. Analysis of the Flexibility Profile in Young Taekwondo Athletes ［J］. Artes Marciales Asiát, 2018, 11 （2）：30-33.

［60］PAMUNGKAS O I, NURFADHILAH R. Level of Psychology of Taekwondo Athletes ［C］ //Proceedings of the Proceedings of the 4th International Conference on Sport Science, Health, and Physical Education （2019）, 2020：91-99.

［61］REVAN S, ARIKAN Ü, BALCI Ü S, et al. Comparison of Somatotypes of Elite Taekwondo Athletes According to Weight Category ［J］. Turkiye Klinikleri Journal of Sports Sciences, 2018, 10 （1）：29-36.

［62］ROCHA F, LOURO H, MATIAS R, et al. Anaerobic Fitness Assessment in Taekwondo Athletes. A New Perspective ［J］. Motricidade, 2016, 12 （2）：127-139.

［63］SADOWSKI J, GIERCZUK D, MILLER J, et al. Success Factors in Male WTF Taekwondo Juniors ［J］. Journal of Combat Sports Martial Arts, 2012, 3 （1）：47-51.

［64］SANT'ANA J, DIEFENTHAELER F, PUPO J D, et al. Anaerobic Evaluation of Taekwondo Athletes: Original Research ［J］. International SportMed Journal, 2014, 15 （4）：492.

［65］ SANTOS J, FRANCHINI E. Frequency Speed of Kick Test Performance Comparison Between Female Taekwondo Athletes of Different Competitive Levels ［J］. Journal of Strength Conditioning Research, 2018, 32 (10): 2934-2938.

［66］ SANTOS J, LOTURCO I, FRANCHINI E. Relationship Between Frequency Speed of Kick Test Performance, Optimal Load, and Anthropometric Variables in Black-Belt Taekwondo Athletes ［J］. Ido Movement for Culture, 2018, 18 (1): 39-44.

［67］ SANTOS V G, FRANCHINI E, LIMA - SILVA A E. Relationship Between Attack and Skipping in Taekwondo Contests ［J］. Journal of Strength Conditioning Research, 2011, 25 (6): 1743-1751.

［68］ SHEPPARD J M, YOUNG W B. Agility Literature Review: Classifications, Training and Testing ［J］. Journal of Sports Sciences, 2006, 24 (9): 919-932.

［69］ SOTOODEH M S, TALEBI R, HEMAYATTALAB R, et al. Comparison of Selected Mental Skills between Elite and Non-elite Taekwondo Male and Female Athletes ［J］. World Journal of Sport Sciences, 2012, 6 (1): 32-38.

［70］ SUPPIAH P K, MAT-RASID A, JOUMMY A J, et al. The Strategy Differences and Movement Pattern Between Medalist and Non-Medalist Taekwondo Youth Athlete ［J］. Journal of Fundamental, 2017, 9 (2S): 858-868.

［71］ TABBEN M, CONTE D, HADDAD M, et al. Technical and Tactical Discriminatory Factors Between Winners and Defeated Elite Karate Athletes ［J］. International journal of sports physiology performance, 2018, 14 (5): 1-19.

［72］ TABORRI J, MOLINARO L, MONTECCHIANI M, et al. Assessing the Effects of Kata and Kumite Techniques on Physical Performance in Elite Karatekas ［J］. Sensors, 2020, 20 (3186): 1-1.

［73］ TAYECH A, MEJRI M A, CHAABENE H, et al. Test - Retest Reliability and Criterion Validity of a New Taekwondo Anaerobic Intermittent Kick Test ［J］. Journal of Sports Medicine Physical Fitness, 2018, 58 (6): 1-8.

［74］ TORNELLO F, CAPRANICA L, CHIODO S, et al. Time-Motion Analysis of Youth Olympic Taekwondo Combats ［J］. Journal of Strength Conditioning

Research, 2013, 27 (1): 223-228.

[75] TORNELLO F, CAPRANICA L, MINGANTI C, et al. Technical - Tactical Analysis of Youth Olympic Taekwondo Combat [J]. Journal of Strength and Conditioning Research, 2014, 28 (4): 1151-1157.

[76] TOSKOVIC N N, BLESSING D, WILLIFORD H N. Physiologic Profile of Recreational Male and Female Novice and Experienced Tae Kwon Do Practitioners [J]. J Sports Med Phys Fitness, 2004, 44 (2): 164-172.

[77] WAZIR M R W N, HIEL M V, MOSTAERT M, et al. Identification of Elite Performance Characteristics in a Small Sample of Taekwondo Athletes [J]. PLOS ONE, 2019, 14 (5): 231-236.

[78] WILLARDSON M. Core Stability Training: Applications to Sports Conditioning Programs [J]. The Journal of Strength Conditioning Research, 2007, 21 (3): 979-985.

[79] YILMAZ D S, AYDEMIR B. The Relationship Between Body Compositions of Taekwondo Practitioners Aged 14-16 and Their Aerobic Endurance [J]. Pakistan Journal of Medical and Health Sciences, 2021, 15 (10): 3438-3440.

[80] YONG J K, YONG-HWAN C, YONG C R, et al. Value - Based Stakeholder Loyalty Toward Sport Technology A Case of the Electronic Body Protector and Scoring System in Taekwondo Events [J]. International Journal of Sport Science, 2014, 35 (10): 46-62.

[81] ZAGO M, MAPELLI A, SHIRAI Y F, et al. Dynamic Baiance in Elite Karateka [J]. Journal of Electrmy ography Kiniology, 2015, 25 (6): 894-900.

附　录

附录 A　专家访谈提纲

1. 您认为跆拳道女子运动员的竞技能力是由哪些要素构成的?

2. 您认为构成跆拳道女子运动员竞技能力的要素中哪些对致胜起到关键作用?

3. 您认为跆拳道实战比赛的制胜要素有哪些?

4. 您认为评价跆拳道女子运动员身体形态的指标应该包括哪些内容?

5. 您认为评价跆拳道女子运动员身体机能的指标应该包括哪些内容?

6. 您认为评价跆拳道女子运动员身体素质的指标应该包括哪些内容?

7. 您认为评价跆拳道女子运动员技术能力的指标应该包括哪些内容?

8. 您认为评价跆拳道女子运动员战术能力的指标应该包括哪些内容?

9. 您认为评价跆拳道女子运动员心理能力的指标应该包括哪些内容?

10. 您认为评价跆拳道女子运动员智力能力的指标应该包括哪些内容?

11. 您认为我国优秀女子跆拳道运动员现今技术和战术的发展特征以及发展趋势如何?

附录 B 我国女子跆拳道运动员竞技能力评价指标调查问卷

尊敬的专家：

您好！我们研究的课题是《我国优秀女子跆拳道运动员竞技能力特征及评价标准研究》。根据研究目的，需要对跆拳道女子运动员的竞技能力各要素进行评价及测试。您是跆拳道项目的专家，恳请您根据多年的执教经验，结合跆拳道项目特点，对跆拳道女子运动员竞技能力构成的指标体系进行评判和选择。您的意见对本书至关重要，您的回答仅用于本课题研究，无其他用途，并绝对保密，非常感谢您的支持和帮助！

敬祝工作顺利，身体健康！

导师：刘卫军　教授

博士研究生：金鹭

表 B-1　专家基本信息表

姓名		性别	
年龄		工作单位	
职称	[ ] 国家级　　[ ] 高级　　　[ ] 中级　　[ ] 初级		
	[ ] 教授　　　[ ] 副教授　　[ ] 讲师　　[ ] 助教		
学历	[ ] 中专　　[ ] 大专　　[ ] 本科　　[ ] 硕士 [ ] 博士		
从事教学或训练年限	[ ] 3 年以下　[ ] 3-5 年　[ ] 6-8 年　[ ] 9-12 年 [ ] 12 年以上		

表 B-2　身体形态指标评选表

二级指标	三级指标	重要程度（由高至低）
长度指标	指间距	[ ] 5 [ ] 4 [ ] 3 [ ] 2 [ ] 1
	下肢长	[ ] 5 [ ] 4 [ ] 3 [ ] 2 [ ] 1
	跟腱长	[ ] 5 [ ] 4 [ ] 3 [ ] 2 [ ] 1
	小腿长	[ ] 5 [ ] 4 [ ] 3 [ ] 2 [ ] 1

续表

二级指标	三级指标	重要程度（由高至低）				
宽度指标	肩宽	[ ] 5	[ ] 4	[ ] 3	[ ] 2	[ ] 1
	骨盆宽	[ ] 5	[ ] 4	[ ] 3	[ ] 2	[ ] 1
围度指标	上臂紧张围	[ ] 5	[ ] 4	[ ] 3	[ ] 2	[ ] 1
	臀围	[ ] 5	[ ] 4	[ ] 3	[ ] 2	[ ] 1
	踝围	[ ] 5	[ ] 4	[ ] 3	[ ] 2	[ ] 1
	腰围	[ ] 5	[ ] 4	[ ] 3	[ ] 2	[ ] 1
	小腿围	[ ] 5	[ ] 4	[ ] 3	[ ] 2	[ ] 1
充实度指标	体脂百分比	[ ] 5	[ ] 4	[ ] 3	[ ] 2	[ ] 1
	皮脂厚度	[ ] 5	[ ] 4	[ ] 3	[ ] 2	[ ] 1
	克托莱指数	[ ] 5	[ ] 4	[ ] 3	[ ] 2	[ ] 1
	BMI	[ ] 5	[ ] 4	[ ] 3	[ ] 2	[ ] 1
补充及修改指标：						

表 B-3　身体机能指标评选表

二级指标	三级指标	重要程度（由高至低）				
有氧能力	最大摄氧量	[ ] 5	[ ] 4	[ ] 3	[ ] 2	[ ] 1
	相对最大摄氧量	[ ] 5	[ ] 4	[ ] 3	[ ] 2	[ ] 1
	肺活量	[ ] 5	[ ] 4	[ ] 3	[ ] 2	[ ] 1
无氧能力	平均无氧功率	[ ] 5	[ ] 4	[ ] 3	[ ] 2	[ ] 1
	相对平均无氧功率	[ ] 5	[ ] 4	[ ] 3	[ ] 2	[ ] 1
	最大无氧功率	[ ] 5	[ ] 4	[ ] 3	[ ] 2	[ ] 1
	相对最大无氧功率	[ ] 5	[ ] 4	[ ] 3	[ ] 2	[ ] 1
心血管系统	安静心率	[ ] 5	[ ] 4	[ ] 3	[ ] 2	[ ] 1
	最高心率	[ ] 5	[ ] 4	[ ] 3	[ ] 2	[ ] 1
肌肉负荷	肌酸激酶	[ ] 5	[ ] 4	[ ] 3	[ ] 2	[ ] 1
	血尿素	[ ] 5	[ ] 4	[ ] 3	[ ] 2	[ ] 1
内分泌	血睾酮	[ ] 5	[ ] 4	[ ] 3	[ ] 2	[ ] 1
	血清皮质醇	[ ] 5	[ ] 4	[ ] 3	[ ] 2	[ ] 1

续表

二级指标	三级指标	重要程度（由高至低）
氧运转能力	血红蛋白	[ ] 5 [ ] 4 [ ] 3 [ ] 2 [ ] 1
	红细胞	[ ] 5 [ ] 4 [ ] 3 [ ] 2 [ ] 1
	红细胞压积	[ ] 5 [ ] 4 [ ] 3 [ ] 2 [ ] 1
	白细胞	[ ] 5 [ ] 4 [ ] 3 [ ] 2 [ ] 1
补充及修改指标：		

表 B-4 身体素质指标评选表

二级指标	三级指标	重要程度（由高至低）
力量素质	立定跳远	[ ] 5 [ ] 4 [ ] 3 [ ] 2 [ ] 1
	垂直纵跳	[ ] 5 [ ] 4 [ ] 3 [ ] 2 [ ] 1
	深蹲相对力量（最大力量/体重）	[ ] 5 [ ] 4 [ ] 3 [ ] 2 [ ] 1
	俯卧推拉球	[ ] 5 [ ] 4 [ ] 3 [ ] 2 [ ] 1
	卧推相对力量（最大力量/体重）	[ ] 5 [ ] 4 [ ] 3 [ ] 2 [ ] 1
	单腿支撑横踢高位连续击靶（不落地）	[ ] 5 [ ] 4 [ ] 3 [ ] 2 [ ] 1
	侧踢中位变横踢高位组合击靶	[ ] 5 [ ] 4 [ ] 3 [ ] 2 [ ] 1
	横踢中位变下劈高位组合击靶	[ ] 5 [ ] 4 [ ] 3 [ ] 2 [ ] 1
补充及修改指标：		
耐力素质	800 米	[ ] 5 [ ] 4 [ ] 3 [ ] 2 [ ] 1
	1500 米	[ ] 5 [ ] 4 [ ] 3 [ ] 2 [ ] 1
	3000 米	[ ] 5 [ ] 4 [ ] 3 [ ] 2 [ ] 1
	背肌耐力	[ ] 5 [ ] 4 [ ] 3 [ ] 2 [ ] 1
	腹肌耐力	[ ] 5 [ ] 4 [ ] 3 [ ] 2 [ ] 1
	横踢中位+高位组合击靶（左腿+右腿）	[ ] 5 [ ] 4 [ ] 3 [ ] 2 [ ] 1

二级指标	三级指标	重要程度（由高至低）
耐力素质	侧踢+下劈组合击靶（左腿+右腿）	[ ] 5 [ ] 4 [ ] 3 [ ] 2 [ ] 1
	单腿支撑侧踢高位连续击靶（不落地）	[ ] 5 [ ] 4 [ ] 3 [ ] 2 [ ] 1
补充及修改指标：		
速度素质	30 米	[ ] 5 [ ] 4 [ ] 3 [ ] 2 [ ] 1
	50 米	[ ] 5 [ ] 4 [ ] 3 [ ] 2 [ ] 1
	100 米	[ ] 5 [ ] 4 [ ] 3 [ ] 2 [ ] 1
	简单反应时	[ ] 5 [ ] 4 [ ] 3 [ ] 2 [ ] 1
	10 秒原地左右高抬腿	[ ] 5 [ ] 4 [ ] 3 [ ] 2 [ ] 1
	前横踢中位击靶	[ ] 5 [ ] 4 [ ] 3 [ ] 2 [ ] 1
	下劈高位击靶	[ ] 5 [ ] 4 [ ] 3 [ ] 2 [ ] 1
	侧踢中位击靶	[ ] 5 [ ] 4 [ ] 3 [ ] 2 [ ] 1
补充及修改指标：		
柔韧素质	坐位体前屈	[ ] 5 [ ] 4 [ ] 3 [ ] 2 [ ] 1
	横叉	[ ] 5 [ ] 4 [ ] 3 [ ] 2 [ ] 1
	竖叉	[ ] 5 [ ] 4 [ ] 3 [ ] 2 [ ] 1
	蝴蝶压	[ ] 5 [ ] 4 [ ] 3 [ ] 2 [ ] 1
补充及修改指标：		
灵敏素质	T 形跑（T 形跑）	[ ] 5 [ ] 4 [ ] 3 [ ] 2 [ ] 1
	十字变向跳（顺时针）	[ ] 5 [ ] 4 [ ] 3 [ ] 2 [ ] 1
	4 米–8 米–4 米往返跑	[ ] 5 [ ] 4 [ ] 3 [ ] 2 [ ] 1
	六边形跳	[ ] 5 [ ] 4 [ ] 3 [ ] 2 [ ] 1
补充及修改指标：		
协调素质	1 分钟跳绳（双摇）	[ ] 5 [ ] 4 [ ] 3 [ ] 2 [ ] 1
	滑步往返触地	[ ] 5 [ ] 4 [ ] 3 [ ] 2 [ ] 1
	10 秒左右腿提膝	
	20 秒前横踢中位进攻+后横踢高位反击	[ ] 5 [ ] 4 [ ] 3 [ ] 2 [ ] 1

二级指标	三级指标	重要程度（由高至低）
协调素质	20 秒前横踢中位迎击+后踢	[ ] 5 [ ] 4 [ ] 3 [ ] 2 [ ] 1
补充及修改指标：		
平衡素质	Y 平衡测试	[ ] 5 [ ] 4 [ ] 3 [ ] 2 [ ] 1
	平衡失误计分 系统测试（BESS）	[ ] 5 [ ] 4 [ ] 3 [ ] 2 [ ] 1
	星状伸展平衡测试（SEBT）	[ ] 5 [ ] 4 [ ] 3 [ ] 2 [ ] 1
	20 秒连续旋风踢中位移动靶	[ ] 5 [ ] 4 [ ] 3 [ ] 2 [ ] 1
	单脚平衡球站立	[ ] 5 [ ] 4 [ ] 3 [ ] 2 [ ] 1
	横踢控腿平衡测试（睁眼）	[ ] 5 [ ] 4 [ ] 3 [ ] 2 [ ] 1
补充及修改指标：		

表 B-5 技术能力指标评选表

二级指标	三级指标	重要程度（由高至低）
常规技术	横踢	[ ] 5 [ ] 4 [ ] 3 [ ] 2 [ ] 1
	下劈	[ ] 5 [ ] 4 [ ] 3 [ ] 2 [ ] 1
	摆踢	[ ] 5 [ ] 4 [ ] 3 [ ] 2 [ ] 1
	后踢	[ ] 5 [ ] 4 [ ] 3 [ ] 2 [ ] 1
	侧踢	[ ] 5 [ ] 4 [ ] 3 [ ] 2 [ ] 1
	推踢	[ ] 5 [ ] 4 [ ] 3 [ ] 2 [ ] 1
	双飞踢	[ ] 5 [ ] 4 [ ] 3 [ ] 2 [ ] 1
	旋风踢	[ ] 5 [ ] 4 [ ] 3 [ ] 2 [ ] 1
	后旋踢	[ ] 5 [ ] 4 [ ] 3 [ ] 2 [ ] 1
	直拳	[ ] 5 [ ] 4 [ ] 3 [ ] 2 [ ] 1
补充及修改指标：		
变线技术	变位连击技术	[ ] 5 [ ] 4 [ ] 3 [ ] 2 [ ] 1
	变线连击技术	[ ] 5 [ ] 4 [ ] 3 [ ] 2 [ ] 1
	变位+变线连击技术	[ ] 5 [ ] 4 [ ] 3 [ ] 2 [ ] 1
补充及修改指标：		

二级指标	三级指标	重要程度（由高至低）
推+踢组合技术	推+横踢	[ ] 5 [ ] 4 [ ] 3 [ ] 2 [ ] 1
	推+下劈	[ ] 5 [ ] 4 [ ] 3 [ ] 2 [ ] 1
	推+双飞踢	[ ] 5 [ ] 4 [ ] 3 [ ] 2 [ ] 1
补充及修改指标：		
防守技术	格挡防守	[ ] 5 [ ] 4 [ ] 3 [ ] 2 [ ] 1
	闪躲防守	[ ] 5 [ ] 4 [ ] 3 [ ] 2 [ ] 1
	步法防守	[ ] 5 [ ] 4 [ ] 3 [ ] 2 [ ] 1
	挑腿防守	[ ] 5 [ ] 4 [ ] 3 [ ] 2 [ ] 1
	贴靠防守	[ ] 5 [ ] 4 [ ] 3 [ ] 2 [ ] 1
	犯规防守	[ ] 5 [ ] 4 [ ] 3 [ ] 2 [ ] 1
补充及修改指标：		
技术应用能力	进攻距离	[ ] 5 [ ] 4 [ ] 3 [ ] 2 [ ] 1
	进攻时机	[ ] 5 [ ] 4 [ ] 3 [ ] 2 [ ] 1
	进攻效果	[ ] 5 [ ] 4 [ ] 3 [ ] 2 [ ] 1
	进攻节奏	[ ] 5 [ ] 4 [ ] 3 [ ] 2 [ ] 1
	进攻控制	[ ] 5 [ ] 4 [ ] 3 [ ] 2 [ ] 1
	防守距离	[ ] 5 [ ] 4 [ ] 3 [ ] 2 [ ] 1
	防守时机	[ ] 5 [ ] 4 [ ] 3 [ ] 2 [ ] 1
	防守效果	[ ] 5 [ ] 4 [ ] 3 [ ] 2 [ ] 1
补充及修改指标：		

表 B-6　战术、心理和智能指标评选表

二级指标	三级指标	重要程度
进攻战术	直接进攻	[ ] 5 [ ] 4 [ ] 3 [ ] 2 [ ] 1
	间接进攻	[ ] 5 [ ] 4 [ ] 3 [ ] 2 [ ] 1
反击战术	迎击（同时反击）	[ ] 5 [ ] 4 [ ] 3 [ ] 2 [ ] 1
	防守反击	[ ] 5 [ ] 4 [ ] 3 [ ] 2 [ ] 1

续表

二级指标	三级指标	重要程度
连续+转换战术	连续进攻	[ ] 5 [ ] 4 [ ] 3 [ ] 2 [ ] 1
	连续反击	[ ] 5 [ ] 4 [ ] 3 [ ] 2 [ ] 1
	攻+反转换	[ ] 5 [ ] 4 [ ] 3 [ ] 2 [ ] 1
	反+攻转换	[ ] 5 [ ] 4 [ ] 3 [ ] 2 [ ] 1
	攻+防+反转换	[ ] 5 [ ] 4 [ ] 3 [ ] 2 [ ] 1
	反+防+攻转换	[ ] 5 [ ] 4 [ ] 3 [ ] 2 [ ] 1
补充及修改指标：		
战术应用能力	进攻意识	[ ] 5 [ ] 4 [ ] 3 [ ] 2 [ ] 1
	防守意识	[ ] 5 [ ] 4 [ ] 3 [ ] 2 [ ] 1
	创造时机	[ ] 5 [ ] 4 [ ] 3 [ ] 2 [ ] 1
	把握时机	[ ] 5 [ ] 4 [ ] 3 [ ] 2 [ ] 1
	战术执行	[ ] 5 [ ] 4 [ ] 3 [ ] 2 [ ] 1
	战术转换	[ ] 5 [ ] 4 [ ] 3 [ ] 2 [ ] 1
	反击意识	[ ] 5 [ ] 4 [ ] 3 [ ] 2 [ ] 1
补充及修改指标：		
心理过程	思维	[ ] 5 [ ] 4 [ ] 3 [ ] 2 [ ] 1
	注意	[ ] 5 [ ] 4 [ ] 3 [ ] 2 [ ] 1
	情绪	[ ] 5 [ ] 4 [ ] 3 [ ] 2 [ ] 1
	意志	[ ] 5 [ ] 4 [ ] 3 [ ] 2 [ ] 1
	自信	[ ] 5 [ ] 4 [ ] 3 [ ] 2 [ ] 1
	动机	[ ] 5 [ ] 4 [ ] 3 [ ] 2 [ ] 1
一般智能	智力水平	[ ] 5 [ ] 4 [ ] 3 [ ] 2 [ ] 1
补充及修改指标：		

附录 C　我国跆拳道女子运动员竞技能力评价指标体系专家意见调查表（第一轮）问卷

尊敬的专家：

您好！鉴于您的学识和成就，我诚挚邀请您参加我论文研究的专家调查！

首先，非常感谢您能参加我这项研究的德尔菲法专家调查，感谢您在百忙中抽出时间来完成问卷填写工作，对您的支持和帮助表示衷心感谢！

本书在前期的研究中，通过查阅文献、专家访谈及教练员问卷调查等方法，对跆拳道运动员竞技能力指标的内容进行了深入分析，初步建立了跆拳道女子运动员竞技能力指标体系。本次专家调查的目的是要建立系统、科学、全面、可操作性强的跆拳道运动员竞技能力的评价指标体系。请您根据自己的经验对初步构建的跆拳道女子运动员竞技能力评价指标体系进行判断和选择，您的意见对本书至关重要。

敬祝工作顺利，身体健康！

导师：刘卫军　教授

博士研究生：金鹭

一、专家基本情况

（此调查只做研究使用，绝不泄露个人信息，请根据您的个人情况，填写有关信息。）

	年龄	性别	
研究方向		参加工作年限	
职称	[ ] 国家级　[ ] 高级　[ ] 中级　[ ] 初级		
	[ ] 教授　[ ] 副教授　[ ] 讲师　[ ] 助教		
最高学位	[ ] 中专　[ ] 大专　[ ] 本科　[ ] 硕士　[ ] 博士		

二、跆拳道女子运动员竞技能力评价指标体系的重要性判断

竞技能力的指标共分为一级、二级和三级，请根据您的理解对每一级的具体指标按其重要程度（5＝很重要，4＝比较重要，3＝一般重要，2＝比较不重要，1＝很不重要）做出判断，并在相应的选项上画"√"。

如您对指标有不同的意见，请您在相应位置进行说明，提出修改、删除或替换的建议。

一级指标	指标重要程度 很重要——很不重要	专家修改意见
身体形态	[ ] 5 [ ] 4 [ ] 3 [ ] 2 [ ] 1	
身体机能	[ ] 5 [ ] 4 [ ] 3 [ ] 2 [ ] 1	
身体素质	[ ] 5 [ ] 4 [ ] 3 [ ] 2 [ ] 1	
技术能力	[ ] 5 [ ] 4 [ ] 3 [ ] 2 [ ] 1	
战术能力	[ ] 5 [ ] 4 [ ] 3 [ ] 2 [ ] 1	
心理能力	[ ] 5 [ ] 4 [ ] 3 [ ] 2 [ ] 1	

请您阅读下列二级评价指标，按其重要程度（5＝很重要，4＝比较重要，3＝一般重要，2＝比较不重要，1＝很不重要）做出判断，并在相应的选项上画"√"，如您对指标有不同的意见，请您在相应位置进行说明，提出修改、删除或替换的建议。

一级指标	二级指标	指标重要程度 很重要——很不重要	专家修改意见
身体形态	长度指标	[ ] 5 [ ] 4 [ ] 3 [ ] 2 [ ] 1	
	宽度指标	[ ] 5 [ ] 4 [ ] 3 [ ] 2 [ ] 1	
	围度指标	[ ] 5 [ ] 4 [ ] 3 [ ] 2 [ ] 1	
	充实度指标	[ ] 5 [ ] 4 [ ] 3 [ ] 2 [ ] 1	
身体机能	有氧能力	[ ] 5 [ ] 4 [ ] 3 [ ] 2 [ ] 1	
	无氧能力	[ ] 5 [ ] 4 [ ] 3 [ ] 2 [ ] 1	

一级指标	二级指标	指标重要程度					专家修改意见
		很重要——很不重要					
身体素质	力量素质	[ ] 5	[ ] 4	[ ] 3	[ ] 2	[ ] 1	
	耐力素质	[ ] 5	[ ] 4	[ ] 3	[ ] 2	[ ] 1	
	速度素质	[ ] 5	[ ] 4	[ ] 3	[ ] 2	[ ] 1	
	柔韧素质	[ ] 5	[ ] 4	[ ] 3	[ ] 2	[ ] 1	
	协调素质	[ ] 5	[ ] 4	[ ] 3	[ ] 2	[ ] 1	
	灵敏素质	[ ] 5	[ ] 4	[ ] 3	[ ] 2	[ ] 1	
	平衡素质	[ ] 5	[ ] 4	[ ] 3	[ ] 2	[ ] 1	
技术	常规技术	[ ] 5	[ ] 4	[ ] 3	[ ] 2	[ ] 1	
	变位变线技术	[ ] 5	[ ] 4	[ ] 3	[ ] 2	[ ] 1	
	防守技术	[ ] 5	[ ] 4	[ ] 3	[ ] 2	[ ] 1	
	技术运用能力	[ ] 5	[ ] 4	[ ] 3	[ ] 2	[ ] 1	
战术	进攻战术	[ ] 5	[ ] 4	[ ] 3	[ ] 2	[ ] 1	
	反击战术	[ ] 5	[ ] 4	[ ] 3	[ ] 2	[ ] 1	
	连续转换战术	[ ] 5	[ ] 4	[ ] 3	[ ] 2	[ ] 1	
	战术运用能力	[ ] 5	[ ] 4	[ ] 3	[ ] 2	[ ] 1	
心理	情绪	[ ] 5	[ ] 4	[ ] 3	[ ] 2	[ ] 1	
	意志	[ ] 5	[ ] 4	[ ] 3	[ ] 2	[ ] 1	
	自信	[ ] 5	[ ] 4	[ ] 3	[ ] 2	[ ] 1	
智能	智力水平	[ ] 5	[ ] 4	[ ] 3	[ ] 2	[ ] 1	
补充及修改指标：							

请您阅读下列三级评价指标，按其重要程度（5＝很重要，4＝比较重要，3＝一般重要，2＝比较不重要，1＝很不重要）做出判断，并在相应的选项上画"√"，如您对指标有不同的意见，请您在相应位置进行说明，提出修改、删除或替换的建议。

1. 身体形态

二级指标	三级指标	指标重要程度 很重要——很不重要					专家修改意见
长度指标	指间距	[ ] 5	[ ] 4	[ ] 3	[ ] 2	[ ] 1	
	下肢长	[ ] 5	[ ] 4	[ ] 3	[ ] 2	[ ] 1	
	跟腱长	[ ] 5	[ ] 4	[ ] 3	[ ] 2	[ ] 1	
	小腿长	[ ] 5	[ ] 4	[ ] 3	[ ] 2	[ ] 1	
	身高	[ ] 5	[ ] 4	[ ] 3	[ ] 2	[ ] 1	
	指距/身高	[ ] 5	[ ] 4	[ ] 3	[ ] 2	[ ] 1	
	下肢长/身高×100	[ ] 5	[ ] 4	[ ] 3	[ ] 2	[ ] 1	
宽度指标	肩宽	[ ] 5	[ ] 4	[ ] 3	[ ] 2	[ ] 1	
	骨盆宽	[ ] 5	[ ] 4	[ ] 3	[ ] 2	[ ] 1	
围度指标	踝围	[ ] 5	[ ] 4	[ ] 3	[ ] 2	[ ] 1	
	踝围/跟腱×100	[ ] 5	[ ] 4	[ ] 3	[ ] 2	[ ] 1	
	大腿围	[ ] 5	[ ] 4	[ ] 3	[ ] 2	[ ] 1	
	小腿围	[ ] 5	[ ] 4	[ ] 3	[ ] 2	[ ] 1	
	腰围	[ ] 5	[ ] 4	[ ] 3	[ ] 2	[ ] 1	
充实度指标	体重	[ ] 5	[ ] 4	[ ] 3	[ ] 2	[ ] 1	
	克托莱指数	[ ] 5	[ ] 4	[ ] 3	[ ] 2	[ ] 1	
	BMI	[ ] 5	[ ] 4	[ ] 3	[ ] 2	[ ] 1	
补充及修改指标：							

2. 身体机能

	最大摄氧量	[ ] 5	[ ] 4	[ ] 3	[ ] 2	[ ] 1
有氧能力	相对最大摄氧量	[ ] 5	[ ] 4	[ ] 3	[ ] 2	[ ] 1
	肺活量	[ ] 5	[ ] 4	[ ] 3	[ ] 2	[ ] 1
	肺活量/体重	[ ] 5	[ ] 4	[ ] 3	[ ] 2	[ ] 1

无氧能力	最大无氧功率	[　] 5 [　] 4 [　] 3 [　] 2 [　] 1
	相对最大无氧功率	[　] 5 [　] 4 [　] 3 [　] 2 [　] 1
	平均无氧功率	[　] 5 [　] 4 [　] 3 [　] 2 [　] 1
	相对平均无氧功率	[　] 5 [　] 4 [　] 3 [　] 2 [　] 1

补充及修改指标:

3. 身体素质

力量素质	立定跳远	[　] 5 [　] 4 [　] 3 [　] 2 [　] 1	
	深蹲相对力量	[　] 5 [　] 4 [　] 3 [　] 2 [　] 1	
	俯卧推拉球	[　] 5 [　] 4 [　] 3 [　] 2 [　] 1	
	卧推相对力量	[　] 5 [　] 4 [　] 3 [　] 2 [　] 1	
	负重单腿支撑横踢高位连续击靶	[　] 5 [　] 4 [　] 3 [　] 2 [　] 1	
	负重横踢中位变下劈高位组合	[　] 5 [　] 4 [　] 3 [　] 2 [　] 1	
耐力素质	800 米	[　] 5 [　] 4 [　] 3 [　] 2 [　] 1	
	3000 米	[　] 5 [　] 4 [　] 3 [　] 2 [　] 1	
	背肌耐力	[　] 5 [　] 4 [　] 3 [　] 2 [　] 1	
	腹肌耐力	[　] 5 [　] 4 [　] 3 [　] 2 [　] 1	
	1 分钟侧踢加下劈组合	[　] 5 [　] 4 [　] 3 [　] 2 [　] 1	
	1 分钟单腿支撑横踢高位连续	[　] 5 [　] 4 [　] 3 [　] 2 [　] 1	
速度素质	30 米	[　] 5 [　] 4 [　] 3 [　] 2 [　] 1	
	100 米	[　] 5 [　] 4 [　] 3 [　] 2 [　] 1	
	10 秒前横踢中位击靶	[　] 5 [　] 4 [　] 3 [　] 2 [　] 1	
	10 秒下劈高位击靶	[　] 5 [　] 4 [　] 3 [　] 2 [　] 1	
柔韧素质	坐位体前屈	[　] 5 [　] 4 [　] 3 [　] 2 [　] 1	
	横叉	[　] 5 [　] 4 [　] 3 [　] 2 [　] 1	
	竖叉	[　] 5 [　] 4 [　] 3 [　] 2 [　] 1	

续表

灵敏素质	T 形跑	[ ] 5	[ ] 4	[ ] 3	[ ] 2	[ ] 1	
	往返跑	[ ] 5	[ ] 4	[ ] 3	[ ] 2	[ ] 1	
	20 秒前横踢中位进攻加后横踢高位反击	[ ] 5	[ ] 4	[ ] 3	[ ] 2	[ ] 1	
协调素质	单腿十字象限跳	[ ] 5	[ ] 4	[ ] 3	[ ] 2	[ ] 1	
	六边形跳	[ ] 5	[ ] 4	[ ] 3	[ ] 2	[ ] 1	
	1 分钟跳绳	[ ] 5	[ ] 4	[ ] 3	[ ] 2	[ ] 1	
平衡素质	Y 平衡测试	[ ] 5	[ ] 4	[ ] 3	[ ] 2	[ ] 1	
	星状伸展平衡测试	[ ] 5	[ ] 4	[ ] 3	[ ] 2	[ ] 1	
	平衡球横踢控腿	[ ] 5	[ ] 4	[ ] 3	[ ] 2	[ ] 1	
	20 秒旋风踢	[ ] 5	[ ] 4	[ ] 3	[ ] 2	[ ] 1	
补充及修改指标：							

4. 技术能力指标

攻击技术	横踢	[ ] 5	[ ] 4	[ ] 3	[ ] 2	[ ] 1	
	下劈	[ ] 5	[ ] 4	[ ] 3	[ ] 2	[ ] 1	
	摆踢	[ ] 5	[ ] 4	[ ] 3	[ ] 2	[ ] 1	
	后踢	[ ] 5	[ ] 4	[ ] 3	[ ] 2	[ ] 1	
	侧踢	[ ] 5	[ ] 4	[ ] 3	[ ] 2	[ ] 1	
	双飞踢	[ ] 5	[ ] 4	[ ] 3	[ ] 2	[ ] 1	
	旋风踢	[ ] 5	[ ] 4	[ ] 3	[ ] 2	[ ] 1	
	后旋踢	[ ] 5	[ ] 4	[ ] 3	[ ] 2	[ ] 1	
	直拳	[ ] 5	[ ] 4	[ ] 3	[ ] 2	[ ] 1	
	变位连击技术	[ ] 5	[ ] 4	[ ] 3	[ ] 2	[ ] 1	
	变线连击技术	[ ] 5	[ ] 4	[ ] 3	[ ] 2	[ ] 1	
	变位+变线连击技术	[ ] 5	[ ] 4	[ ] 3	[ ] 2	[ ] 1	

	格挡防守	[ ] 5 [ ] 4 [ ] 3 [ ] 2 [ ] 1	
	闪躲防守	[ ] 5 [ ] 4 [ ] 3 [ ] 2 [ ] 1	
防守技术	步法防守	[ ] 5 [ ] 4 [ ] 3 [ ] 2 [ ] 1	
	挑腿防守	[ ] 5 [ ] 4 [ ] 3 [ ] 2 [ ] 1	
	贴靠防守	[ ] 5 [ ] 4 [ ] 3 [ ] 2 [ ] 1	
	犯规防守	[ ] 5 [ ] 4 [ ] 3 [ ] 2 [ ] 1	
技术应用能力	进攻距离	[ ] 5 [ ] 4 [ ] 3 [ ] 2 [ ] 1	
	进攻时机	[ ] 5 [ ] 4 [ ] 3 [ ] 2 [ ] 1	
	进攻效果	[ ] 5 [ ] 4 [ ] 3 [ ] 2 [ ] 1	
	防守距离	[ ] 5 [ ] 4 [ ] 3 [ ] 2 [ ] 1	
	防守时机	[ ] 5 [ ] 4 [ ] 3 [ ] 2 [ ] 1	
	防守效果	[ ] 5 [ ] 4 [ ] 3 [ ] 2 [ ] 1	
补充及修改指标：			

5. 技术、战术、心理和智能指标

进攻战术	直接进攻	[ ] 5 [ ] 4 [ ] 3 [ ] 2 [ ] 1	
	间接进攻	[ ] 5 [ ] 4 [ ] 3 [ ] 2 [ ] 1	
反击战术	迎击	[ ] 5 [ ] 4 [ ] 3 [ ] 2 [ ] 1	
	防守反击	[ ] 5 [ ] 4 [ ] 3 [ ] 2 [ ] 1	
连续+转换战术	连续战术	[ ] 5 [ ] 4 [ ] 3 [ ] 2 [ ] 1	
	转换战术	[ ] 5 [ ] 4 [ ] 3 [ ] 2 [ ] 1	
战术应用能力	创造时机	[ ] 5 [ ] 4 [ ] 3 [ ] 2 [ ] 1	
	进攻意识	[ ] 5 [ ] 4 [ ] 3 [ ] 2 [ ] 1	
	把握时机	[ ] 5 [ ] 4 [ ] 3 [ ] 2 [ ] 1	
	战术转换	[ ] 5 [ ] 4 [ ] 3 [ ] 2 [ ] 1	
	反击意识	[ ] 5 [ ] 4 [ ] 3 [ ] 2 [ ] 1	
	防守意识	[ ] 5 [ ] 4 [ ] 3 [ ] 2 [ ] 1	
补充及修改指标：			
情绪	赛前情绪	[ ] 5 [ ] 4 [ ] 3 [ ] 2 [ ] 1	

续表

进攻战术	直接进攻	[　]5[　]4[　]3[　]2[　]1	
	间接进攻	[　]5[　]4[　]3[　]2[　]1	
意志	意志品质	[　]5[　]4[　]3[　]2[　]1	
自信	运动自信	[　]5[　]4[　]3[　]2[　]1	
智力水平	瑞文标准推理检测	[　]5[　]4[　]3[　]2[　]1	
补充及修改指标：			

三、附言

（请填写开放式建议或意见）

_____

_____

_____

_____

四、专家填表情况调查

您对本次调查内容的熟练程度		
[　]很熟悉　　[　]比较熟悉　　[　]一般熟悉　　[　]比较不熟悉[　]很不熟悉		
您对本次调查内容的判断依据		
判断依据	对您判断的影响程度	
	大	中	小
实践经验			
理论分析			
参考国内外相关资料			
主观感觉			

衷心感谢您的支持和帮助！

附录 D　我国跆拳道女子运动员竞技能力评价指标体系专家意见调查表（第二轮）问卷

尊敬的专家：

您好！非常感谢您能参加第二轮德尔菲法（Delphi）专家调查，感谢您在百忙中抽出时间来完成问卷填写工作，对您的支持和帮助表示衷心感谢！

前期在相关领域专家们的大力支持和积极配合下，第一轮专家问卷已完成。专家们对各项指标的重要程度进行了判断，并提出了一些建设性的意见。综合各位专家的意见，结合预测试的结果，对跆拳道运动员竞技能力评价指标进行了修订和增减，并形成了第二轮专家意见调查表。请您根据自己的经验再次对跆拳道女子运动员竞技能力评价指标进行判断和选择，您的意见对本书至关重要。

敬祝工作顺利，身体健康！

导师：刘卫军　教授

博士研究生：金鹭

一、专家基本情况

（此调查只做研究使用，绝不泄露个人信息，请根据您的个人情况，填写有关信息。）

年龄		性别	
研究方向		参加工作年限	
职称	[ ] 国家级　　[ ] 高级　　　[ ] 中级　　[ ] 初级		
	[ ] 教授　　　[ ] 副教授　　[ ] 讲师　　[ ] 助教		
最高学位	[ ] 中专　　[ ] 大专　　[ ] 本科　　[ ] 硕士 [ ] 博士		

二、跆拳道女子运动员竞技能力评价指标体系的重要性判断

竞技能力的指标共分为一级、二级和三级，请根据您的理解对每一级的具体指标按其重要程度（5＝很重要，4＝比较重要，3＝一般重要，2＝比较不重要，1＝很不重要）做出判断，并在相应的选项上画"√"。

如您对指标有不同的意见，请您在相应位置进行说明，提出修改、删除或替换的建议。

一级指标	指标重要程度		专家修改意见
	很重要——很不重要		
身体形态	[ ] 5 [ ] 4 [ ] 3 [ ] 2 [ ] 1		
身体机能	[ ] 5 [ ] 4 [ ] 3 [ ] 2 [ ] 1		
身体素质	[ ] 5 [ ] 4 [ ] 3 [ ] 2 [ ] 1		
技术能力	[ ] 5 [ ] 4 [ ] 3 [ ] 2 [ ] 1		
战术能力	[ ] 5 [ ] 4 [ ] 3 [ ] 2 [ ] 1		
心理能力	[ ] 5 [ ] 4 [ ] 3 [ ] 2 [ ] 1		

请您阅读下列二级和三级评价指标，按其重要程度（5＝很重要，4＝比较重要，3＝一般重要，2＝比较不重要，1＝很不重要）做出判断，并在相应的选项上画"√"，如您对指标有不同的意见，请您在相应位置进行说明，提出修改、删除或替换的建议。

二级指标	三级指标	指标重要程度		专家修改意见
		很重要——很不重要		
长度指标	指间距	[ ] 5 [ ] 4 [ ] 3 [ ] 2 [ ] 1		
	下肢长	[ ] 5 [ ] 4 [ ] 3 [ ] 2 [ ] 1		
	跟腱长	[ ] 5 [ ] 4 [ ] 3 [ ] 2 [ ] 1		
	小腿长	[ ] 5 [ ] 4 [ ] 3 [ ] 2 [ ] 1		
	身高	[ ] 5 [ ] 4 [ ] 3 [ ] 2 [ ] 1		
	指距/身高	[ ] 5 [ ] 4 [ ] 3 [ ] 2 [ ] 1		
长度指标	下肢长/身高×100	[ ] 5 [ ] 4 [ ] 3 [ ] 2 [ ] 1		

二级指标	三级指标	指标重要程度 很重要——很不重要					专家修改意见
宽度指标	骨盆髋	[ ] 5	[ ] 4	[ ] 3	[ ] 2	[ ] 1	
围度指标	踝围	[ ] 5	[ ] 4	[ ] 3	[ ] 2	[ ] 1	
	踝围/跟腱×100	[ ] 5	[ ] 4	[ ] 3	[ ] 2	[ ] 1	
	大腿围	[ ] 5	[ ] 4	[ ] 3	[ ] 2	[ ] 1	
	小腿围	[ ] 5	[ ] 4	[ ] 3	[ ] 2	[ ] 1	
充实度指标	体重	[ ] 5	[ ] 4	[ ] 3	[ ] 2	[ ] 1	
	克托莱指标	[ ] 5	[ ] 4	[ ] 3	[ ] 2	[ ] 1	
补充与修改指标：							
有氧能力	最大摄氧量	[ ] 5	[ ] 4	[ ] 3	[ ] 2	[ ] 1	
	相对最大摄氧量	[ ] 5	[ ] 4	[ ] 3	[ ] 2	[ ] 1	
	肺活量	[ ] 5	[ ] 4	[ ] 3	[ ] 2	[ ] 1	
	肺活量/体重	[ ] 5	[ ] 4	[ ] 3	[ ] 2	[ ] 1	
	心功指数	[ ] 5	[ ] 4	[ ] 3	[ ] 2	[ ] 1	
无氧能力	最大无氧功率	[ ] 5	[ ] 4	[ ] 3	[ ] 2	[ ] 1	
	相对最大无氧功率	[ ] 5	[ ] 4	[ ] 3	[ ] 2	[ ] 1	
	平均无氧功率	[ ] 5	[ ] 4	[ ] 3	[ ] 2	[ ] 1	
	相对平均无氧功率	[ ] 5	[ ] 4	[ ] 3	[ ] 2	[ ] 1	
补充与修改指标：							
力量素质	立定跳远	[ ] 5	[ ] 4	[ ] 3	[ ] 2	[ ] 1	
	深蹲相对力量	[ ] 5	[ ] 4	[ ] 3	[ ] 2	[ ] 1	
	卧推相对力量	[ ] 5	[ ] 4	[ ] 3	[ ] 2	[ ] 1	
耐力素质	3000 米	[ ] 5	[ ] 4	[ ] 3	[ ] 2	[ ] 1	
	背肌耐力	[ ] 5	[ ] 4	[ ] 3	[ ] 2	[ ] 1	
	腹肌耐力	[ ] 5	[ ] 4	[ ] 3	[ ] 2	[ ] 1	
	1分钟侧踢+下劈组合	[ ] 5	[ ] 4	[ ] 3	[ ] 2	[ ] 1	
	1分钟单腿支撑横踢高位连续	[ ] 5	[ ] 4	[ ] 3	[ ] 2	[ ] 1	

二级指标	三级指标	指标重要程度 很重要——很不重要					专家修改意见
速度素质	30 米	[ ] 5	[ ] 4	[ ] 3	[ ] 2	[ ] 1	
	10 秒前横踢中位击靶	[ ] 5	[ ] 4	[ ] 3	[ ] 2	[ ] 1	
	10 秒下劈高位击靶	[ ] 5	[ ] 4	[ ] 3	[ ] 2	[ ] 1	
协调、灵敏素质	横叉	[ ] 5	[ ] 4	[ ] 3	[ ] 2	[ ] 1	
	竖叉	[ ] 5	[ ] 4	[ ] 3	[ ] 2	[ ] 1	
	T 形跑（T 形跑）	[ ] 5	[ ] 4	[ ] 3	[ ] 2	[ ] 1	
	单腿十字象限跳	[ ] 5	[ ] 4	[ ] 3	[ ] 2	[ ] 1	
	六边形跳（单脚）	[ ] 5	[ ] 4	[ ] 3	[ ] 2	[ ] 1	
	20 秒前横踢中位进攻+后横踢高位反击	[ ] 5	[ ] 4	[ ] 3	[ ] 2	[ ] 1	
平衡素质	Y 平衡	[ ] 5	[ ] 4	[ ] 3	[ ] 2	[ ] 1	
	平衡球单脚站立	[ ] 5	[ ] 4	[ ] 3	[ ] 2	[ ] 1	
补充与修改指标：							
攻击技术	横踢	[ ] 5	[ ] 4	[ ] 3	[ ] 2	[ ] 1	
	下劈	[ ] 5	[ ] 4	[ ] 3	[ ] 2	[ ] 1	
	勾踢	[ ] 5	[ ] 4	[ ] 3	[ ] 2	[ ] 1	
	后踢	[ ] 5	[ ] 4	[ ] 3	[ ] 2	[ ] 1	
	侧踢	[ ] 5	[ ] 4	[ ] 3	[ ] 2	[ ] 1	
	双飞踢	[ ] 5	[ ] 4	[ ] 3	[ ] 2	[ ] 1	
	旋风踢	[ ] 5	[ ] 4	[ ] 3	[ ] 2	[ ] 1	
	后旋踢	[ ] 5	[ ] 4	[ ] 3	[ ] 2	[ ] 1	
	直拳	[ ] 5	[ ] 4	[ ] 3	[ ] 2	[ ] 1	
	变线技术	[ ] 5	[ ] 4	[ ] 3	[ ] 2	[ ] 1	
防守技术	格挡防守	[ ] 5	[ ] 4	[ ] 3	[ ] 2	[ ] 1	
	闪躲防守	[ ] 5	[ ] 4	[ ] 3	[ ] 2	[ ] 1	
	步法防守	[ ] 5	[ ] 4	[ ] 3	[ ] 2	[ ] 1	
	贴靠防守	[ ] 5	[ ] 4	[ ] 3	[ ] 2	[ ] 1	

二级指标	三级指标	指标重要程度					专家修改意见
		很重要——很不重要					
技术应用能力	进攻距离	[ ] 5	[ ] 4	[ ] 3	[ ] 2	[ ] 1	
	进攻时机	[ ] 5	[ ] 4	[ ] 3	[ ] 2	[ ] 1	
	进攻效果	[ ] 5	[ ] 4	[ ] 3	[ ] 2	[ ] 1	
	防守距离	[ ] 5	[ ] 4	[ ] 3	[ ] 2	[ ] 1	
	防守时机	[ ] 5	[ ] 4	[ ] 3	[ ] 2	[ ] 1	
	防守效果	[ ] 5	[ ] 4	[ ] 3	[ ] 2	[ ] 1	
补充与修改指标：							
进攻战术	直接进攻	[ ] 5	[ ] 4	[ ] 3	[ ] 2	[ ] 1	
	间接进攻	[ ] 5	[ ] 4	[ ] 3	[ ] 2	[ ] 1	
反击战术	迎击（同时反击）	[ ] 5	[ ] 4	[ ] 3	[ ] 2	[ ] 1	
	防守反击	[ ] 5	[ ] 4	[ ] 3	[ ] 2	[ ] 1	
连续转换战术	连续战术	[ ] 5	[ ] 4	[ ] 3	[ ] 2	[ ] 1	
	转换战术	[ ] 5	[ ] 4	[ ] 3	[ ] 2	[ ] 1	
战术应用能力	创造时机	[ ] 5	[ ] 4	[ ] 3	[ ] 2	[ ] 1	
	进攻意识	[ ] 5	[ ] 4	[ ] 3	[ ] 2	[ ] 1	
	把握时机	[ ] 5	[ ] 4	[ ] 3	[ ] 2	[ ] 1	
	战术转换	[ ] 5	[ ] 4	[ ] 3	[ ] 2	[ ] 1	
	反击意识	[ ] 5	[ ] 4	[ ] 3	[ ] 2	[ ] 1	
	防守意识	[ ] 5	[ ] 4	[ ] 3	[ ] 2	[ ] 1	
补充与修改指标：							
情绪	赛前情绪	[ ] 5	[ ] 4	[ ] 3	[ ] 2	[ ] 1	
意志	意志品质	[ ] 5	[ ] 4	[ ] 3	[ ] 2	[ ] 1	
自信	运动自信	[ ] 5	[ ] 4	[ ] 3	[ ] 2	[ ] 1	
补充与修改指标：							

三、附言

（请填写开放式建议或意见）

_____

_____

_____

_____

四、专家填表情况调查

您对本次调查内容的熟练程度		
[ ] 很熟悉　　[ ] 比较熟悉　　[ ] 一般熟悉　　[ ] 比较不熟悉 [ ] 很不熟悉		
您对本次调查内容的判断依据		
判断依据	对您判断的影响程度		
	大	中	小
实践经验			
理论分析			
参考国内外相关资料			
主观感觉			

衷心感谢您的支持和帮助！

附录 E　竞技能力评价指标权重专家意见调查表

尊敬的专家：

您好！非常感谢您能参加跆拳道运动员竞技能力评价指标权重调查，感谢您在百忙中抽出时间来完成问卷填写工作，对您的支持和帮助表示衷心感谢！

本书前期通过文献查阅、问卷调查以及专家评议等方法初步建立了我国优秀女子跆拳道运动员竞技能力评价指标体系，并通过统计学优化，确立了最终的评价指标模型，目前需要对指标的权重进行赋值，特此制定了《我国优秀女子跆拳道运动员竞技能力评价指标权重表》，请您根据自己的时间经验与理论知识对评价指标的相对重要性进行判断和选择，您的意见对本书至关重要。

敬祝工作顺利，身体健康！

导师：刘卫军　教授

博士研究生：金鹭

一、专家基本情况

（此调查只做研究使用，绝不泄露个人信息，请根据您的个人情况，填写有关信息。）

年龄		性别	
研究方向		参加工作年限	
职称	[ ] 国家级　　[ ] 高级　　[ ] 中级　　[ ] 初级		
	[ ] 教授　　[ ] 副教授　　[ ] 讲师　　[ ] 助教		
最高学位	[ ] 中专　　[ ] 大专　　[ ] 本科　　[ ] 硕士　[ ] 博士		

二、跆拳道运动员竞技能力评价指标体系相对重要性判断

1. 填表说明

请您根据跆拳道优秀女子跆拳道运动员竞技能力评价指标体系中身体形

态、身体机能、身体素质、技术能力、战术能力、心理能力五项一级指标进行两两比较，确定哪项指标相对更加重要，并在下表相应的选项上画"√"。如您对指标有不同的意见，请在附言中给予补充说明。

本调查运用层次分析法对我国优秀女子跆拳道运动员竞技能力各项指标的相对重要性进行1-9分赋值（评价尺度见表E-1），您的答案对本书至关重要，请您在填写前了解全部指标，谨慎选择，确保逻辑上的一致性，避免指标间重要程度出现矛盾。

表 E-1　层次分析法评价尺度

标度	含义
1	因素 X_i 和因素 X_j 同等重要
3	因素 X_i 比因素 X_j 稍微重要
5	因素 X_i 比因素 X_j 明显重要
7	因素 X_i 比因素 X_j 严重重要
9	因素 X_i 比因素 X_j 极端重要
2，4，6，8	用于上述标准之中的折中值
倒数	因素 X_i 和因素 X_j 比较值为 $a_{ji} = 1/a_{ij}$

2. 举例说明

"身体形态"与"技术能力"两两比较，认为"技术能力"比"身体形态"明显重要，则在靠近较为重要的一侧"技术能力"端"明显重要"一栏划"√"；

"身体形态"与"身体机能"两两比较，认为"身体机能"与"身体形态"的相对重要性处于"明显重要"与"稍微重要"之间，则在靠近较为重要一侧"身体机能"端的"明显重要"与"稍微重要"中间一栏划"√"。

重要性＼指标	极端重要	强烈重要	明显重要	稍微重要	同等重要	稍微重要	明显重要	强烈重要	极端重要	重要性＼指标
	9	8	7	6	5	4	3	2	1	2	3	4	5	6	7	8	9	

重要性＼指标	9	8	7	6	5	4	3	2	1	2	3	4	5	6	7	8	9	重要性＼指标
身体形态												√						身体机能
身体形态													√					技术能力

3. 正式问卷

优秀女子跆拳道运动员竞技能力评价体系一级指标相对重要性判断表

重要性＼指标	极端重要	强烈重要	明显重要	稍微重要	同等重要	稍微重要	明显重要	强烈重要	极端重要	重要性＼指标
	9	8	7	6	5	4	3	2	1	2	3	4	5	6	7	8	9	

重要性＼指标	9	8	7	6	5	4	3	2	1	2	3	4	5	6	7	8	9	重要性＼指标
身体形态																		身体机能
身体形态																		身体素质
身体形态																		技术能力
身体形态																		战术能力
身体形态																		心里能力
身体机能																		身体素质
身体机能																		技术能力
身体机能																		战术能力
身体机能																		心里能力
身体素质																		技术能力
身体素质																		战术能力
身体素质																		心里能力
技术能力																		战术能力
技术能力																		心里能力
战术能力																		心理能力

三、附言

（请填写开放式建议或意见）

_____

_____

_____

_____

衷心感谢您的帮助和支持！

附录 F　测试细节表

一、身体形态

1. 跟腱长

［测试仪器］：带游标的钢板尺

［测试方法］：受试者面向墙，双脚并拢，扶墙提踵，使小腿三头肌充分收缩，测试人员测量小腿腓肠肌内侧肌腹下缘至足跟点的垂直距离，然后对数值进行读取、记录，精确到 0.1 厘米。

［测试要求］：要求受试者尽可能踮起脚尖、高起踵，便于识别小腿腓肠肌内侧肌腹下缘的位置。

2. 小腿长

［测试仪器］：带游标的钢板尺

［测试方法］：受试者赤脚单足站立，另一脚屈曲至 90°踩在平面凳子上，测试人员测量胫骨内侧髁至内踝点的垂直距离，然后对数值进行读取、记录，精确到 0.1 厘米。

［测试要求］：要求受试者赤脚踩在凳子上。

3. 下肢长

［测试仪器］：带游标的钢板尺

［测试方法］：受试者赤脚，双脚自然分开，与肩同宽。测试人员测量受试者大转子到地面的垂直距离，然后对数值进行读取、记录，精确到 0.1 厘米。

［测试要求］：要求受试者赤脚，衣着紧身衣以减小误差。

4. 大腿围

［测试仪器］：带状皮尺

［测试方法］：受试者开步站立、与肩同宽；测试人员将皮尺水平环绕大腿臀大肌横纹处一周，记录围长，然后对数值进行读取、记录，精确到 0.1 厘米。

［测试要求］：皮尺松紧适中，以防读数下滑。

5. 小腿围

[测试仪器]：带状皮尺

[测试方法]：受试者开步站立、与肩同宽；测试人员将皮尺水平环绕腓肠肌最粗处一周，记录围长，然后对数值进行读取、记录，精确到0.1厘米。

[测试要求]：皮尺松紧适中，以防读数下滑。

6. 踝围

[测试仪器]：带状皮尺

[测试方法]：受试者赤脚站立，两脚分开，与肩同宽，测试人员将皮尺水平环绕胫骨内踝上方小腿最细处一周，记录围长，然后对数值进行读取、记录，精确到0.1厘米。

[测试要求]：皮尺松紧适中，以防读数下滑。

7. 骨盆宽

[测试仪器]：测径规或带状皮尺

[测试方法]：受试者两脚分开与肩同宽，自然垂直站立，测试人员站在受试者前侧，用两食指摸其髂嵴外缘最宽处，使用侧径规测量左右两髂嵴点之间的直线距离。然后对数值进行读取、记录，精确到0.1厘米。

[测试要求]：皮尺松紧适中，以防读数下滑；受试者保持自然直立，重心均匀落在两脚上，避免骨盆倾斜。

8 指间距

[测试仪器]：皮尺

[测试方法]：将皮尺固定在墙上，受试者双臂展开，两脚并拢自然垂直背靠墙站立，一侧中指固定在皮尺的起点，测试人员读取另一侧手臂中指所在的数值并记录，精确到0.1厘米。

[测试要求]：皮尺松紧适中，以防读数下滑；受试者保持自然直立，重心均匀落在两脚上，避免骨盆倾斜。

9. 体重

[测试仪器]：电子体重计（HS-C1）

[测试方法]：受试者轻轻站到体重计平台上，当体重计数值不变时，对体重计屏幕上的数据进行读取，数值精确到0.1千克。

[测试要求]：要求受试者赤脚站立，身体保持稳定。

二、身体机能

1. 肺活量

［测试仪器］：肺活量测试仪（WQS-8888）

［测试方法］：受试者面对肺活量计站立，预先做 1-2 次深呼吸的准备动作，然后手握吹气嘴做最大吸气，尽量补吸气后，对准口嘴向肺活量计内做最大的呼气，记录数据。测试 3 次，间隔 15 秒。记录单位：毫升。

［测试要求］：测试前受试者可稍作练习；受试者吹起过程中不可换气。

2. 心功指数（30 秒 30 次蹲起）

［测试仪器］：秒表、节拍器

［测试方法］：受试者静坐 5 分钟后开始测量 10 秒安静的脉搏并记录；然后以 1 秒 1 次的节奏进行 30 次蹲起，结束后马上测量运动后即刻 10 秒的脉搏并记录；休息 50 秒后再测 10 秒脉搏并记录。共计测量 3 次。

［测试要求］：受试者跟随节拍器节奏进行蹲起；下蹲至大腿与地面平行。

三、身体素质

1. 立定跳远

［测试仪器］：皮尺、胶带

［测试方法］：受试者双脚平行站立，从立定姿势开始跳远，起跳线应设置在平地上，至沙坑边缘不少于厘米。丈量起跳线至最近着地点之间的垂直距离，每人跳 3 次。记录单位：厘米，精确至 0.1 厘米。

［测试要求］：预备起跳前，双脚不得离地或在地面上滑动；受试者起跳时，不能有垫跳动作。

2. 深蹲

［测试仪器］：标准杠铃若干

［测试方法］：受试者双脚开立约与肩宽，全脚掌着地，肩负已调节好重量的标准杠铃，双手正挥扛铃杆，下蹲至大小腿夹角小于 90 度再起立至直立姿势即为成功。从低于个人最好成绩 20-25 公斤开始，每次增加 5 公斤，每一重量最多可试蹲两次，直到最大重量为止。取最大值。记录单位：公斤，精确至整数。

［测试要求］：测试前运动员要做好准备活动，防止受伤；测试过程中注意保护，防止意外。

3. 卧推

[测试仪器]：标准杠铃、卧推举凳

[测试方法]：受试者仰卧于凳上，两脚着地，双手正握杠铃杆，两手距离约与肩宽。当受试者将杠铃引至胸前时，两臂用力向上推杠铃至双臂伸直为止，然后保持 2 秒。从低于个人最好成绩 20-25 公斤开始，每一重量最多可试两次，直至最大重量。记录单位：公斤，精确至整数。

[测试要求]：测试前运动员要做好准备活动，防止受伤；测试过程中注意保护，防止意外。

4. 30 米

[测试仪器]：田径场、秒表

[测试方法]：受试者穿合适的跑鞋，每组不少于 2 人，采用站立式起跑。听到"跑"后迅速启动，同时技术人员开表计时，受试者以最快速度跑完全程，并积极用躯干部位触及终线，计时员看到运动员躯干任何部位到达终点垂直位置时停表。其他规则按田径规则实行，测试时应有人计时，取平均值。记录单位：秒，精确至小数点后 2 位。

[测试要求]：测试前，测试人员应用钢尺或皮尺丈量跑道距离，并按规则要求，用颜色鲜艳的笔或白灰画好起跑线、终点线；秒表应该事先进行检查、校对。

5. 3000 米

[测试仪器]：400 米田径场、秒表

[测试方法]：受试者穿合适的运动鞋，每组不少于 2 人，采用站立式起跑，听到"跑"后迅速启动，同时技术人员开表计时，受试者以最快的速度跑完全程，并积极用躯干部位触及终线，计时员看到运动员躯干任何部位到达终点垂直位置时停表。其他规则按田径规则实行，测试时应有 2—3 人计时，取平均值。记录单位：秒，精确至小数点后 2 位。

[测试要求]：测试前，测试人员应用钢尺或皮尺丈量跑道距离，并按规则要求，用颜色鲜艳的笔或白灰画好起跑线、终点线；秒表应该事先进行检查、校对；站立式起跑，不穿跑鞋。

6. 横叉

[测试仪器]：皮尺或卷尺

　　［测试方法］：受试者按测试要求滑落成横叉最低点，测试受试者量足跟点的距离。记录单位：厘米。

　　［测试要求］：动作要求：受试者并步站立，两脚同时左右分开落地成劈叉，脚内侧着地，脚尖向前；双手扶地面；目视前方；两腿左右蹬直，膝关节不得弯曲。

　　7. 竖叉

　　［测试仪器］：皮尺或卷尺

　　［测试方法］：受试者按测试要求成竖叉最低点，测量受试者前腿足跟点至后腿足跟点的距离。记录单位：厘米。

　　［测试要求］：动作要求：受试者并步站立，两脚同时前后分开落地成劈叉，左脚在前，脚尖勾起，右脚在后，脚尖绷直；双手在身体两侧，目视前方；两腿前后蹬直，膝关节不得弯曲，上体保持正直。

　　8. T形跑

　　［测试仪器］：跆拳道场地、标志桶4个、秒表

　　［测试方法］：受试者站于起点A处，采用高起跑姿势准备，听到"跑"口令，首先跑至B点，用右手触B点标志桶，并绕过；之后侧滑步至C点，左手触C点标志桶，并绕过；再侧滑步至D点，右手触D点标志桶，并绕过；从D点侧滑步至B点，左手触B点标志桶；最后，后退跑至A点。测试受试者完成全程用时。记录单位为：秒。

　　［测试要求］：受试者始终面向前方；侧滑步不能采用交叉步和并步，严格按照跆拳道滑步要求；受试者必须手触标志桶。

　　9. 十字象限跳（单脚）

　　［测试仪器］：秒表、胶带

　　［测试方法］：受试者站在起点线准备，听到"开始"信号，使用单脚（优势脚），并按以下顺序跳跃：起点-1-2-3-4-1……按此重复跳30秒，每跳入1个象限计1次，左右腿各测试1次。记录单位为：次。

　　［测试要求］：受试者踩线不记录完成次数；受试者始终面向前。

　　10. 六边形跳（单脚、顺时针）

　　［测试仪器］：秒表、胶带

　　［测试方法］：受试者站在六边形中点，采用高姿站立方式，面向前准备；

听到"开始"口令后，采用单脚跳方式，跳出六边形并再回到起点，沿着顺时针方向逐个边跳跃，连续跳 3 圈。从受试者第一个动作开始计时，最后一个动作结束计时。左右腿各测试 1 次。记录单位为：秒。

［测试要求］：受试者始终面向前，跳跃时不能踩线或失去平衡，如出现上述现象则重跳；六边形边长为：60 厘米。

［测试要求］：受试者必须单手触线，否则重新测试。

11. Y 平衡测试

［测试仪器］：平衡仪器测试套件（Y-Balance Testkit）

［测试方法］：受试者单足站立于平衡板上、双手叉腰，保持身体平衡的同时以左腿为支撑，右腿绷脚分别向支撑腿的前方、后外、后内方向尽最大可能地伸远，并收回与支撑腿并拢，左、右腿各测试 3 次。记录单位为：厘米。

［测试要求］：每次之间休息 60 秒，以保证受试者处于最佳状态；受试者在测试过程中支撑腿移动或非支撑腿触地，需重新测试；受试者需慢慢向前推，不可突然发力。

12. 平衡球单腿站立测试

［测试仪器］：平衡球（直径 58 厘米、高 20 厘米）、秒表

［测试方法］：受试者单足站立平衡球上，另一条腿提膝，脚在支撑腿的膝关节处，双手叉腰，当受试者出现身体出现过分晃动、支撑脚移动、非支撑腿下落等情况，即停止计时；左、右腿循环各测试 2 次。记录单位为：秒。

［测试要求］：支撑腿膝关节不可弯曲；双手保持实战势姿势置于体前，不能晃动；每次之间休息 60 厘米，以保证受试者处于最佳状态；先测优势腿，即优势腿为支撑腿；光脚站立。

13 背肌耐力

［测试仪器］：秒表、铃铛绳、长凳、标志杆

［测试方法］：受试者俯卧长凳上，髋关节以上悬空，双手置于体后，辅助人员坐在受试者小腿位置，受试者上体挺高并始终保持姿势，在其胸腹下方拉一根铃铛绳，触碰铃铛绳，则结束测试，测试运动员力竭的时间，记录单位为：分钟。

［测试要求］：上体挺直抬头挺胸。

14. 腹肌耐力

［测试仪器］：秒表、铃铛绳、长凳、标志杆

［测试方法］：受试者坐于长凳上，辅助人员轻坐在受试者小腿上，受试者上体悬空后仰与地面呈 30—45 度，双手抱于体前，拉铃铛绳于受试者下颚处，受试者远离或碰触铃铛绳则结束测试，测试运动员力竭的时间，记录单位为：分钟。

［测试要求］：上体不可过分晃动。

四、专项技术测试

1. 10 秒前横踢中位击靶（原地靶）

［测试仪器］：跆拳道训练场、脚靶、秒表

［测试方法］：受试者实战势站立准备，当听到"开始"口令即前横踢中位击靶，计时员开始计时，直至听到"停"口令后，停止计时，结束测试。记录受试者 10 秒踢击的次数，记录单位为：次。

［测试要求］：脚靶高度与受试者同高；未击中脚靶不计次数。

2. 10 秒下劈高位击靶（原地靶）

［测试仪器］：跆拳道训练场、脚靶、秒表

［测试方法］：受试者实战势站立准备，当听到"开始"口令即下劈高位击靶，计时员开始计时，直至听到"停"口令后，停止计时，结束测试。记录受试者 10 秒踢击的次数，记录单位为：次。

［测试要求］：脚靶高度与受试者同高；未击中脚靶不计次数。

3. 20 秒前横踢中位进攻+后横踢高位反击（移动靶）

［测试仪器］：跆拳道训练场、脚靶、秒表

［测试方法］：受试者实战势站立准备，当听到"开始"口令即前横踢中位进攻+后横踢高位反击击靶，计时员开始计时，直至听到"停"口令后，停止计时，结束测试。测试 2 次，取最好成绩，记录受试者 20 秒踢击的次数。记录单位为：次

［测试要求］：脚靶高度与受试者同高；未击中脚靶不计次数。

4. 1 分钟单腿支撑横踢高位连续击靶（原地靶）

［测试仪器］：跆拳道训练场、脚靶、秒表

［测试方法］：受试者实战势站立准备，当听到"开始"口令即连续横踢

高位击靶，踢击腿不落地，计时员开始计时，直至听到"停"口令，计时员停表，结束测试。记录受试者 1 分钟踢击的次数。记录单位为：次。

［测试要求］：脚靶高度与受试者同高；未击中脚靶不计次数；踢击过程中脚落地将停止计数，结束测试。

5.1 分钟前侧踢+后下劈组合击靶（左腿+右腿）移动靶

［测试仪器］：跆拳道训练场、脚靶、秒表

［测试方法］：受试者实战势站立准备，当听到"开始"口令即前侧踢中位+后下劈高位击靶，同时计时员计时，直至听到"停"口令，停止计时，结束测试。记录受试者 1 分钟踢击的次数，记录单位为：次。

［测试要求］：脚靶高度与受试者同高；未击中脚靶不计次数。

四、心理指标

1. 自信心

自信心通过《特质运动自信心量表》（ASCI-16×6）来测量，该量表包含两个维度：任务自信心和应对自信心。计算方法如下：

特质运动任务自信心分量表：分值在 6-36 之间：

将 1、3、5、7、9、11 题号的得分相加，分数越高，特质运动任务自信心越强。

特质运动应对自信心分量表：分值在 6-60 之间；

将 2、4、6、8、10、12、14、15、16 题号得分相加，分数越高，特质运动应对自信心越强。

2. 赛前情绪

赛前情绪通过《赛前情绪量表-T》（PES-T-16×4）测量，该量表包含自信、躯体焦虑、个体失败焦虑、社会期待焦虑四个维度。计算方法如下：

PES-T-16×4 的分值在 4-16 之间。

自信分量表：1，5，9，13 题相加，分数越高，自信越强。

躯体焦虑分量表：2，6，10，14 题相加，分数越高，社会期待焦虑越强。

个体失败焦虑分量表：3，7，11，15 题相加，分数越高，个体失败焦虑越强。

社会期待焦虑分量表：4，8，12，16 题相加，分数越高，社会期待焦虑越强。

3. 意志品质

意志品质采用《BTL-L-YZ2.0 运动员意志品质量表》测量，该量表包含自觉性、独立性、果断行、坚韧性四个维度。计算方法如下：

李克特式 7 级记分，1＝完全不符合，2＝很不符合，3＝不太符合，4＝说不清楚，5＝比较符合，6＝非常符合，7＝完全符合。每题所选数字为该题所得分数。反向计分题目为 2、4、5、8、9、10、12、13、14、15、16、18、20、21、24、25、28、35。反向计分题目，转换后得分＝8－［该题原分］。各分量表所得分数相加，分值越高，说明意志力越强。

自我实现欲：1、10、19、28　　　目标清晰度：2、11、20、29

自制力：3、12、21、30　　　信念确认度：4、13、22、31

顽强性：5、14、23、32　　　智源集中度：6、15、24、33

决策及时性：7、16、25、34　　　倦怠耐久度：8、17、26、35

困难承受度：9、18、27、36

附录 G　心理量表

一、赛前情绪量表（PES-T-16×4）

您好！为了全面了解跆拳道运动员比赛前的真实感受，我们诚挚邀请您作为跆拳道运动员代表参加此次调查活动，请您逐项阅读后根据您的实际情况进行作答。本书的所有数据仅用于科学研究，感谢您的支持与配合！

请填写您的个人基本信息

姓名		年龄	
训练年限		运动等级	

【指导语】：以下句子描述的是人们在比赛前可能产生的各种感受。请在右栏选择并用"○"圈上合适的数字，以描述您自己通常在比赛前的体验。1代表"从来没有"，4代表"总是"，其他数字表示介于两者之间的不同程度。答案无所谓对错，因此，请一定根据您通常在比赛前的真实感受作答。谢谢合作！

1=从来没有　2=偶尔　3=有时　4=总是					
1	我感到对比赛有信心。	1	2	3	4
2	我感到疲乏无力。	1	2	3	4
3	我担心失败。	1	2	3	4
4	我担心我的朋友会怎么想怎么说。	1	2	3	4
5	我有信心面对比赛的挑战。	1	2	3	4
6	我感到心神不安。	1	2	3	4
7	我担心对手比我强。	1	2	3	4
8	我担心会让我的朋友失望。	1	2	3	4
9	我很有信心，因为我在内心已达到自己的目标。	1	2	3	4
10	我感到烦躁。	1	2	3	4

续表

	1＝从来没有　2＝偶尔　3＝有时　4＝总是				
11	我担心发挥不好。	1	2	3	4
12	我担心会让教练失望。	1	2	3	4
13	我对自己充满信心。	1	2	3	4
14	我感到全身发软。	1	2	3	4
15	我担心比不过对手。	1	2	3	4
16	我担心教练会怎么想怎么说。	1	2	3	4

二、运动员意志品质量表（BTL-L-YZ2.0)

您好！为了全面了解跆拳道运动员生活、训练和比赛的真实情况，我们诚挚邀请您作为跆拳道运动员代表参加此次调查活动，请您逐项阅读后根据您的实际情况进行作答。本书的所有数据仅用于科学研究，感谢您的支持与真诚合作！

请填写您的个人基本情况信息

姓名		年龄	
训练年限		运动等级	

【指导语】：以下是运动员生活、训练和比赛情况的一些描述。每一题目右边提供 7 个选项，请您仔细阅读每一题，然后根据自己的实际情况，尽可能准确地选择一个，并在相应的选项上划"○"（请参看例题）。题目没有对错之分。谢谢合作！

例如：我今天的心情非常好。1 2 3 4 5 6 7

如果您认为非常符合就在 6 上打"○"。

	1＝完全不符；2＝很不符合；3＝不太符合；4＝说不清楚；5＝比较符合；6＝非常符合；7＝完全符合							
1	训练和比赛我都要尽量做到最好	1	2	3	4	5	6	7
2	训练中，我经常不知道做下一步有何意义。	1	2	3	4	5	6	7

| 1=完全不符；2=很不符合；3=不太符合；4=说不清楚；5=比较符合；6=非常符合；7=完全符合 |||||||||

3	即使教练和搭档不在场，我的训练也不会打折扣。	1	2	3	4	5	6	7
4	因为害怕失败，我往往不敢尝试新的技术动作。	1	2	3	4	5	6	7
5	失败常让我一蹶不振。	1	2	3	4	5	6	7
6	比赛的关键时刻，除了争胜，其他想得很少。	1	2	3	4	5	6	7
7	比赛到了关键时刻，我敢用绝招，即使输了也不怕。	1	2	3	4	5	6	7
8	在成功机会渺茫的时候，我常常会放弃比赛。	1	2	3	4	5	6	7
9	学校规章制度太多，都要遵守太为难。	1	2	3	4	5	6	7
10	我不太在乎别人对我的评价。	1	2	3	4	5	6	7
11	每个训练阶段，我都有具体目标。	1	2	3	4	5	6	7
12	我经常为自己的冲动而后悔。	1	2	3	4	5	6	7
13	完不成训练任务时，我常常怀疑我的能力。	1	2	3	4	5	6	7
14	训练条件艰苦，我的积极性就会受影响。	1	2	3	4	5	6	7
15	比赛白热化时，我经常头绪很乱。	1	2	3	4	5	6	7
16	我经常把决定了的事往后拖。	1	2	3	4	5	6	7
17	凡已制定的目标，我都能达到。	1	2	3	4	5	6	7
18	运动中发生伤病时，我常想到退役。	1	2	3	4	5	6	7
19	我时刻都想证明自己的实力。	1	2	3	4	5	6	7
20	我很少思考达到训练目标的具体途径。	1	2	3	4	5	6	7
21	在日常生活中，我很随性，一切任其自然。	1	2	3	4	5	6	7
22	遇到任何紧急情况，我相信自己都能应付。	1	2	3	4	5	6	7
23	比赛就要争先，认拼不认命。	1	2	3	4	5	6	7
24	一遇大事，我很难专注面前的事情。	1	2	3	4	5	6	7
25	每当比赛不顺，我想改变战术，可又不能痛下决心。	1	2	3	4	5	6	7
26	为了完成任务，我能忍受极度疲劳。	1	2	3	4	5	6	7
27	没有困难的日子将是不精彩的生活。	1	2	3	4	5	6	7
28	我很少和别人攀比结果。	1	2	3	4	5	6	7

1＝完全不符；2＝很不符合；3＝不太符合；4＝说不清楚；5＝比较符合；6＝非常符合；7＝完全符合								
29	比赛前，我有很好的战术安排。	1	2	3	4	5	6	7
30	遇到裁判不公，我都能保持头脑清醒。	1	2	3	4	5	6	7
31	我能发现强手的弱点，坚持并发挥自己的优势。	1	2	3	4	5	6	7
32	比赛越是白热化，我越能奋起咬住不放松。	1	2	3	4	5	6	7
33	在紧急情况下，我的大脑变得异常清晰。	1	2	3	4	5	6	7
34	今日事今日毕。	1	2	3	4	5	6	7
35	我很难长时间从事一件缺乏乐趣的事情。	1	2	3	4	5	6	7
36	在最苦最累的时候，我经常咬牙顶着。	1	2	3	4	5	6	7

三、特质运动自信心量表 ASCI-16×6

您好！为了全面了解跆拳道运动员生活、训练和比赛的真实情况，我们诚挚邀请您作为跆拳道运动员代表参加此次调查活动，请您逐项阅读后根据您的实际情况进行作答。本书的所有数据仅用于科学研究，感谢您的支持与配合！

请填写您的个人基本情况信息

姓名		年龄	
训练年限		运动等级	

【指导语】：这个问卷列举了您在训练和比赛过程中经常出现的心理状况。每一题目右边提供 6 个选项，请您仔细阅读每一题，然后根据自己的实际情况，尽可能准确地选择一个，并在相应的选项上划"〇"（请参看例题）。题目没有对错之分。谢谢支持！

例如：我有信心面对比赛的挑战。1 2 3 4 　5 　6

如果您认为完全符合就在 6 上打"〇"。

如果您认为有点不符合就在 3 上打"〇"。

1=完全不符合 2=基本不符合 3=有点不符合 4=有点符合 5=基本符合 6=完全符合							
1	即使压力很大，我也能很好地发挥自己的水平。	1	2	3	4	5	6
2	无论胜负，我都相信自己能达到心中的目标。	1	2	3	4	5	6
3	我通常在比赛中都有出色的表现。	1	2	3	4	5	6
4	我喜欢并且盼望和对手进行比赛。	1	2	3	4	5	6
5	我确信可以完全实现自己制定的训练和比赛目标。	1	2	3	4	5	6
6	在比赛中无论发生什么情况，我都能应对自如。	1	2	3	4	5	6
7	我相信我的运动能力能在比赛中稳定或超水平发挥。	1	2	3	4	5	6
8	我有信心面对比赛的挑战。	1	2	3	4	5	6
9	我很有信心，因为在训练中我已经打下了足够的基础。	1	2	3	4	5	6
10	比赛前我就相信我会有出色表现。	1	2	3	4	5	6
11	我相信自己是一个比赛型的运动员。	1	2	3	4	5	6
12	我通常能够在较大压力的情况下完成比赛任务。	1	2	3	4	5	6
13	我有信心集中注意力并正常发挥水平。	1	2	3	4	5	6
14	我有信心成功适应多变的比赛环节。	1	2	3	4	5	6
15	我有信心应对比赛中的各种意外事件。	1	2	3	4	5	6
16	我有信心面对竞争激烈、富有挑战性的比赛。	1	2	3	4	5	6

附录 H 三级指标专家两轮评审结果分析参数

表 H-1 三级指标专家评审结果分析参数（第一轮）

三级指标	意见集中程度（M_j）	意见协调程度（V_j）	肯德尔系数（W）	卡方值（X^2）	P 值
D1 指间距	4.07±0.8	0.196	0.448	625.464	0.000
D2 下肢长	4.6±0.51	0.110			
D3 跟腱长	4.33±0.82	0.188			
D4 小腿长	3.87±0.64	0.166			
D5 身高	4.33±0.72	0.167			
D6 指距/身高	4±0.85	0.211			
D7 下肢长/身高×100	4.53±0.64	0.141			
D8 肩宽	2.73±1.03	0.378			
D9 骨盆宽	3.73±0.59	0.159			
D10 踝围	4.13±0.52	0.125			
D11 踝围/跟腱×100	4.2±0.68	0.161			
D12 大腿围	3.8±0.56	0.148			
D13 小腿围	3.93±0.7	0.179			
D14 腰围	3.33±0.82	0.245			
D15 体重	4.07±0.8	0.196			
D16 克托莱指数	4.33±0.49	0.113			
D17 BMI	3.33±1.05	0.314			
D18 最大摄氧量	3.8±0.68	0.178			
D19 相对最大摄氧量	3.93±0.59	0.151			
D20 肺活量	3.87±0.64	0.166			
D21 肺活量/体重	3.87±0.52	0.134			
D22 最大无氧功率	4.2±0.68	0.161			

三级指标	意见集中程度（M_j）	意见协调程度（V_j）	肯德尔系数（W）	卡方值（X^2）	P 值
D23 相对最大无氧功率	4.13±0.52	0.125			
D24 平均无氧功率	4.2±0.68	0.161			
D25 相对平均无氧功率	4.13±0.52	0.125			
D26 立定跳远	4.07±0.59	0.146			
D27 深蹲相对力量	4.13±0.64	0.155			
D28 俯卧推拉球	3.2±1.01	0.317			
D29 卧推相对力量	3.93±0.59	0.151			
D30 负重单腿支撑横踢高位连续击靶	3.6±1.06	0.293			
D31 负重横踢中位变下劈高位组合	3.6±1.18	0.329			
D32 800 米	3.33±0.98	0.293			
D33 3000 米	3.93±0.59	0.151			
D34 背肌耐力	4±0.53	0.134			
D35 腹肌耐力	4.13±0.64	0.155			
D36 1 分钟侧踢+下劈组合	4.33±0.62	0.142			
D37 1 分钟单腿支撑横踢高位连续	4.27±0.7	0.165			
D38 30 米	4.2±0.68	0.161			
D39 100 米	3.4±0.91	0.268			
D40 10 秒前横踢中位击靶	4.2±0.56	0.133			
D41 10 秒下劈高位击靶	4.27±0.59	0.139			
D42 坐位体前屈	3.2±1.08	0.338			
D43 横叉	4.13±0.64	0.155			
D44 竖叉	4.27±0.46	0.107			
D45 T 形跑	4.07±0.59	0.146			

三级指标	意见集中程度（M_j）	意见协调程度（V_j）	肯德尔系数（W）	卡方值（X^2）	P值
D46 单腿十字象限跳	4.13±0.64	0.155			
D47 往返跑	3.33±0.72	0.217			
D48 六边形跳	3.93±0.59	0.151			
D49 1分钟跳绳	2.4±0.63	0.264			
D50 20秒前横踢中位进攻加后横踢高位反击	4.07±0.59	0.146			
D51 Y平衡测试	4.13±0.64	0.155			
D52 星状伸展平衡测试	2.6±0.74	0.283			
D53 平衡球横踢控腿	3.2±0.77	0.242			
D54 20秒旋风踢	2.87±1.06	0.370			
D55 横踢	4.87±0.35	0.072			
D56 下劈	4.73±0.46	0.097			
D57 摆踢	4.8±0.41	0.086			
D58 后踢	4.53±0.52	0.114			
D59 侧踢	4.8±0.41	0.086			
D60 双飞踢	4.67±0.49	0.105			
D61 旋风踢	4.6±0.63	0.137			
D62 后旋踢	4.33±0.62	0.142			
D63 直拳	4.4±0.63	0.144			
D64 变位连击技术	3.4±1.35	0.398			
D65 变线连击技术	3.53±1.46	0.412			
D66 变位+变线连击技术	3.6±1.5	0.417			
D67 格挡防守	4.87±0.35	0.072			
D68 闪躲防守	4.87±0.35	0.072			
D69 步法防守	4.87±0.35	0.072			
D70 挑腿防守	3.53±1.46	0.412			
D71 贴靠防守	4.93±0.26	0.052			

续表

三级指标	意见集中程度（M_j）	意见协调程度（V_j）	肯德尔系数（W）	卡方值（X^2）	P 值
D72 犯规防守	3.07±1.28	0.417			
D73 进攻距离	5±0	0.000			
D74 进攻时机	4.93±0.26	0.052			
D75 进攻效果	4.73±0.46	0.097			
D76 防守距离	4.73±0.46	0.097			
D77 防守时机	4.8±0.41	0.086			
D78 防守效果	4.8±0.41	0.086			
D79 直接进攻	4.73±0.46	0.097			
D80 间接进攻	4.67±0.49	0.105			
D81 迎击	4.73±0.46	0.097			
D82 防守反击	4.73±0.46	0.097			
D83 连续战术	4.67±0.49	0.105			
D84 转换战术	4.8±0.41	0.086			
D85 创造时机	4.8±0.41	0.086			
D86 进攻意识	4.73±0.46	0.097			
D87 把握时机	4.87±0.35	0.072			
D88 战术转换	4.73±0.46	0.097			
D89 反击意识	4.87±0.35	0.072			
D90 防守意识	4.93±0.26	0.052			
D91 赛前情绪	4.73±0.46	0.097			
D92 意志品质	4.8±0.41	0.086			
D93 运动自信	4.73±0.46	0.097			

表 H-2　三级指标专家评审结果分析参数（第二轮）

三级指标	意见集中度（M_j）	意见协调度（V_j）	肯德尔系数（W）	卡方值（X^2）	P 值
D1 指间距	3.8±0.77	0.204	0.345	392.882	0.000

续表

三级指标	意见集中度（M_j）	意见协调度（V_j）	肯德尔系数（W）	卡方值（X^2）	P 值
D2 下肢长	4±0.76	0.189			
D3 跟腱长	3.8±0.68	0.178			
D4 小腿长	3.87±0.64	0.166			
D5 身高	4.07±0.59	0.146			
D6 指距/身高	4.13±0.83	0.202			
D7 下肢长/身高×100	4.2±0.77	0.184			
D8 骨盆髋	3.73±0.7	0.189			
D9 踝围	3.73±0.46	0.123			
D10 踝围/跟腱×100	4±0.76	0.189			
D11 大腿围	3.73±0.46	0.123			
D12 小腿围	3.93±0.59	0.151			
D13 体重	4±0.65	0.164			
D14 克托莱指标	4.13±0.74	0.180			
D15 最大摄氧量	3.73±0.7	0.189			
D16 相对最大摄氧量	3.93±0.59	0.151			
D17 肺活量	3.87±0.64	0.166			
D18 肺活量/体重	3.8±0.41	0.109			
D19 心功指数	4.2±0.68	0.161			
D20 最大无氧功率	4.13±0.52	0.125			
D21 相对最大无氧功率	4.2±0.68	0.161			
D22 平均无氧功率	4.07±0.59	0.146			
D23 相对平均无氧功率	4.2±0.68	0.161			
D24 立定跳远	4.33±0.62	0.142			
D25 深蹲相对力量	4.27±0.46	0.107			
D26 卧推相对力量	3.93±0.59	0.151			
D27 3000 米	4±0.65	0.164			
D28 背肌耐力	4.2±0.68	0.161			

三级指标	意见集中度（M_j）	意见协调度（V_j）	肯德尔系数（W）	卡方值（X^2）	P值
D29 腹肌耐力	4.33±0.49	0.113			
D30 1分钟侧踢+下劈	4.53±0.64	0.141			
D31 1分钟横踢高位	4.4±0.63	0.144			
D32 30米	4.33±0.72	0.167			
D33 10秒前横踢	4.47±0.52	0.116			
D34 10秒下劈	4.53±0.52	0.114			
D35 横叉	4.33±0.49	0.113			
D36 竖叉	4.33±0.49	0.113			
D37 T形跑（T形跑）	4.4±0.51	0.115			
D38 单腿十字象限跳	4.33±0.62	0.142			
D39 六边形跳（单脚）	4.4±0.63	0.144			
D40 20秒前横踢+后横踢	4.4±0.63	0.144			
D41 Y平衡测试	4.33±0.72	0.167			
D42 平衡球单脚站立	4.33±0.72	0.167			
D43 横踢	4.87±0.35	0.072			
D44 下劈	4.87±0.35	0.072			
D45 勾踢	4.73±0.46	0.097			
D46 后踢	4.73±0.46	0.097			
D47 侧踢	4.8±0.41	0.086			
D48 双飞踢	4.6±0.63	0.137			
D49 旋风踢	4.53±0.64	0.141			
D50 后旋踢	4.6±0.63	0.137			
D51 直拳	4.33±0.82	0.188			
D52 变线技术	4.53±0.52	0.114			
D53 格挡防守	4.67±0.62	0.132			
D54 闪躲防守	4.8±0.41	0.086			

三级指标	意见集中度（M_j）	意见协调度（V_j）	肯德尔系数（W）	卡方值（X^2）	P 值
D55 步法防守	4.67±0.62	0.132			
D56 贴靠防守	4.67±0.62	0.132			
D57 进攻距离	4.87±0.35	0.072			
D58 进攻时机	4.93±0.26	0.052			
D59 进攻效果	4.87±0.35	0.072			
D60 防守距离	4.87±0.35	0.072			
D61 防守时机	4.73±0.46	0.097			
D62 防守效果	4.93±0.26	0.052			
D63 直接进攻	4.87±0.35	0.072			
D64 间接进攻	4.73±0.46	0.097			
D65 迎击（同时反击）	4.73±0.59	0.125			
D66 防守反击	4.8±0.41	0.086			
D67 连续战术	4.67±0.49	0.105			
D68 转换战术	4.73±0.46	0.097			
D69 创造时机	4.93±0.26	0.052			
D70 进攻意识	4.87±0.35	0.072			
D71 把握时机	4.93±0.26	0.052			
D72 战术转换	4.87±0.35	0.072			
D73 反击意识	4.8±0.41	0.086			
D74 防守意识	4.87±0.35	0.072			
D75 赛前情绪	4.73±0.46	0.097			
D76 意志品质	4.8±0.41	0.086			
D77 运动自信	4.67±0.49	0.105			

附录 I 我国优秀女子跆拳道运动员竞技能力单项指标等级评分表

表 I-1 女子跆拳道-49kg 级运动员竞技能力单项指标评分评价结果（加权）

	Z1	Z2	Z3	Z4	Z5	Z6	Z7	Z8	Z9	Z10	Z11	Z12
SY	0.95	2.19	0.00	5.0	0.5	2.84	0.00	0.00	0.00	1.34	0.33	0.84
FWJ	0.95	2.82	0.84	4.0	0.0	3.55	2.26	0.85	1.86	1.50	1.00	0.50
LZY	1.43	2.50	1.67	4.5	1.0	2.13	0.90	0.85	1.66	1.17	1.50	0.00
CYN	0.48	1.88	0.63	5.0	4.0	2.84	0.90	0.64	0.83	1.17	1.50	0.17
HXY	0.00	2.19	1.05	2.5	2.0	1.42	1.13	1.48	0.41	0.67	1.34	0.67
FNN	1.43	1.25	1.25	2.0	5.0	0.71	0.45	1.70	0.83	0.67	1.00	1.67
ZYP	4.29	2.82	0.42	0.0	3.0	1.42	1.58	1.27	0.41	0.50	0.67	0.33
LYZ	3.82	1.25	1.88	2.5	3.5	1.42	0.45	1.06	0.83	0.33	0.50	0.33
WXL	2.86	0.00	1.05	4.5	5.0	1.42	1.13	1.91	1.66	1.50	1.67	1.50
WR	1.91	1.88	0.42	1.5	1.5	2.13	2.03	1.91	1.86	1.34	1.17	1.67
ZZH	1.91	2.50	1.25	1.5	2.0	0.71	0.45	1.48	1.04	0.84	0.33	0.67
MJY	2.86	0.31	2.09	4.0	3.5	2.13	1.81	2.12	1.24	0.33	1.17	1.17
WSY	4.29	3.13	1.46	3.5	1.0	2.13	0.90	0.64	2.07	0.00	0.33	0.33
TXQ	3.34	0.31	2.09	4.0	3.5	2.13	2.03	2.12	1.24	1.67	1.67	1.50
ZXT	2.39	0.94	0.42	3.0	4.5	0.71	0.00	0.42	0.21	0.50	0.67	0.84
GQ	3.82	3.13	1.67	0.0	2.5	1.42	1.58	1.27	0.41	1.67	0.67	1.34
ZY	4.77	1.57	1.46	3.0	1.5	1.42	1.81	0.42	2.07	0.33	1.00	1.00
LSY	4.77	0.63	2.09	1.5	4.0	2.13	2.26	0.42	1.45	1.00	1.34	1.34
ZYY	3.82	0.94	0.63	2.0	4.5	2.13	0.68	1.70	0.41	1.00	0.00	1.17

	Z13	Z14	Z15	Z16	Z17	Z18	Z19	Z20	Z21	Z22	Z23	Z24
SY	0.50	0.50	0.84	1.50	1.50	1.34	1.17	1.17	1.67	0.39	0.32	0.30
FWJ	0.84	0.50	1.00	1.17	0.50	1.00	0.33	0.33	0.33	0.00	2.21	2.09

续表

	Z13	Z14	Z15	Z16	Z17	Z18	Z19	Z20	Z21	Z22	Z23	Z24
LZY	1.34	0.17	1.34	1.34	1.00	0.84	0.84	0.67	1.34	2.72	1.58	2.68
CYN	0.84	0.67	0.50	0.84	0.67	0.67	0.84	0.67	0.00	3.49	0.95	2.38
HXY	1.50	1.17	0.67	1.17	1.17	0.50	1.34	0.50	0.17	3.49	2.21	0.60
FNN	0.84	0.67	1.50	1.34	1.67	0.67	1.17	1.34	0.84	3.10	1.26	1.19
ZYP	1.17	0.33	0.84	0.67	0.67	0.84	1.34	1.34	1.67	3.88	1.89	2.38
LYZ	1.50	1.00	0.17	1.00	0.84	0.84	1.67	1.34	1.34	3.10	2.52	0.60
WXL	1.00	1.34	1.67	0.33	1.34	1.67	1.50	1.67	0.50	3.49	2.52	1.49
WR	1.67	1.50	1.67	0.33	0.00	1.50	0.50	1.50	1.00	3.88	2.84	2.98
ZZH	1.17	1.34	0.17	0.17	1.67	1.17	1.67	0.84	0.33	1.16	3.15	0.89
MJY	0.33	1.50	0.33	1.34	1.50	1.34	1.67	1.17	1.17	2.72	0.63	1.49
WSY	0.00	1.17	0.00	0.00	0.50	1.67	0.00	1.00	1.17	1.55	0.32	1.19
TXQ	1.34	1.67	1.50	1.67	0.17	1.34	0.84	1.67	0.67	2.33	3.15	2.38
ZXT	0.00	1.67	1.34	0.50	1.34	0.50	0.17	0.33	1.50	1.16	1.26	1.19
GQ	1.67	0.84	1.17	1.67	0.33	0.33	0.67	0.84	0.67	1.16	0.63	2.68
ZY	0.50	0.17	0.50	0.67	0.33	0.17	0.33	0.17	0.33	2.33	1.58	2.09
LSY	0.67	0.84	1.17	0.33	0.33	0.33	0.67	0.33	0.67	0.39	0.00	0.00
ZYY	0.33	0.00	0.50	0.84	1.00	0.00	0.33	0.00	1.67	1.55	2.52	0.60

注：Z1~Z24分别代表：下肢长/身高（厘米）、克托莱指数（千克/厘米×1000）、踝围/跟腱长（厘米）、心功指数、肺活量/体重（毫升/千克）、10秒前横踢（次）、20秒前横踢进攻+后横踢反击（次）、Y平衡（分数）、1分钟侧踢+下劈（次）、进攻距离（分数）、进攻时机（分数）、进攻效果（分数）、防守距离（分数）、防守时机（分数）、防守效果（分数）、创造时机（分数）、进攻意识（分数）、把握时机（分数）、战术转换（分数）、反击意识（分数）、防守意识（分数）、个体失败焦虑（分数）、果断性（分数）、运动任务自信（分数）

表I-2　女子跆拳道-57kg级运动员竞技能力单项指标评分评价结果（加权）

	Z1	Z2	Z3	Z4	Z5	Z6	Z7	Z8	Z9	Z10	Z11	Z12
YH	0.48	3.13	1.67	5.0	1.0	1.42	0.68	2.12	1.45	0.50	0.67	0.84
CZH	4.29	0.00	2.09	4.5	3.5	3.55	1.81	0.42	0.62	0.17	0.33	0.33
SRN	4.77	1.25	2.09	1.0	0.0	2.13	2.26	0.64	1.86	0.00	0.50	0.17

	Z1	Z2	Z3	Z4	Z5	Z6	Z7	Z8	Z9	Z10	Z11	Z12
ZTR	0.00	3.13	1.88	5.0	3.0	2.13	1.36	0.42	1.04	0.33	0.84	1.17
GWJ	0.95	2.50	1.05	1.5	0.5	2.84	0.68	1.48	0.21	0.84	0.84	0.17
WJY	4.77	2.19	1.05	3.5	1.5	2.13	1.36	0.21	1.66	0.33	1.34	1.67
LSY	3.82	0.94	0.42	2.5	2.5	2.13	1.13	0.00	0.00	1.34	0.33	0.33
YYH	0.95	1.57	0.42	0.5	4.0	0.71	2.03	1.70	1.24	0.50	1.34	1.67
LKQ	1.43	0.94	1.25	4.0	4.0	0.71	2.26	2.12	1.66	1.34	1.34	1.50
CWX	2.39	2.82	1.25	2.5	2.5	1.42	0.45	1.06	2.07	1.00	1.17	0.50
WXJ	1.43	2.50	0.84	3.5	4.5	2.13	2.03	1.27	0.41	1.67	1.67	1.17
YJL	1.91	1.88	0.21	4.0	3.0	0.71	0.45	1.91	0.62	1.50	1.50	1.00
ZML	3.34	0.63	1.67	4.5	5.0	2.84	1.81	1.06	1.86	1.67	1.67	0.50
ZSQ	4.29	0.31	1.88	1.5	1.0	1.42	1.58	0.64	1.04	0.50	1.00	1.17
ZZ	3.82	1.88	1.67	2.5	4.5	0.71	0.00	1.27	1.04	1.34	1.00	0.84
WHY	2.39	1.57	0.63	0.0	1.5	0.71	0.68	0.85	1.66	0.84	0.00	0.67
LTT	2.86	0.63	0.00	1.0	2.0	2.13	1.13	1.91	0.41	1.17	0.50	1.00
HLY	2.86	2.50	0.63	3.5	5.0	2.13	0.00	1.70	0.21	0.84	0.17	1.50

	Z13	Z14	Z15	Z16	Z17	Z18	Z19	Z20	Z21	Z22	Z23	Z24
YH	1.00	0.84	1.00	0.33	1.00	1.34	0.50	1.17	0.84	3.88	0.63	0.00
CZH	0.50	0.50	0.67	1.00	0.84	1.17	0.17	0.33	0.84	3.88	0.95	1.79
SRN	1.00	0.67	0.84	1.00	0.33	1.00	0.84	0.00	1.00	3.10	0.63	1.79
ZTR	0.84	0.67	0.67	0.33	0.84	0.67	1.17	0.84	0.33	0.00	1.58	2.98
GWJ	0.17	0.33	0.33	0.67	0.50	0.84	0.67	0.00	0.00	3.10	1.58	2.98
WJY	1.67	1.50	1.67	1.50	1.34	1.17	1.34	1.50	1.67	3.88	2.52	1.79
LSY	0.33	0.17	0.00	0.50	1.34	1.00	1.34	0.84	0.17	3.88	2.52	1.49
YYH	1.50	1.67	1.00	1.67	1.67	1.67	1.50	1.50	0.84	0.78	3.15	0.89
LKQ	1.17	1.67	1.67	1.50	1.67	0.00	1.00	1.50	1.34	2.72	2.52	2.68
CWX	1.34	1.00	1.17	0.84	1.00	1.50	1.00	1.17	0.50	2.72	1.58	2.38
WXJ	1.50	1.17	1.50	1.34	1.17	1.50	1.50	0.50	1.34	2.72	0.00	1.19

	Z13	Z14	Z15	Z16	Z17	Z18	Z19	Z20	Z21	Z22	Z23	Z24
YJL	1.34	1.50	1.17	1.17	1.50	0.17	0.50	1.34	1.67	1.94	0.00	0.30
ZML	1.67	1.34	1.50	1.67	1.50	1.67	1.67	1.67	1.50	1.16	0.63	0.60
ZSQ	0.84	1.34	0.50	0.00	0.84	0.67	1.67	0.33	1.50	0.39	3.15	0.89
ZZ	0.33	0.50	0.50	0.50	0.50	0.50	0.00	1.00	0.50	1.94	1.58	2.38
WHY	0.33	0.00	1.17	0.17	0.33	0.33	0.67	1.00	0.17	1.55	0.95	0.60
LTT	0.50	0.33	0.17	0.67	0.00	0.50	0.17	0.33	0.33	1.16	2.21	2.68
HLY	0.00	1.00	0.33	1.34	0.17	0.33	0.33	0.67	1.34	0.78	2.21	1.19

注：Z1～Z24分别代表：下肢长/身高（厘米）、克托莱指数（千克/厘米×1000）、踝围/跟腱长（厘米）、心功指数、肺活量/体重（毫升/千克）、10秒前横踢（次）、20秒前横踢进攻+后横踢反击（次）、Y平衡（分数）、1分钟侧踢+下劈（次）、进攻距离（分数）、进攻时机（分数）、进攻效果（分数）、防守距离（分数）、防守时机（分数）、防守效果（分数）、创造时机（分数）、进攻意识（分数）、把握时机（分数）、战术转换（分数）、反击意识（分数）、防守意识（分数）、个体失败焦虑（分数）、果断性（分数）、运动任务自信（分数）

表 I-3　女子跆拳道-67kg 级运动员竞技能力单项指标评分评价结果（加权）

	Z1	Z2	Z3	Z4	Z5	Z6	Z7	Z8	Z9	Z10	Z11	Z12
LXJ	0.00	2.50	0.84	5.0	1.0	1.42	0.90	2.12	2.07	1.00	0.17	0.84
LYJ	0.95	1.88	0.00	0.0	2.0	2.84	0.23	1.91	0.83	0.50	0.33	0.33
WZE	0.48	3.13	1.25	5.0	0.0	0.71	0.23	0.21	0.00	0.00	1.17	1.67
LZJ	1.43	0.63	1.67	4.5	5.0	2.84	2.26	2.12	2.07	0.33	0.50	1.50
QCY	2.86	3.13	1.46	2.5	3.0	1.42	1.58	1.06	1.45	1.67	1.50	0.67
HYQ	3.34	2.82	0.42	1.5	5.0	0.71	0.00	0.00	0.41	1.00	1.67	1.67
QXY	4.29	0.94	2.09	1.5	3.5	1.42	2.03	1.48	1.86	0.17	1.34	1.17
FL	1.91	1.57	1.88	2.0	1.5	0.00	2.03	1.70	0.83	1.34	1.67	0.00
SJ	4.77	2.19	1.05	3.5	2.5	1.42	1.81	0.64	1.66	0.84	0.84	0.67
DHM	4.77	0.00	0.84	3.5	0.5	0.71	0.68	0.42	1.24	1.50	1.00	1.50
ZMY	2.39	1.25	2.09	0.0	4.5	1.42	1.36	1.27	0.62	0.67	0.67	1.00
WQZ	3.82	0.31	0.21	4.0	4.0	0.00	0.90	0.85	0.21	1.67	0.00	0.17

	Z13	Z14	Z15	Z16	Z17	Z18	Z19	Z20	Z21	Z22	Z23	Z24
LXJ	0.33	0.50	1.00	0.84	0.67	0.67	0.84	1.34	0.50	1.16	3.15	0.30
LYJ	0.00	1.17	0.67	1.67	0.50	1.17	0.17	1.00	1.00	2.33	1.26	2.09
WZE	0.84	0.33	0.84	0.50	0.50	0.67	0.67	0.50	0.00	1.55	2.21	1.79
LZJ	0.17	0.17	0.17	0.67	0.67	0.17	1.34	0.00	0.33	0.00	2.52	2.68
QCY	1.17	1.00	1.34	1.00	1.17	1.50	1.67	0.33	1.50	3.88	1.89	0.60
HYQ	1.34	1.67	1.17	1.17	1.34	1.50	0.33	1.00	0.67	3.10	0.00	2.09
QXY	0.33	0.84	0.33	0.17	1.67	0.00	0.00	0.84	0.00	0.78	1.58	0.00
FL	0.67	0.00	0.50	1.67	0.17	0.50	1.00	0.67	1.17	3.88	0.32	1.19
SJ	1.50	1.34	1.50	0.00	1.00	1.00	1.67	1.67	0.84	3.10	3.15	0.60
DHM	1.67	1.50	1.50	1.34	1.67	1.17	0.50	1.50	1.67	2.33	0.63	2.98
ZMY	1.67	1.67	1.67	1.34	1.50	1.67	1.50	1.67	1.67	3.88	0.95	2.68
WQZ	1.00	0.67	0.00	0.33	0.00	0.33	1.00	0.17	1.34	0.39	2.84	1.19

注：Z1~Z24分别代表：下肢长/身高（厘米）、克托莱指数（千克/厘米×1000）、踝围/跟腱长（厘米）、心功指数、肺活量/体重（毫升/千克）、10秒前横踢（次）、20秒前横踢进攻+后横踢反击（次）、Y平衡（分数）、1分钟侧踢+下劈（次）、进攻距离（分数）、进攻时机（分数）、进攻效果（分数）、防守距离（分数）、防守时机（分数）、防守效果（分数）、创造时机（分数）、进攻意识（分数）、把握时机（分数）、战术转换（分数）、反击意识（分数）、防守意识（分数）、个体失败焦虑（分数）、果断性（分数）、运动任务自信（分数）

表 I-4　女子跆拳道+67kg 级运动员竞技能力单项指标评分评价结果（加权）

	Z1	Z2	Z3	Z4	Z5	Z6	Z7	Z8	Z9	Z10	Z11	Z12
LWJ	0.95	2.19	0.21	4.0	1.0	0.00	0.00	0.21	0.21	0.67	0.67	0.17
ZYH	2.86	1.57	1.05	1.0	4.5	2.13	2.26	1.70	0.41	1.50	0.50	1.50
LJH	4.29	1.25	1.46	2.5	1.5	1.42	0.90	1.48	1.66	0.00	1.17	0.84
LXQ	2.39	0.00	2.09	0.5	5.0	0.71	1.58	0.42	1.86	0.84	0.50	1.00
MWZ	1.43	1.88	0.42	2.0	4.0	0.00	0.68	0.85	2.07	1.17	1.50	1.67
YJQ	4.77	3.13	0.00	4.5	0.0	3.55	0.23	0.00	0.00	0.50	1.00	1.67
YYY	0.00	2.82	0.63	5.0	0.5	1.42	2.03	0.64	1.04	0.17	1.34	1.17
ZYQ	0.48	2.50	1.67	5.0	2.0	1.36	2.12	2.07	0.17	1.67	1.34

续表

	Z1	Z2	Z3	Z4	Z5	Z6	Z7	Z8	Z9	Z10	Z11	Z12
XSN	1.91	0.31	2.09	3.5	3.5	0.71	0.45	1.27	0.62	0.33	1.67	0.33
ZZT	3.34	0.31	1.46	1.5	3.0	1.42	0.90	2.12	0.83	1.34	0.17	0.50
ZZQ	4.77	0.94	2.09	3.5	5.0	1.42	2.26	1.91	1.45	0.84	0.84	0.50
XL	3.82	3.13	0.84	0.5	2.5	0.00	1.81	1.06	1.24	1.67	0.00	0.00

	Z13	Z14	Z15	Z16	Z17	Z18	Z19	Z20	Z21	Z22	Z23	Z24
LWJ	0.17	0.33	0.17	1.00	0.84	1.00	0.50	0.50	0.00	0.00	0.63	2.98
ZYH	1.50	1.00	1.00	0.17	1.17	0.67	0.84	0.17	0.17	3.88	3.15	2.98
LJH	1.00	0.33			1.00	0.33	0.00	1.00	0.50	3.10	2.84	1.49
LXQ	0.00	0.84	0.50	0.50	0.50	0.84	0.67	0.67	0.84	1.94	1.58	2.98
MWZ	0.50	0.17	0.84	1.67	0.00	1.50	0.84	0.84	0.33	3.10	2.84	1.49
YJQ	0.17	0.67	0.50	1.67	0.17	0.00	0.00	1.34	1.00	0.39	1.26	0.00
YYY	0.67	0.00	0.33	0.33	0.50	0.17	1.67	0.00	1.17	1.94	0.95	0.30
ZYQ	1.34	1.34	1.17	1.50	1.67	1.67	1.34	1.67	1.67	1.16	2.21	2.09
XSN	1.67	1.17	1.50	0.67	1.67	1.34	1.67	1.67	1.67	3.88	2.21	2.09
ZZT	1.67	1.67	1.67	1.34	1.50	1.00	0.33	1.17	1.67	2.33	0.00	0.60
ZZQ	0.84	1.50	1.34	1.17	1.17	0.50	1.17	0.33	1.34	3.88	1.89	0.89
XL	1.00	1.67	1.67	0.67	0.33	1.67	1.50	1.34	0.67	0.39	0.32	1.19

注：Z1~Z24 分别代表：下肢长/身高（厘米）、克托莱指数（千克/厘米×1000）、踝围/跟腱长（厘米）、心功指数、肺活量/体重（毫升/千克）、10 秒前横踢（次）、20 秒前横踢进攻+后横踢反击（次）、Y 平衡（分数）、1 分钟侧踢+下劈（次）、进攻距离（分数）、进攻时机（分数）、进攻效果（分数）、防守距离（分数）、防守时机（分数）、防守效果（分数）、创造时机（分数）、进攻意识（分数）、把握时机（分数）、战术转换（分数）、反击意识（分数）、防守意识（分数）、个体失败焦虑（分数）、果断性（分数）、运动任务自信（分数）

表 I-5　我国优秀女子跆拳道运动员-49kg 级竞技能力单项指标等级评分表（加权）

等级 指标	一级	二级	三级	四级	五级
	100 分	80 分	60 分	40 分	20 分
下肢长/身高	>56.82	55.29-56.82	53.58-55.29	52.51-53.58	≤52.51
得分	3.48	2.79	2.09	1.39	0.7

续表

指标 \ 等级	一级	二级	三级	四级	五级
	100 分	80 分	60 分	40 分	20 分
克托莱指数	>310.3	300.93-310.3	289.98-300.93	284.09-289.98	≤284.09
得分	2.28	1.83	1.37	0.91	0.46
踝围/跟腱长	<86.96	86.96-93.78	93.78-102.51	102.51-105	≥105
得分	1.53	1.22	0.92	0.61	0.31
心功指数	<6.9	6.9-7.6	7.6-8.4	8.4-8.9	≥8.9
得分	7.35	5.88	4.41	2.94	1.47
肺活量/体重	>90.68	85.6-90.68	79.8-85.6	74.69-79.8	≤74.69
得分	7.35	5.88	4.41	2.94	1.47
10 秒前横踢	>22	21-22	20-21	19-20	≤19
得分	7.1	5.68	4.26	2.84	1.42
20 秒前横踢进攻+后横踢反击	>34	31-34	26-31	25-26	≤25
得分	4.52	3.62	2.71	1.81	0.9
Y 平衡	>115.55	113.94-115.55	105.53-113.94	98.22-105.53	≤98.22
得分	4.24	3.39	2.54	1.7	0.85
1 分钟侧踢+下劈	>102	100-102	94-100	93-94	≤93
得分	4.14	3.31	2.48	1.66	0.83
进攻距离	>8.14	8.04-8.14	7.66-8.04	7.4-7.66	≤7.4
得分	2.49	1.99	1.49	1	0.5
进攻时机	>8.5	8.32-8.5	8.23-8.32	8.12-8.23	≤8.12
得分	2.49	1.99	1.49	1	0.5
进攻效果	>8.58	8.23-8.58	7.81-8.23	7.69-7.81	≤7.69
得分	2.49	1.99	1.49	1	0.5
防守距离	>7.96	7.72-7.96	6.79-7.72	6.39-6.79	≤6.39
得分	2.49	1.99	1.49	1	0.5
防守时机	>8.09	7.79-8.09	6.91-7.79	6.57-6.91	≤6.57

等级 指标	一级 100分	二级 80分	三级 60分	四级 40分	五级 20分
得分	2.49	1.99	1.49	1	0.5
防守效果	>7.88	7.34~7.88	6.5~7.34	6.37~6.5	≤6.37
得分	2.49	1.99	1.49	1	0.5
创造时机	>8.23	8.09~8.23	7.86~8.09	7.54~7.86	≤7.54
得分	2.27	1.82	1.36	0.91	0.45
进攻意识	>8.28	8.15~8.28	7.91~8.15	7.72~7.91	≤7.72
得分	2.27	1.82	1.36	0.91	0.45
把握时机	>8.21	8.04~8.21	7.55~8.04	7.39~7.55	≤7.39
得分	2.27	1.82	1.36	0.91	0.45
战术转换	>8.33	7.95~8.33	7.58~7.95	7.39~7.58	≤7.39
得分	2.27	1.82	1.36	0.91	0.45
战术执行	>7.9	7.79~7.92	7.58~7.79	7.42~7.58	≤7.42
得分	2.27	1.82	1.36	0.91	0.45
防守意识	>8.04	7.81~8.04	7.45~7.81	7.25~7.45	≤7.25
得分	2.27	1.82	1.36	0.91	0.45
个体失败焦虑	<5.8	5.8~7	7~10.6	10.6~13	≥13
得分	11.45	9.16	6.87	4.58	2.29
果断性	>40	36.6~40	31.4~36.6	26~31.4	≤26
得分	9.29	7.43	5.58	3.72	1.86
运动任务自信	>31	27.6~31	22.4~27.6	20.8~22.4	≤20.8
得分	8.79	7.03	5.27	3.52	1.76

表 I-6　我国优秀女子跆拳道运动员-57kg 级竞技能力单项指标等级评分表（加权）

等级 指标	一级 100分	二级 80分	三级 60分	四级 40分	五级 20分
下肢长/身高	>56	54.9~56	53.47~54.9	52.78~53.47	≤52.78

续表

指标 ＼ 等级	一级 100分	二级 80分	三级 60分	四级 40分	五级 20分
得分	3.48	2.79	2.09	1.39	0.7
克托莱指数	>335.12	329.06–335.12	318.86–329.06	312.78–318.86	≤312.78
得分	2.28	1.83	1.37	0.91	0.46
踝围/跟腱长	<87.35	87.35–91.3	91.3–98.29	98.29–104.61	≥04.61
得分	1.53	1.22	0.92	0.61	0.31
心功指数	<6	6–7.1	7.1–8.4	8.4–9	≥9
得分	7.35	5.88	4.41	2.94	1.47
肺活量/体重	>77.91	76.66–77.91	73.68–76.66	68.59–73.68	≤68.59
得分	7.35	5.88	4.41	2.94	1.47
10秒前横踢	>22	21–22	20–21	19–20	≤19
得分	7.1	5.68	4.26	2.84	1.42
20秒前横踢进攻+后横踢反击	>33	31–33	27–31	25–27	≤25
得分	4.52	3.62	2.71	1.81	0.9
Y平衡	>118.63	114.92–118.63	107.95–114.92	101.59–107.95	≤101.59
得分	4.24	3.39	2.54	1.7	0.85
1分钟侧踢+下劈	>101	99–101	91–99	85–91	≤85
得分	4.14	3.31	2.48	1.66	0.83
进攻距离	>8.2	7.93–8.2	7.77–7.93	7.61–7.77	≤7.61
得分	2.49	1.99	1.49	1	0.5
进攻时机	>8.52	8.4–8.52	7.77–8.4	7.62–7.77	≤7.62
得分	2.49	1.99	1.49	1	0.5
进攻效果	>7.86	7.73–7.86	7.57–7.73	7.41–7.57	≤7.41
得分	2.49	1.99	1.49	1	0.5
防守距离	>7.69	7.2–7.69	6.47–7.2	6.4–6.47	≤6.4
得分	2.49	1.99	1.49	1	0.5

指标 \ 等级	一级 100 分	二级 80 分	三级 60 分	四级 40 分	五级 20 分
防守时机	>8.12	7.55-8.12	6.58-7.55	6.46-6.58	≤6.46
得分	2.49	1.99	1.49	1	0.5
防守效果	>7.91	7.57-7.91	6.78-7.57	6.69-6.78	≤6.69
得分	2.49	1.99	1.49	1	0.5
创造时机	>8.3	8.12-8.3	7.81-8.12	7.69-7.81	≤7.69
得分	2.27	1.82	1.36	0.91	0.45
进攻意识	>8.08	7.92-8.08	7.63-7.92	7.5-7.63	≤7.5
得分	2.27	1.82	1.36	0.91	0.45
把握时机	>8.08	7.77-8.08	7.41-7.77	7.31-7.41	≤7.31
得分	2.27	1.82	1.36	0.91	0.45
战术转换	>8.33	7.95-8.33	7.58-7.95	7.43-7.58	≤7.43
得分	2.27	1.82	1.36	0.91	0.45
战术执行	>8.1-8.17	7.8-8.1	7.47-7.8	7.37-7.47	≤7.37
得分	2.27	1.82	1.36	0.91	0.45
防守意识	>7.95	7.73-7.95	7.47-7.73	7.4-7.47	≤7.4
得分	2.27	1.82	1.36	0.91	0.45
个体失败焦虑	<6	6-7.1	7.1-10.9	10.9-13.3	≥13.3
得分	11.45	9.16	6.87	4.58	2.29
果断性	>37.3	36-37.3	33-36	30.7-33	≤30.7
得分	9.29	7.43	5.58	3.72	1.86
运动任务自信	>31.9	29.9-31.9	25.1-29.9	21.1-25.1	≤21.1
得分	8.79	7.03	5.27	3.52	1.76

表 I-7 我国优秀女子跆拳道运动员-67kg 级竞技能力单项指标等级评分表（加权）

等级 指标	一级 100 分	二级 80 分	三级 60 分	四级 40 分	五级 20 分
下肢长/身高	>55.48	55.01-55.48	53.42-55.01	52.55-53.42	≤52.55
得分	3.48	2.79	2.09	1.39	0.7
克托莱指数	>367.17	364.79-367.17	353.95-364.79	347.63-353.95	≤347.63
得分	2.28	1.83	1.37	0.91	0.46
踝围/跟腱长	<90.17	90.17-93.64	93.64-100	100-104.32	≥104.32
得分	1.53	1.22	0.92	0.61	0.31
心功指数	<5.9	5.9-7.8	7.8-9.2	9.2-9.9	≥9.9
得分	7.35	5.88	4.41	2.94	1.47
肺活量/体重	>72.19	69.88-72.19	66.95-69.88	65.89-66.95	≤65.89
得分	7.35	5.88	4.41	2.94	1.47
10 秒前横踢	>22	21-22	20-21	19-20	≤19
得分	7.1	5.68	4.26	2.84	1.42
20 秒前横踢进攻 +后横踢反击	>32	31-32	27-31	26-27	≤26
得分	4.52	3.62	2.71	1.81	0.9
Y 平衡	>121.91	115.59-121.91	109.09-115.59	102.62-109.09	≤102.62
得分	4.24	3.39	2.54	1.7	0.85
1 分钟侧踢+下劈	>102	97-102	87-97	83-87	≤83
得分	4.14	3.31	2.48	1.66	0.83
进攻距离	>8.08	7.79-8.08	7.43-7.79	6.95-7.43	≤6.95
得分	2.49	1.99	1.49	1	0.5
进攻时机	>8.43	8.25-8.43	7.29-8.25	7.1-7.29	≤7.1
得分	2.49	1.99	1.49	1	0.5
进攻效果	>7.67	7.59-7.67	7.44-7.59	6.8-7.44	≤6.8
得分	2.49	1.99	1.49	1	0.5
防守距离	>8.38	8.12-8.38	7.65-8.12	7.6-7.65	≤7.6

指标 等级	一级 100分	二级 80分	三级 60分	四级 40分	五级 20分
得分	2.49	1.99	1.49	1	0.5
防守时机	>8.42	8.19-8.42	7.8-8.19	7.7-7.8	≤7.7
得分	2.49	1.99	1.49	1	0.5
防守效果	>8.53	8.32-8.53	7.78-8.32	7.68-7.78	≤7.68
得分	2.49	1.99	1.49	1	0.5
创造时机	>8.02	7.95-8.02	7.68-7.95	7.5-7.68	≤7.5
得分	2.27	1.82	1.36	0.91	0.45
进攻意识	>8.04	7.96-8.04	7.57-7.96	7.47-7.57	≤7.47
得分	2.27	1.82	1.36	0.91	0.45
把握时机	>8.03	7.93-8.03	7.69-7.93	7.43-7.69	≤7.43
得分	2.27	1.82	1.36	0.91	0.45
战术转换	>8.06	7.76-8.06	7.59-7.76	7.38-7.59	≤7.38
得分	2.27	1.82	1.36	0.91	0.45
战术执行	>8.06	7.79-8.06	7.61-7.79	7.53-7.61	≤7.53
得分	2.27	1.82	1.36	0.91	0.45
防守意识	>8.16	8.02-8.16	7.84-8.02	7.69-7.84	≤7.69
得分	2.27	1.82	1.36	0.91	0.45
个体失败焦虑	<6	6-7	7-9.7	9.7-11.9	≥11.9
得分	11.45	9.16	6.87	4.58	2.29
果断性	>37.9	35.4-37.9	30.3-35.4	28.1-30.3	≤28.1
得分	9.29	7.43	5.58	3.72	1.86
运动任务自信	>30	28-30	23.6-28	22.1-23.6	≤22.1
得分	8.79	7.03	5.27	3.52	1.76

表 I-8 我国优秀女子跆拳道运动员+67kg 级竞技能力单项指标等级评分表（加权）

等级 指标	一级 100 分	二级 80 分	三级 60 分	四级 40 分	五级 20 分
下肢长/身高	>55.61	54.84-55.61	54.04-54.84	53.46-54.04	≤53.46
得分	3.48	2.79	2.09	1.39	0.7
克托莱指数	>431.56	407.26-431.56	378.6-407.26	377.05-378.6	≤377.05
得分	2.28	1.83	1.37	0.91	0.46
踝围/跟腱长	<95.83	95.83-98.6	98.6-104.64	104.64-115.91	≥115.91
得分	1.53	1.22	0.92	0.61	0.31
心功指数	<6.5	6.5-7.8	7.8-8.7	8.7-9.4	≥9.4
得分	7.35	5.88	4.41	2.94	1.47
肺活量/体重	>70.02	66.31-70.02	58.7-66.31	57.71-58.7	≤57.71
得分	7.35	5.88	4.41	2.94	1.47
10 秒前横踢	>22	21-22	20-21	19-20	≤19
得分	7.1	5.68	4.26	2.84	1.42
20 秒前横踢进攻 +后横踢反击	>31	29-31	25-29	23-25	≤23
得分	4.52	3.62	2.71	1.81	0.9
Y 平衡	>111.27	110.06-111.27	105.16-110.06	92.09-105.16	≤92.09
得分	4.24	3.39	2.54	1.7	0.85
1 分钟侧踢+下劈	>98	96-98	88-96	72-88	≤72
得分	4.14	3.31	2.48	1.66	0.83
进攻距离	>8.06	7.93-8.06	7.4-7.93	7.19-7.4	≤7.19
得分	2.49	1.99	1.49	1	0.5
进攻时机	>8.49	8.33-8.49	7.75-8.33	7.49-7.75	≤7.49
得分	2.49	1.99	1.49	1	0.5
进攻效果	>8.23	8.01-8.23	7.37-8.01	6.72-7.37	≤6.72
得分	2.49	1.99	1.49	1	0.5
防守距离	>8.36	8.26-8.36	7.95-8.26	7.83-7.95	≤7.83

等级 指标	一级 100 分	二级 80 分	三级 60 分	四级 40 分	五级 20 分
得分	2.49	1.99	1.49	1	0.5
防守时机	>8.6	8.48-8.6	7.85-8.48	7.8-7.85	≤7.8
得分	2.49	1.99	1.49	1	0.5
防守效果	>8.47	8.31-8.47	7.93-8.31	7.73-7.93	≤7.73
得分	2.49	1.99	1.49	1	0.5
创造时机	>8.12	7.82-8.12	7.54-7.82	7.43-7.54	≤7.43
得分	2.27	1.82	1.36	0.91	0.45
进攻意识	>7.73	7.47-7.73	7.33-7.47	7.17-7.33	≤7.17
得分	2.27	1.82	1.36	0.91	0.45
把握时机	>7.99	7.85-7.99	7.49-7.85	7.25-7.49	≤7.25
得分	2.27	1.82	1.36	0.91	0.45
战术转换	>7.6	7.4-7.6	7.12-7.4	6.91-7.12	≤6.91
得分	2.27	1.82	1.36	0.91	0.45
战术执行	>7.83	7.71-7.83	7.54-7.71	7.41-7.54	≤7.41
得分	2.27	1.82	1.36	0.91	0.45
防守意识	>8.63	8.39-8.63	7.81-8.39	7.61-7.81	≤7.61
得分	2.27	1.82	1.36	0.91	0.45
个体失败焦虑	<6	7-8	8-10.7	10.7-12	≥12
得分	11.45	9.16	6.87	4.58	2.29
果断性	>36	34-36	29.3-34	27.1-29.3	≤27.1
得分	9.29	7.43	5.58	3.72	1.86
运动任务自信	>27	25-27	22.3-25	20.1-22.3	≤20.1
得分	8.79	7.03	5.27	3.52	1.76

表 I-9　我国优秀女子跆拳道-49kg 级运动员竞技能力单项指标得分

	Z1	Z2	Z3	Z4	Z5	Z6	Z7	Z8	Z9	Z10	Z11	Z12
SY	1.39	1.37	0.31	7.35	1.47	5.68	0.90	0.85	0.83	1.99	1.00	1.49
FWJ	1.39	1.83	0.92	5.88	1.47	7.10	4.52	2.54	3.31	1.99	1.49	1.00
LZY	1.39	1.83	1.22	5.88	2.94	4.26	2.71	2.54	3.31	1.49	1.99	0.50
CYN	0.70	1.37	0.61	7.35	5.88	5.68	2.71	1.70	2.48	1.49	1.99	0.50
HXY	0.70	1.37	0.92	4.41	4.41	2.84	2.71	2.54	1.66	1.49	1.99	1.49
FNN	1.39	1.37	0.92	4.41	7.35	1.42	1.81	3.39	2.48	1.49	1.49	2.49
ZYP	2.79	1.83	0.61	7.35	4.41	2.84	2.71	2.54	1.66	1.00	1.49	1.00
LYZ	2.79	1.37	1.22	4.41	4.41	2.84	1.81	2.54	2.48	1.00	1.00	1.00
WXL	2.09	1.37	0.92	5.88	5.88	4.26	2.71	3.39	3.31	1.99	2.49	1.99
WR	2.09	0.46	0.61	2.94	2.94	4.26	3.62	3.39	3.31	1.99	1.49	2.49
ZZH	2.09	1.83	0.92	2.94	4.41	1.42	1.81	2.54	2.48	1.49	0.50	1.49
MJY	2.09	0.91	1.53	5.88	4.41	4.26	3.62	4.24	2.48	1.00	1.49	1.49
WSY	2.79	2.28	0.92	4.41	2.94	4.26	2.71	1.70	4.14	0.50	1.00	1.00
TXQ	2.09	0.46	1.53	5.88	4.41	2.84	3.62	4.24	2.48	2.49	2.49	1.99
ZXT	2.09	0.91	0.31	4.41	7.35	1.42	0.90	1.70	0.83	1.00	1.49	1.49
GQ	2.79	2.28	1.22	1.47	4.41	2.84	2.71	2.54	1.66	2.49	1.49	1.99
ZY	3.48	1.37	0.92	4.41	2.94	2.84	3.62	0.85	4.14	0.50	1.49	1.49
LSY	3.48	0.91	1.53	2.94	5.88	4.26	4.52	1.70	2.48	1.49	1.99	1.99
ZYY	2.79	0.91	0.61	2.94	5.88	4.26	1.81	3.39	1.66	1.49	0.50	1.49

	Z13	Z14	Z15	Z16	Z17	Z18	Z19	Z20	Z21	Z22	Z23	Z24
SY	1.00	1.00	1.49	1.82	1.82	1.82	1.36	1.36	2.27	2.29	1.86	1.76
FWJ	1.49	1.00	1.49	1.36	0.91	1.36	0.91	0.91	0.91	2.29	5.58	5.27
LZY	1.99	1.00	1.99	1.82	1.36	1.36	1.36	1.36	1.82	11.45	5.58	7.03
CYN	1.49	1.49	1.00	1.36	1.36	1.36	1.36	1.36	0.45	9.16	3.72	7.03
HXY	1.99	1.49	1.49	1.36	1.36	0.91	1.82	0.91	0.45	9.16	5.58	3.52
FNN	1.49	1.49	1.99	1.82	2.27	1.36	1.36	1.82	1.36	9.16	5.58	5.27
ZYP	1.49	1.00	1.49	1.36	1.36	1.36	1.82	1.82	1.82	11.45	5.58	7.03

续表

	Z13	Z14	Z15	Z16	Z17	Z18	Z19	Z20	Z21	Z22	Z23	Z24
LYZ	1.99	1.49	0.50	1.36	1.36	1.36	2.27	1.82	1.82	9.16	7.43	3.52
WXL	1.49	1.99	1.49	1.82	1.82	2.27	1.82	2.27	1.36	9.16	7.43	5.27
WR	2.49	1.99	2.49	0.91	0.45	1.82	0.91	1.82	1.36	11.45	7.43	8.79
ZZH	1.49	1.99	0.50	0.45	2.27	1.36	2.27	1.36	0.91	4.58	9.29	3.52
MJY	1.00	1.99	1.00	0.91	1.82	1.82	2.27	1.36	1.36	11.45	3.72	5.27
WSY	0.50	1.49	0.50	0.45	0.91	2.27	0.45	1.36	1.36	6.87	1.86	5.27
TXQ	1.99	2.49	1.99	2.27	0.45	1.82	1.36	2.27	0.91	6.87	7.43	7.03
ZXT	0.50	2.49	1.99	0.91	1.82	0.91	0.45	0.91	1.82	4.58	5.58	5.27
GQ	2.49	1.49	2.49	2.27	0.91	0.91	1.36	1.36	1.36	4.58	3.72	7.03
ZY	1.00	1.00	1.00	1.36	1.36	0.45	0.91	0.45	0.91	6.87	5.58	5.27
LSY	1.49	1.49	1.49	0.91	0.91	0.91	1.36	0.91	1.36	2.29	1.86	1.76
ZYY	1.00	0.50	1.00	1.36	1.36	0.45	0.91	0.45	2.27	6.87	7.43	3.52

注：Z1~Z24分别代表：下肢长/身高（厘米）、克托莱指数（千克/厘米×1000）、踝围/跟腱长（厘米）、心功指数、肺活量/体重（毫升/千克）、10秒前横踢（次）、20秒前横踢进攻+后横踢反击（次）、Y平衡（分数）、1分钟侧踢+下劈（次）、进攻距离（分数）、进攻时机（分数）、进攻效果（分数）、防守距离（分数）、防守时机（分数）、防守效果（分数）、创造时机（分数）、进攻意识（分数）、把握时机（分数）、战术转换（分数）、反击意识（分数）、防守意识（分数）、个体失败焦虑（分数）、果断性（分数）、运动任务自信（分数）

表 I-10　我国优秀女子跆拳道-57kg级运动员竞技能力单项指标得分

	Z1	Z2	Z3	Z4	Z5	Z6	Z7	Z8	Z9	Z10	Z11	Z12
YH	0.70	2.28	1.22	7.35	2.94	2.84	1.81	4.24	2.48	1.00	1.49	1.49
CZH	2.79	0.46	1.53	5.88	4.41	7.10	3.62	1.70	1.66	0.50	1.00	1.00
SRN	3.48	1.37	1.53	2.94	1.47	4.26	4.52	1.70	4.14	0.50	1.00	0.50
ZTR	0.70	2.28	1.22	7.35	4.41	4.26	2.71	1.70	2.48	1.00	1.49	1.49
GWJ	1.39	1.83	0.92	2.94	1.47	5.68	1.81	2.54	0.83	1.49	1.49	0.50
WJY	3.48	1.37	0.92	4.41	2.94	4.26	2.71	0.85	4.14	1.00	1.99	1.00
LSY	2.79	0.91	0.61	4.41	4.41	4.26	2.71	0.85	0.83	1.99	1.00	1.00
YYH	1.39	1.37	0.61	1.47	5.88	1.42	3.62	3.39	2.48	1.00	1.99	2.49

续表

	Z1	Z2	Z3	Z4	Z5	Z6	Z7	Z8	Z9	Z10	Z11	Z12
LKQ	1.39	0.91	0.92	5.88	5.88	1.42	4.52	4.24	3.31	1.99	1.99	1.99
CWX	2.09	1.83	0.92	4.41	4.41	2.84	1.81	2.54	4.14	1.49	1.49	1.00
WXJ	1.39	1.83	0.92	4.41	7.35	4.26	3.62	2.54	1.66	2.49	2.49	1.49
YJL	2.09	1.37	0.31	5.88	4.41	1.42	1.81	3.39	1.66	1.99	1.99	1.49
ZML	2.09	0.91	1.22	5.88	5.88	5.68	3.62	2.54	3.31	2.49	2.49	2.49
ZSQ	2.79	0.46	1.22	2.94	2.94	2.84	2.71	1.70	2.48	1.00	1.49	1.49
ZZ	2.79	1.37	1.22	4.41	5.88	1.42	0.90	2.54	2.48	1.99	1.49	1.49
WHY	2.09	1.37	0.61	1.47	2.94	1.42	1.81	2.54	3.31	1.49	0.50	1.49
LTT	2.09	0.91	0.31	2.94	4.41	4.26	2.71	3.39	1.66	1.49	1.00	1.49
HLY	2.09	1.83	0.61	4.41	7.35	4.26	0.90	3.39	0.83	1.49	0.50	1.99

	Z13	Z14	Z15	Z16	Z17	Z18	Z19	Z20	Z21	Z22	Z23	Z24
YH	1.49	1.49	1.49	0.91	1.36	1.82	0.91	1.36	1.36	11.45	3.72	1.76
CZH	1.00	1.00	1.49	1.36	1.36	1.36	0.45	0.91	1.36	11.45	3.72	5.27
SRN	1.49	1.49	1.49	1.36	0.91	1.36	1.36	0.45	1.36	9.16	3.72	5.27
ZTR	1.49	1.49	1.49	0.91	1.36	1.36	1.36	1.36	0.91	2.29	5.58	8.79
GWJ	0.50	1.00	1.00	1.36	0.91	1.36	1.36	0.45	0.45	9.16	5.58	8.79
WJY	2.49	1.99	2.49	1.82	1.82	1.36	1.82	1.82	2.27	11.45	3.72	5.27
LSY	1.00	0.50	0.50	0.91	1.82	1.36	1.82	1.36	0.45	11.45	7.43	5.27
YYH	1.99	2.49	1.49	2.27	2.27	2.27	1.82	1.82	1.36	4.58	9.29	3.52
LKQ	1.49	2.49	2.49	1.82	2.27	0.45	1.36	1.82	1.82	6.87	7.43	7.03
CWX	1.99	1.49	1.99	1.36	1.36	1.82	1.36	1.36	0.91	6.87	5.58	3.52
WXJ	1.99	1.49	1.99	1.82	1.36	1.82	1.82	0.91	1.36	4.58	1.86	5.27
YJL	1.99	1.99	1.49	1.36	1.82	0.45	0.91	1.82	2.27	6.87	1.86	1.76
ZML	2.49	1.99	1.99	2.27	1.82	2.27	2.27	2.27	1.82	6.87	7.43	7.03
ZSQ	1.49	1.99	1.00	0.45	1.36	1.36	2.27	0.91	1.82	2.29	9.29	3.52
ZZ	1.00	1.00	1.00	0.91	0.91	0.91	0.45	1.36	0.91	6.87	5.58	7.03
WHY	1.00	0.50	1.49	0.45	0.91	0.91	1.36	1.36	0.45	6.87	3.72	3.52

	Z13	Z14	Z15	Z16	Z17	Z18	Z19	Z20	Z21	Z22	Z23	Z24
LTT	1.00	1.00	0.50	1.36	0.45	0.91	0.45	0.91	0.91	4.58	5.58	7.03
HLY	0.50	1.49	1.00	1.82	0.45	0.91	0.91	1.36	1.36	4.58	5.58	5.27

注：Z1~Z24分别代表：下肢长/身高（厘米）、克托莱指数（千克/厘米×1000）、踝围/跟腱长（厘米）、心功指数、肺活量/体重（毫升/千克）、10秒前横踢（次）、20秒前横踢进攻+后横踢反击（次）、Y平衡（分数）、1分钟侧踢+下劈（次）、进攻距离（分数）、进攻时机（分数）、进攻效果（分数）、防守距离（分数）、防守时机（分数）、防守效果（分数）、创造时机（分数）、进攻意识（分数）、把握时机（分数）、战术转换（分数）、反击意识（分数）、防守意识（分数）、个体失败焦虑（分数）、果断性（分数）、运动任务自信（分数）

表 I-11　我国优秀女子跆拳道-67kg 级运动员竞技能力单项指标得分

	Z1	Z2	Z3	Z4	Z5	Z6	Z7	Z8	Z9	Z10	Z11	Z12
LXJ	0.70	1.83	0.92	7.35	2.94	2.84	2.71	4.24	4.14	1.49	0.50	1.49
LYJ	1.39	1.37	0.31	1.47	4.41	5.68	1.81	3.39	2.48	1.00	1.00	1.00
WZE	0.70	2.28	0.92	7.35	1.47	1.42	1.81	0.85	0.83	0.50	1.49	2.49
LZJ	1.39	0.91	1.22	5.88	7.35	5.68	4.52	4.24	4.14	1.00	1.00	1.99
QCY	2.09	2.28	0.92	4.41	2.94	2.84	2.71	2.54	2.48	2.49	1.99	1.00
HYQ	2.09	1.83	0.61	2.94	7.35	1.42	0.90	0.85	1.66	1.49	2.49	2.49
QXY	2.79	0.91	1.53	2.94	4.41	2.84	4.52	2.54	3.31	0.50	1.99	1.49
FL	2.09	1.37	1.22	4.41	2.94	1.42	2.54	3.39	2.48	1.99	2.49	0.50
SJ	3.48	1.37	0.92	4.41	4.41	2.84	3.62	1.70	3.31	1.49	1.49	1.49
DHM	3.48	0.46	0.92	4.41	1.47	1.42	1.81	1.70	2.48	1.99	1.49	1.99
ZMY	2.09	1.37	1.53	1.47	5.88	1.42	2.71	2.54	1.66	1.49	1.49	1.49
WQZ	2.79	0.46	0.31	5.88	5.88	1.42	2.71	2.54	0.83	2.49	0.50	0.50

	Z13	Z14	Z15	Z16	Z17	Z18	Z19	Z20	Z21	Z22	Z23	Z24
LXJ	1.00	1.00	1.49	1.36	1.36	1.36	1.36	1.82	0.91	4.58	9.29	1.76
LYJ	0.50	1.49	1.49	2.27	0.91	1.36	0.45	1.36	1.36	6.87	5.58	5.27
WZE	1.49	1.00	1.49	0.91	0.91	1.36	1.36	0.91	0.45	6.87	5.58	5.27
LZJ	0.50	0.50	0.50	1.36	1.36	0.45	1.82	0.45	0.91	2.29	7.43	7.03
QCY	1.49	1.49	1.99	1.36	1.36	1.82	2.27	0.91	1.82	11.45	5.58	3.52

	Z13	Z14	Z15	Z16	Z17	Z18	Z19	Z20	Z21	Z22	Z23	Z24
HYQ	1.99	2.49	1.49	0.45	1.82	1.82	0.91	1.36	1.36	9.16	1.86	5.27
QXY	1.00	1.49	1.00	0.45	2.27	0.45	0.45	1.36	0.45	4.58	5.58	1.76
FL	1.49	0.50	1.00	2.27	0.45	0.91	1.36	1.36	1.36	11.45	1.86	5.27
SJ	1.99	1.99	1.99	1.82	1.36	1.36	2.27	2.27	1.36	9.16	7.43	5.27
DHM	2.49	1.99	1.99	1.82	2.27	1.36	0.91	1.82	2.27	6.87	3.72	8.79
ZMY	2.49	2.49	2.49	1.36	1.82	2.27	1.82	2.27	2.27	11.45	3.72	7.03
WQZ	1.49	1.49	0.50	0.91	0.45	0.91	1.36	0.45	1.82	2.29	9.29	3.52

注：Z1~Z24分别代表：下肢长/身高（厘米）、克托莱指数（千克/厘米×1000）、踝围/跟腱长（厘米）、心功指数、肺活量/体重（毫升/千克）、10秒前横踢（次）、20秒前横踢进攻+后横踢反击（次）、Y平衡（分数）、1分钟侧踢+下劈（次）、进攻距离（分数）、进攻时机（分数）、进攻效果（分数）、防守距离（分数）、防守时机（分数）、防守效果（分数）、创造时机（分数）、进攻意识（分数）、把握时机（分数）、战术转换（分数）、反击意识（分数）、防守意识（分数）、个体失败焦虑（分数）、果断性（分数）、运动任务自信（分数）

表 I-12 我国优秀女子跆拳道+67kg级运动员竞技能力单项指标得分

	Z1	Z2	Z3	Z4	Z5	Z6	Z7	Z8	Z9	Z10	Z11	Z12
LWJ	1.39	1.37	0.31	5.88	2.94	1.42	0.90	0.85	0.83	1.49	1.49	0.50
ZYH	2.09	1.37	0.92	2.94	5.88	4.26	4.52	3.39	1.66	1.99	1.00	1.99
LJH	2.79	1.37	0.92	4.41	2.94	2.84	2.71	2.54	3.31	0.50	1.49	1.49
LXQ	2.09	0.46	1.53	1.47	7.35	1.42	2.71	1.70	3.31	1.49	1.00	1.49
MWZ	1.39	1.37	0.61	4.41	5.88	1.42	1.81	2.54	4.14	1.49	1.99	2.49
YJQ	3.48	2.28	0.31	5.88	1.47	7.10	0.90	0.85	0.83	1.00	1.49	2.49
YYY	0.70	1.83	0.61	7.35	1.47	2.84	3.62	1.70	2.48	0.50	1.99	1.49
ZYQ	0.70	1.83	1.22	7.35	4.41	1.42	2.71	4.24	4.14	2.49	2.49	1.99
XSN	2.09	0.46	1.53	4.41	4.41	1.42	1.81	2.54	1.66	1.00	2.49	1.00
ZZT	2.09	0.46	0.92	2.94	4.41	2.84	2.71	4.24	2.48	1.99	0.50	1.00
ZZQ	3.48	0.91	1.53	4.41	7.35	2.84	4.52	3.39	2.48	1.49	1.49	1.00
XL	2.79	2.28	0.92	1.47	4.41	1.42	3.62	2.54	2.48	2.49	0.50	0.50

	Z13	Z14	Z15	Z16	Z17	Z18	Z19	Z20	Z21	Z22	Z23	Z24
LWJ	0.50	1.00	0.50	1.36	1.36	1.36	0.91	0.91	0.45	2.29	3.72	7.03
ZYH	1.49	1.49	1.49	0.45	1.36	0.91	1.36	0.45	0.45	11.45	9.29	3.52
LJH	1.49	1.00	0.50	0.45	1.36	0.91	0.45	1.36	0.91	9.16	9.29	5.27
LXQ	0.50	1.49	1.00	0.91	0.91	1.36	1.36	1.36	1.36	6.87	5.58	8.79
MWZ	1.00	0.50	1.49	2.27	0.45	1.82	1.36	1.36	0.91	9.16	9.29	5.27
YJQ	0.50	1.49	1.00	2.27	0.45	0.45	0.45	1.82	1.36	4.58	5.58	1.76
YYY	1.49	0.50	1.00	0.91	0.91	0.45	2.27	0.45	1.36	6.87	3.72	1.76
ZYQ	1.99	1.99	1.49	1.36	2.27	2.27	1.82	2.27	2.27	4.58	5.58	5.27
XSN	2.49	1.49	1.99	1.36	2.27	1.82	2.27	0.91	2.27	11.45	5.58	5.27
ZZT	2.49	2.49	2.49	1.82	1.82	1.36	0.91	1.36	1.82	6.87	1.86	3.52
ZZQ	1.99	1.99	1.99	1.82	1.36	1.36	1.36	2.27	1.82	11.45	5.58	7.03
XL	1.49	2.49	2.49	1.36	0.91	2.27	1.82	1.82	1.36	4.58	1.86	5.27

注：Z1~Z24分别代表：下肢长/身高（厘米）、克托莱指数（千克/厘米×1000）、踝围/跟腱长（厘米）、心功指数、肺活量/体重（毫升/千克）、10秒前横踢（次）、20秒前横踢进攻+后横踢反击（次）、Y平衡（分数）、1分钟侧踢+下劈（次）、进攻距离（分数）、进攻时机（分数）、进攻效果（分数）、防守距离（分数）、防守时机（分数）、防守效果（分数）、创造时机（分数）、进攻意识（分数）、把握时机（分数）、战术转换（分数）、反击意识（分数）、防守意识（分数）、个体失败焦虑（分数）、果断性（分数）、运动任务自信（分数）